U0894985

本书为云南大学“乡村振兴与基层治理创新团队”
（项目编号：CY2262420228）阶段性成果

土地制度变革与乡村社会治理

罗强强　等著

中国社会科学出版社

图书在版编目(CIP)数据

土地制度变革与乡村社会治理／罗强强等著．—北京：中国社会科学出版社，2023.2

ISBN 978-7-5227-1538-4

Ⅰ.①土… Ⅱ.①罗… Ⅲ.①农村—土地制度—经济体制改革—研究—中国②乡村—社会管理—研究—中国 Ⅳ.①F321.1②D638

中国国家版本馆CIP数据核字(2023)第039456号

出 版 人 赵剑英
责任编辑 王莎莎
责任校对 张爱华
责任印制 张雪娇

出 版 中国社会科学出版社
社 址 北京鼓楼西大街甲158号
邮 编 100720
网 址 http://www.csspw.cn
发 行 部 010-84083685
门 市 部 010-84029450
经 销 新华书店及其他书店

印刷装订 北京市十月印刷有限公司
版 次 2023年2月第1版
印 次 2023年2月第1次印刷

开 本 710×1000 1/16
印 张 15
插 页 2
字 数 244千字
定 价 98.00元

凡购买中国社会科学出版社图书，如有质量问题请与本社营销中心联系调换
电话：010-84083683

目　录

绪　论

党的十八大以来，我国从宏观社会治理到微观社会治理，从各领域系统治理到城乡社区治理，都得到了大力度、全方位的深入推进，取得了新突破、新进展、新成效[①]。特别是在理论研究层面，我国学者对社会治理的理论内涵、内在机理、实践逻辑等方面的认识越来越深入，而社会治理实践创新的步伐也得到加速。乡村治理既是一个中国现代化进程中派生出来的重大实践问题，也是治理理论引入乡村问题研究产生出来的重要研究领域[②]。但是通过文献回顾发现，现有研究对乡村社会治理本体研究得多，对相关关联客体研究得少，缺乏从关联机制这一角度思考如何推进乡村社会治理创新的研究成果。作为国家的一项重要制度，土地产权制度无疑是连接国家与农民社会关系的核心[③]。事实上，从我国乡村社会治理实践的历史进程来看，不同时期乡村社会治理体制机制变迁，以及乡村社会治理实际效度都与当时的土地产权治理模式紧密相关。而近年来由土地产权制度缺陷引发的一系列现实矛盾冲突，也使得土地产权治理成为一个亟待关注的重点问题。因此，本书梳理当前我国乡村社会治理研究的现状与困境，从理论层面总结土地制度在乡村社会变迁中的重要性，尝试从治理主体对称、治理效应对称、治理模式对称三个角度提出土地产权治理是新时代乡村社会治理的关键。在此基础上，选取部分地区展开了个案研究，并对加强乡村社会治理提出了一些切实可行的建议。

---

① 魏礼群：《党的十八大以来社会治理的新进展》，《光明日报》2017 年 8 月 7 日第 11 版。

② 蒋永甫：《乡村治理：回顾与前瞻——农村改革三十年来乡村治理的学术史研究》，《宝鸡文理学院学报》2009 年第 1 期。

③ 徐勇等：《土地产权——国家与农民关系的核心》，《华中师范大学学报》（人文社会科学版）2005 年第 6 期。

第一节 当前我国乡村社会治理研究现状及困境

我国学术界对乡村社会治理的研究缘起于20世纪90年代，华中师范大学以张厚安、徐勇等为代表开展“村治”研究，他们提出要深入全国农村基层，通过大量的田野调查，全方位地了解中国农村面貌。这正是许多以研究村民自治开始的学者逐步深入乡村社会内部结构、研究乡村社会特性和乡村治理过程的主要原因所在①。整体来看，研究主要从以下几个角度展开。

一 乡村社会治理模式

中国乡村社会治理模式经历了从古代社会的“县政乡治”，到社会主义建设时期的“政社合一”，以及改革开放以后的“乡政村治”等阶段。不同的治理模式反映了我国不同时期的经济社会状况，也产生了不同的治理效果。

在中国古代社会，皇权远离广袤的农村基层，国家政权既不为基层社会提供公共服务，也不对其进行直接管理，而是采用“皇权不下县，县下唯宗族，宗族皆自治，自治靠伦理，伦理造乡绅”的社会治理模式②，国家和基层之间形成了稳定的政治默契，实现了“无为而天下治”的治理效果。

新中国成立初期，基于革命和发展的需要，经过几轮土地制度改革，最终使国家嵌入农村土地产权主体结构，土地产权主体呈现为“国家—集体”与“集体—农民”并存的二元产权主体结构③。人民公社时期，“政社合一”的治理模式为社会主义建设和国家发展提供了制度保障。然而，集体不希望承担过重的负担，不愿承担控制的结果，由此不能为农村社会的发展提供持续的发展动力④。

党的十一届三中全会以后，我国多地农村开始尝试开展村民自我管理、自我发展。1982年修订的《中华人民共和国宪法》正式确认了村民委员会的法律地位，明确了村民自治的基本方向，并于20世纪90年代以后，在全国

① 徐勇：《乡村社会变迁与权威、秩序的建构——对两部乡村政治研究著作的评价和思考》，《中国农村观察》2002年第7期。

② 刘承韪：《产权与政治——中国农村土地制度变迁研究》，法律出版社2011年版。

③ 王金红：《大陆农地产权制度的核心问题与改革目标》，转引自徐勇《土地流转与乡村治理——两岸的研究》，社会科学文献出版社2010年版。

④ 刘承韪：《产权与政治——中国农村土地制度变迁研究》，法律出版社2011年版。

范围内开始推行村民自治，由此“乡政村治”成为我国农村社会治理的基本模式并一直延续至今。“乡政村治”治理模式的本意是通过发挥农民主体作用实现村民自我管理、自我教育、自我发展，以满足农民的具体利益需求并降低国家行政管理成本。但在具体实践过程中，乡镇政府一直没能同其他层级的政府一样成为一级完备的政府，权小、责大、能弱是其特点[①]。而县政府虽拥有更大的权力，却只对上级政府负责，且将任务层层下压，出现了“衙门化”和“官僚化”等问题。乡镇政府为了完成上级任务，只能继续下派任务，最终导致村一级过度行政化甚至强制行政化[②]，形成了资源消解型自治[③]。

二 乡村社会治理困境

当前，在我国乡村社会治理过程中，由于治理主体失能、缺位、越位以及主体间关系不协调等原因所造成的乡村社会治理内卷化困境，已经严重地影响了乡村社会治理的效能，需引起我们的重视。

农业税取消后，国家不再从农村提取资源，而是借助项目制等技术手段不断向乡村输入更多的资源[④]。然而，一些普通村庄既缺乏承接自上而下的项目资源输入的经济实力与管理能力，也无法在项目实施过程中与农民协商合作[⑤]，导致项目资源激发村庄治理内生秩序的作用有限。从基层政府的角度上看，为应对自上而下的考核要求，基层政府不得不奔波于“争资跑项”和“高压维稳”这两大任务，权威体制与有效治理之间出现了明显的张力。而基于自利性的考虑，基层政府也逐渐产生了“目标替代”的行为，对农民的关心越来越少，沦为“企业经营者”“政权经营者”或“谋利型政权经营者”。

在“三权分置”的背景下，村干部扮演着多重角色，他们既是国家政治代理人，又是农民利益代理人，还是村集体经济的管理者与经营者。但随着

① 徐勇：《县政、乡派、村治：乡村治理的结构性转换》，《江苏社会科学》2002年第3期。

② 唐正繁：《中国乡村治理研究》，《科学社会主义》2004年第10期。

③ 李祖佩：《“资源消解自治”——项目下乡背景下的村治困境及其逻辑》，《学习与实践》2012年第11期。

④ 陈锋：《分利秩序与基层治理内卷化——资源输入背景下的乡村治理逻辑》，《社会》2015年第5期。

⑤ 陈锋：《分利秩序与基层治理内卷化——资源输入背景下的乡村治理逻辑》，《社会》2015年第5期。

农业税的取消，以及农村集体的不确定性与不周延性①，村干部事实上不再承担与农民生产生活基本服务密切相关的公共品供给的责任，其完成的自上而下的任务往往与农民实际的生产生活条件改善并无显著关系②。由此，农民与村干部的关联越来越微弱，村干部更像是“撞钟者”③，奉行“不得罪”④ 和“不出事”⑤ 的行为逻辑。值得注意的是，这种发展态势给“乡村江湖”带来了巨大的机遇⑥，一些乡村混混从幕后走向台前，实现了社会身份脱敏⑦，他们采用一些带有暴力性质的手段介入乡村治理。“有才无德”的村干部、“好混混”都怪异地出现在村级治理的舞台上⑧，形成了地方政府与地方势力联盟的乡村治理态势。

在乡村主体关系结构转型、重组的过程中，传统的社会价值伦理在瓦解，农民日益变得孤立无援。但随着城乡二元结构的打破，农民民主权利意识日益增强，面对纠纷时，他们经常会采用一些非制度化的手段来维护自身利益。这不仅造成了各级政府在农村的信任流失⑨，还涌现出一批上访专业户，他们从维权型上访到谋利型上访的转变，对基层信访工作构成了极大威胁⑩。

三 乡村社会治理的路径探索

国内学界对乡村社会治理的路径探索主要可以分为两种思路：一种是保守型，或称体制内改革的思路；一种是积极型，或称体制外改革思路。

持保守型思路的学者认为，目前我国乡村社会治理结构还有改进的空间，现阶段乡村治理改革应将重点放在内部调适上，把“乡政村治”模式的潜力

---

① 王金红：《大陆农地产权制度的核心问题与改革目标》，转引自徐勇《土地流转与乡村治理——两岸的研究》，社会科学文献出版社 2010 年版。

② 贺雪峰：《论乡村治理内卷化——以河南省 K 镇调查为例》，《开放时代》2011 年第 2 期。

③ 吴毅：《“双重角色”、“经纪模式”与“守夜人”和“撞钟者”——来自田野的学术札记》，《开放时代》2001 年第 12 期。

④ 王会：《乡村治理中的“不得罪”逻辑》，《华南农业大学学报》（社会科学版）2011 年第 7 期。

⑤ 贺雪峰等：《基层治理中的“不出事逻辑”》，《学术研究》2010 年第 6 期。

⑥ 陈柏峰：《两湖平原的乡村混混群体：结构与分层——以湖北 G 镇为例》，《青年研究》2010 年第 1 期。

⑦ 贺雪峰：《论乡村治理内卷化——以河南省 K 镇调查为例》，《开放时代》2011 年第 2 期。

⑧ 陈柏峰：《乡村混混与农村社会灰色化——两湖平原，1980—2008》，博士学位论文，华中科技大学，2008 年。

⑨ 胡荣：《农民上访与政治信任的流失》，《社会学研究》2007 年第 5 期。

⑩ 田先红：《从维权到谋利——农民上访行为逻辑变迁的一个解释框架》，《开放时代》2010 年第 6 期。

充分激发出来。具体来讲，应将改革重点放在治理主体结构改善上，探索多元共治的治理主体结构。还有学者关注机制改革，提出面对乡村“强制行政化”和“乡村自治”悖论，新的乡治改革思路应是自治行政化[①]，以规范化行为理顺乡村治理各主体的关系，实现乡村自治与行政的制衡，推进乡村治理正规化、高效化。

持积极型思路的学者认为，随着我国市场化、现代化和民主化的发展，“乡政村治”模式的不适应性越来越明显，应积极构建新的治理模式，并先后提出了代表性的“乡治、村政、社有”模式[②]，“乡镇自治”模式[③]，“县政、乡派、村治”模式[④]，以及“乡派镇政”模式[⑤]。其中，徐勇提出的“县政、乡派、村治”模式影响较为广泛。

通过以上文献回顾，不难发现，当前我国学者已对乡村社会治理议题进行了较为系统、深入的研究。但是，现有研究更多是从“乡村社会治理”本体出发进行的分析，在一定程度上缺乏动态逻辑的关联性研究。例如，乡村治理实践的经济基础——村庄经济制度选择与结构——往往被“背景化”或成为一个不言自明的“潜在假设”[⑥]。本书认为，仅对“乡村社会治理”进行本体研究将难以克服当前研究的局限，必须考虑到类似“土地产权制度”这种关键变量对乡村社会治理带来的深刻影响。因此，本书从总结土地制度的重要性出发，提出通过土地产权治理提升乡村社会治理效能的观点。

第二节　土地制度在社会变迁中的重要性

社会总是处于发展变化之中，为了推进社会的良性运行与协调发展，我们必须深入掌握社会变迁规律。影响社会变迁的因素来自经济、政治、社会、文化等方方面面，而土地制度的变革往往会同这些要素互嵌，从而影响社会

① 唐正繁:《中国乡村治理研究》,《科学社会主义》2004 年第 10 期。

② 沈延生:《村政的兴衰与重建》,《战略与管理》1998 年第 12 期。

③ 于建嵘:《乡镇自治：根据和路径》,《战略与管理》2002 年第 12 期。

④ 徐勇:《县政、乡派、村治：乡村治理的结构性转换》,《江苏社会科学》2002 年第 3 期。

⑤ 徐增阳:《论农村税费改革背景下的乡镇政府改革》,《山东科技大学学报》（社会科学版）2002 年第 6 期。

⑥ 仝志辉等:《通过集体产权制度改革理解乡村治理：文献评述与研究建议》,《四川大学学报》（哲学社会科学版）2009 年第 1 期。

整体变迁的进程。

一　土地制度与社会经济发展

社会经济的变化与发展是社会变迁最重要的因素和内容，对社会变迁具有决定性的作用。我们可以从农村和城市两个视阈来思考土地制度对社会经济发展带来的正反两个方面的影响。

从农村来看，我国农地制度是影响农业生产规模化、集约化的重要因素[①]。1949 年以来，我国农村经历了三轮重大的土地制度变革[②]。现行以“国家—集体”与“集体—农民”并存为特征的二元产权主体结构[③]，这种产权主体结构虽具有一定优势，但也存在很多问题。比如，农地产权不清晰（这可以从农民对土地权利的观念态度上反映出来：大量的调查表明，多数农民对土地所有权的具体归属概念模糊不清，甚至农民的土地集体所有权概念也是很淡薄[④]），限制了农地资源开发和利用，并导致了很多现实的产权纠纷问题。另外，农地产权带来的土地细碎化问题也深刻制约着农业产业化发展。农业规模化、集约化经营始终无法逾越分散的“田面权”（使用权、收益权、处置权）制约，实行“按人分配”的方案来分配土地[⑤]，导致农户不得不经营分布在居家周围的、相互不连接的，但在一定合理距离之内的一块以上的土地，导致农地细碎化[⑥]，这些都制约了农村经济的变革与发展。

从城市来看，我国现行土地制度与 1998 年出台的《中华人民共和国土地管理法》，为城市大规模基础设施建设征得了大量廉价土地，推动了中国工业化和城市化建设的高潮[⑦]。而农村“三权分置”制度的确立，使得大量农村富余劳动力从土地中解放出来，为城市工业发展提供了充足的劳动力。然而，

---

① 马晓河等：《建立土地流转制度，促进区域农业生产规模化经营》，《管理世界》2002 年第 12 期。

② 王金红：《大陆农地产权制度的核心问题与改革目标》，转引自徐勇《土地流转与乡村治理——两岸的研究》，社会科学文献出版社 2010 年版。

③ 王金红：《大陆农地产权制度的核心问题与改革目标》，转引自徐勇《土地流转与乡村治理——两岸的研究》，社会科学文献出版社 2010 年版。

④ 韩俊：《中国农村土地制度建设三题》，《管理世界》1999 年第 5 期。

⑤ 王雅军等：《“农民职业化”与农村土地制度改革》，《改革》2019 年第 5 期。

⑥ 许庆等：《农地制度、土地细碎化与农民收入不平等》，《经济研究》2008 年第 2 期。

⑦ 曹锦清：《中国土地制度、农民工与城市化》，《中国农业大学学报》（社会科学版）2015 年第 12 期。

我们也要看到，地方政府依靠土地形成的“土地收入—银行贷款—城市建设—征地”的地方财政增长逻辑具有短视性①，这种大兴土木的“土地财政”存在资源浪费、金融风险等问题②，严重影响了地方经济的可持续发展。

二 土地制度与基层社会政治秩序

纵观中国历史，土地制度改革一直与政权稳固息息相关。秦始皇统一中国，秦制得以延续两千余年，其关键就是推行家户土地经济。毛泽东领导新民主主义革命并最终取得成功，依靠的是满足广大农民对土地的极端渴求③。现阶段，土地制度的政治底蕴主要表现为土地秩序定义了农民与集体、国家和市场的关系④。国家巧妙地通过“三级所有，队为基础”这种产权制度安排，将国家与农民糅合在土地产权制度的主体结构之中⑤。一方面，基于社会主义公有制和工业化的需要，国家必须要嵌入农地产权主体结构之中，并在其中扮演主导角色⑥，加强自身对农村基层社会的政治调控。另一方面，当前农地二元产权主体结构深化了对基层社会的深度动员，集体土地制度深深扎根于实践过程，激发并形塑着基层社会的政治认同，因而从基层社会中汲取源源不断的政治内容和政治能量⑦。

三 土地制度与社会结构变迁

改革开放以来，中国社会变迁过程中意义最重大和最引人关注之处就是社会结构的剧烈、持续、深刻的分化⑧，而我国土地制度对社会结构的方方面面都产生了深刻的影响。

---

① 曹锦清：《中国土地制度、农民工与城市化》，《中国农业大学学报》（社会科学版）2015年第12期。

② 赵燕菁：《土地财政：历史、逻辑与抉择》，《城市发展研究》2014年第1期。

③ 徐勇等：《土地流转与乡村治理——两岸的研究》，社会科学文献出版社2010年版。

④ 杜鹏：《土地与政治——集体土地制度的政治社会学研究》，博士学位论文，华中科技大学，2018年。

⑤ 王金红：《大陆农地产权制度的核心问题与改革目标》，转引自徐勇《土地流转与乡村治理——两岸的研究》，社会科学文献出版社2010年版。

⑥ 王金红：《大陆农地产权制度的核心问题与改革目标》，转引自徐勇《土地流转与乡村治理——两岸的研究》，社会科学文献出版社2010年版。

⑦ 杜鹏：《土地与政治——集体土地制度的政治社会学研究》，博士学位论文，华中科技大学，2018年。

⑧ 孙立平等：《改革以来中国社会结构的变迁》，《中国社会科学》1994年第3期。

新中国成立以来，为了实现我国工业从无到有、从弱到强的历史性转变，党中央选择了“优先发展重工业”的发展战略，再加上高度集中的计划经济体制，形成了城乡分治的局面[①]。在此过程中，土地制度充当了国家“以农促工”的有力工具。现行土地征用制度使得农村土地大量流入城市，土地出让的收入也大部分被用于城市建设，很少用于农村建设[②]，再加上严格的户籍制度，固化了城乡的二元结构[③]。而农民则一方面不愿放弃土地，另一方面又不能在所拥有的土地上获得必要的报酬，催生出世界上最大规模的农民工群体[④]，城乡人口结构随之改变。此外，大量农村青壮年劳动力的流出，在加速农村人口空心化的同时，带来了各种农村留守问题，重塑了农村的家庭结构。当前，我国农村（特别是中国中西部农村）主要包括以下四类群体，即中老年人、中坚农民、负担不重的农民、边缘群体，农村社会呈现出“老人农业＋中坚农民”的结构样态[⑤]。

四　土地制度与社会价值观念息息相关

美国人类学家 R. 雷德弗尔德认为，“赋予土地一种情感和神秘的价值是全世界农民特有的态度”[⑥]，这种态度就是“土地情结”。在中国传统社会，土地是农民的传家宝和“命根子”，无论是自耕地还是租赁土地，农民都非常强调土地占有和经营关系的稳定。“在中国人的语汇里，‘背井离乡’、‘流离失所’、‘抛家舍业’等都是带有负面情绪的词汇。”[⑦] 除极端情况外，农民绝不会放弃土地和土地经营权。而随着我国现代化进程的加快，以及历次土地制度改革带来的现实变化，都渐渐在实质上冲淡着农民的土地情结，现在的许多农民不再看重务农，务农和土地似乎成了一些农民的负担和累赘[⑧]。哪里

---

① 张飞等：《我国经济结构失衡的土地制度成因探析》，《经济问题探索》2011 年第 4 期。

② 张飞等：《我国经济结构失衡的土地制度成因探析》，《经济问题探索》2011 年第 4 期。

③ 陆学艺：《城乡一体化的社会结构分析与实现路径》，《南京农业大学学报》（社会科学版）2011 年第 6 期。

④ 王雅军等：《“农民职业化”与农村土地制度改革》，《改革》2019 年第 5 期。

⑤ 贺雪峰：《“老人农业＋中坚农民”的结构中西部农村社会结构发生了哪些变化》，《人民论坛》2019 年第 5 期。

⑥ Redfield R.，*Peasant Society and Culture*，Chicago：Chicago University Press，1956，p. 112.

⑦ 参见杨宜音《转移与外出：非农化的两种形态》，云南人民出版社 1997 年版，第 118 页。

⑧ 王春光：《新生代农村流动人口的社会认同与城乡融合的关系》，《社会学研究》2001 年第 5 期。

有工作、哪里有钱可赚，农民就前往哪里，过着“吉普赛”式的生活①。土地则在某种程度上沦为农民应对城市生活风险的一种社会保障。而城市是个多元社会，是不同思想观念的交融点，为了在城市的激烈竞争中求得良好的生存条件，市民化的农民必须改变传统的人生态度、价值观念②。当前，很多农民的观念逐渐从整体主义转向个体主义、从一元转向多元、从道义导向转向利益导向③。

第三节 土地产权治理：新时代乡村社会治理的关键

产权是一个较为宽泛的概念，不同的学科对产权有不同的定义。在权利维度上，产权就是一组或一束可选择、可支配、可保护的权利。在关系维度上，产权就是围绕着“物”而形成的权利关系和利益关系，财产权、所有权均属于产权的范畴，是产权的重要组成部分及重要内容。在我国，产权具有经济属性和社会属性④。治理，是统治方式的一种新发展，其中的公私部门之间，以及公私部门各自内部的界限均趋于模糊。治理所偏重的统治机制并不依靠政府的权威或制裁，它所要创造的结构或秩序不能由外部强加；它之所以发挥作用，是要依靠多种进行统治的以及互相发生影响的行为者的互动⑤。

我们今天之所以强调土地产权治理，是因为“产权”与“治理”既存在理论层面的关联，也拥有强烈的现实层面的联系。在理论层面，产权与治理的关联主要体现在产权单位与治理单位的关联性（即产权单位与治理单位的同一性、一致性，两者具有较高的吻合度）。如果两者同一、一致、吻合，则产权与治理都能够获得相应成效，即治理有效、产权配置有效；否则两者就处于非对称状态⑥。在现实层面，改革开放以来，随着我国经济结构转型以及

---

① 王春光：《新生代农村流动人口的社会认同与城乡融合的关系》，《社会学研究》2001 年第 5 期。

② 文军：《农民市民化：从农民到市民的角色转型》，《华东师范大学学报》（哲学社会科学版）2004 年第 5 期。

③ 王义芳等：《农民价值观念变迁与新农村社会价值规范建设——以湖北农民和湖北农村为例》，《道德与文明》2008 年第 6 期。

④ 邓大才：《产权单位与治理单位的关联性研究》，《中国社会科学》2015 年第 7 期。

⑤ 格里·斯托克等：《作为理论的治理：五个论点》，《国际社会科学杂志》（中文版）1999 年第 1 期。

⑥ 邓大才：《产权单位与治理单位的关联性研究》，《中国社会科学》2015 年第 7 期。

土地制度改革的不断推进，由农村土地产权引发的现实问题日益复杂，出现了一系列的现实矛盾，任何单一主体力量都无法妥善应对这些问题。不仅如此，基于我国仍处于社会主义初级阶段的特殊国情，集体产权模糊设置、农业生产经营现代化程度有限等现实问题还将继续存在。因此，传统的管理手段已经难以妥善解决农村土地的发展问题，农村土地产权管理需要充分发挥多元产权主体的能动性，并运用以协调、合作、共赢为特征的治理手段。

本书强调土地产权治理对于乡村社会治理的重要性，是基于土地产权与乡村社会治理具有很强对称性这一观点所做出的判断，其对称性具体表现为治理主体对称、治理效应对称、治理模式对称。

一 治理主体对称

前文已述，当前我国乡村社会治理面临的最主要困境是治理内卷化，这是各个治理主体缺位、越位、关系不协调等原因所导致的。本书认为，乡村社会治理主体与农地产权治理主体是对称的，当下出现的农民缺席、政府越位、企业不到位等问题实质上是由土地产权制度不健全导致的。

“三权分置”制度确立后，土地流转进程加快，农民逐渐从土地生产中脱离出来。而现行土地制度不健全导致的土地细碎化问题也造成小农生产回报率不高等问题，加速了农村人地分离，使得农村空心化、原子化现象显著。随着农民对土地态度的改变，其传统的土地主人身份也越来越不明朗，农民逐渐游离于土地治理与乡村社会治理之外，成为农村的弱势人群。随着农业税的全面取消，地方政府与国家的利益关系发生了改变，国家不再从地方汲取过多资源，而是以项目制的形式向地方输入更多的资源。在这种发展思路背景下，土地“三权分置”激发了土地要素活力。而集体产权的模糊设置，使得地方政府似乎成了集体土地产权的代理人，很多地方为了追求“短平快”的政绩，把土地直接当成一种有利于变现的经济资源，热衷于搞土地经济。地方政府的这种土地使用和管理的理念，也体现在其社会治理的过程中。另外，土地产权制度改革还吸引了大量企业、第三方加入到农村的土地开发当中，他们作为农村的外来者，热衷于追求自身利益最大化，不仅改变了传统农村农业生产经营方式，还打破了农村原有的社会秩序，成为影响乡村社会治理的一个重要主体。

综上，农民、政府、企业是农村土地产权使用、管理的重要主体，他们的实践行为在实际上构成了乡村社会治理的行动方向和行动空间。因此，通过改革创新，使得各个主体各司其职、各归其位，形成多元化的产权治理主体结构，也是优化乡村社会治理主体结构的重要方面。

二 治理效应对称

从我国土地产权制度改革的历史经验来看，土地产权治理的效应与乡村社会治理的效应具有很强的关联性，土地产权治理效应的充分释放有利于提升乡村社会治理效能，本书将从正反两个方面来论证。

从正面来看，优化土地产权治理有利于促进农村资源要素流动，提升农村集体经济发展水平。在市场经济体制下，资源要素具有很强的自主选择特征，习惯于流向资源配置效率高的地区（例如，城市），这成为长期影响我国农村经济发展的一个重要因素。土地产权制度与农村资源流动性紧密相关。比如，土地所有权、承包权、经营权的分立，就在很大程度上激活了土地产权的经济属性，为农村土地流转、土地规模化经营提供了制度基础。并且通过土地承包经营权确权登记颁证，明晰权属，以及进一步规范土地承包经营权流转中的转包、出租、抵押、担保等权利，赋予受益物权人更多的自主性权利，为土地资源整合、实现适度规模的农业生产经营、吸引企业和资本从城市向乡村流动提供了产权制度激励[①]。此外，土地产权制度改革极大地激发了乡村建设主体资源——人的流动性，部分小农从低效率土地生产中抽离出来进入城市谋生，为城市建设提供了充足的劳动力，且对农民个体而言，增加了其经济资本和社会资本，增强了自主发展能力。从反面来看，土地产权治理成效不佳会直接影响乡村社会治理效能。比如，我国农村集体产权制度改革遗留的产权不明晰、不明确的问题，在现实中引发了很多纠纷，有些冲突甚至造成了干群矛盾，影响政府公信力，社会治理的成效也随之大打折扣。

三 治理模式对称

新中国历史上出现的几种乡村社会治理模式都与土地产权治理模式变迁紧密相关，土地产权治理模式会从社区权力结构、政治经济结构等方面影响乡村社会治理模式的形塑。

---

① 仝志辉等：《通过集体产权制度改革理解乡村治理：文献评述与研究建议》，《四川大学学报》（哲学社会科学版）2019 年第 1 期。

新中国成立初期，国家适时调整了农民与土地的关系，实行了短暂的土地归农民私有的土地治理模式，这一治理模式为当时国家政治动员和恢复重建夯实了基础。1953 年，为尽快恢复农村社会秩序，促进我国工业化、现代化发展，党中央开始对农业进行社会主义改造，将土地治理模式从农民土地所有转变为集体土地所有，并在 1956 年社会主义改造基本完成后形成了公有制一统天下的局面。伴随以上土地治理模式的变迁，农民与土地、集体与个人的权力结构、关系结构均发生了深刻的变化，形成了“一大二公”的人民公社制基层治理单位，农村实施了“政社合一”的治理模式。改革开放以后，通过总结农村丰富的实践经验，党中央不断调整土地治理模式，将原来的集体共同所有、集体共同使用的土地制度改革为“集体所有，农户承包经营”的土地制度。这一制度虽然不是对农地所有权的彻底变革，但是对基层乡村社会治理主体权力结构产生了冲击，由于农户的个人利益与土地治理关系日益紧密，其自主管理、自主发展的意识和能力被很大地激发，“乡政村治”治理模式应运而生。

通过以上分析不难发现，如果说土地产权制度是农村重要的经济基础，那么农村治理模式就是与之对应的上层建筑，土地产权制度的变革会深刻地影响乡村治理结构的变迁。也就是说，土地产权治理模式变迁与乡村社会治理模式变迁具有紧密的逻辑关联。

第四节　土地产权治理实践路径

一　打造土地产权治理共同体

有学者认为，我国现行土地制度是国家、集体与农民博弈的结果，各方在农地产权变革中都发挥着不可或缺的作用①。特别是“三权分置”制度实施以后，各方市场主体进入到农地的经营使用当中，实际上形成了产权主体多元化的局面。政府、企业、农户等基于各自的目标和利益展开实践，决定了农村日常生活中必然存在各种冲突和矛盾②。从我国农村的现实情况来看，乡村社会治理主体与农地产权主体高度重合，因此，应当恢复异化主体的本

① 马华：《农地产权主体多元化下的乡村治理困境》，《江西社会科学》2014 年第 3 期。
② 马华：《农地产权主体多元化下的乡村治理困境》，《江西社会科学》2014 年第 3 期。

质，引入多元主体并在发挥其各自的有效性的基础上形成合作治理机制，以充分发挥其独特的治理作用，促进乡村组织和治理主体的合理变迁①。

首先，应在认知层面提高各主体对土地产权治理重要性的认知，在行为层面有针对性地为乡村多元主体赋能增权。通过社区公共文化服务、集中开展讲座等形式，宣传土地产权、土地产权治理等内容，发现农户对土地治理的知识盲区并针对知识盲区设计讲座与宣传内容，提高其参与土地治理的能力。通过完善的法律和制度，明晰各主体行为边界，提高土地治理有效性。其次，应以共赢为出发点，激发各主体参与乡村土地治理的主动性和积极性。尊重政府、市场、农民等不同主体的合理利益诉求，寻求共同目标，从理性经纪人的角度挖掘各主体参与土地治理的积极性和自觉性。最后，应完善有利于多元主体沟通合作的体制机制。明确各主体在土地承包、经营、流转等过程中的权利和义务的基础上，建立健全多元主体沟通协调机制，对承包期间因土地流转产生的纠纷、土地权属不清的纠纷等问题及时反映、及时沟通、及时解决。建立健全多元主体合作监督机制，以正式约束的方式规范各主体行为，避免土地使用管理过程中出现一方独大的情况。

二 重点治理农村集体产权

改革开放以来，农村集体产权改革为推进农村经济社会发展做出了重要贡献。但由于相关政策法律不完善，以及村级组织治理效率日益降低，农村集体产权制度在市场经济背景下逐渐衍生出许多现实问题。集体产权作为我国农村土地产权的特有形式，其有效治理不仅事关农村经济增长，更事关乡村社会秩序和谐。因此，农村集体产权治理是农村土地产权治理的重点内容。

首先，应理顺农村集体产权的主体权力结构。在全面梳理清晰集体经济资产的存量、结构、分布和运用效益等情况的基础上，尊重历史并结合现实，明晰集体产权主体的组织成员身份，进行确权颁证，激发乡村集体资产各主体的内生动力，使其积极地参与到集体经济的发展当中。其次，应注重农民民主权利。随着农村空心化和老龄化现象的凸显，农村人地分离成为常态，

① 黄韬等：《产权视角下乡村治理主体有效性的困境和出路》，《马克思主义与现实》2013 年第 2 期。

村民普遍不关心集体经济发展，这极大地限制了农村集体土地资源效益的释放。因此，应通过农民的各项民主权利来提升其积极性，比如以财产权利为动力，激发农民保护自身利益的意愿，吸引其积极参与村庄的公共活动，由此形成“财产权利—公共权力”之间的良性循环①。最后，应有序推进股份合作制改革，发展壮大集体经济。重点以股份或者份额的形式量化至集体成员个人，发展多种形式的股份合作，盘活和用好农村集体资产②。集体产权治理的根本目标是发展壮大集体经济，我们既要认真着力推进集体产权治理主体结构、机制等方面的改革，也要在这个过程中积极探索、创新农村集体经济的发展形式，以优异的集体经济发展成果反促农村集体产权制度的成熟。

三　完善农地产权治理机制

作为土地制度的一个核心问题，我国农村土地集体产权尚未建立起有效完备的治理机制，而一旦产权制度的治理效能不足，产权对主体发挥激励和约束作用的动力机制就会弱化，难以出现产权制度自身所期待的主体行为和结果，最终导致治理主体失效③，由此造成乡村社会治理的一系列现实问题。因此，推进农村土地治理现代化必须诉诸于完善的治理机制，以弥补市场机制和行政机制在土地治理当中的局限性。

首先，应完善农地产权治理协商机制。在总结各地实践探索经验的基础上总结创新，充分发挥社会组织等非政府力量在协调沟通方面的优势，完善农村土地治理协商机制。比如，成立“议事会”之类的协商小组，政府充分听取广大农户、企业的意见，形成科学的农地治理方案。其次，为避免农地不同力量的利益博弈引发激烈冲突，应从农地产权治理源头予以干预，即不断完善农地产权治理决策机制。特别是在集体土地的使用、经营、流转等重大议题方面，必须经过协商机制讨论之后，采用“多数原则”进行集体决策，实现农村公共利益最大化。再次，监督是确保规则顺利执行的关键环节，应完善农地产权治理监督机制。既要在社区内部进行彼此监督，又要从外部形

① 唐鸣等：《农村集体产权治理：特征、困局与突破》，《河南师范大学学报》（哲学社会科学版）2017 年第 4 期。

② 张红宇等：《中国农网：农村改革的第二次飞跃——将农村集体产权制度改革引向深入》，2020 年 4 月 29 日，http://www. farmer. com. cn/2020/04/29/99852222. html，2022 年 1 月 19 日。

③ 黄韬等：《产权视角下乡村治理主体有效性的困境和出路》，《马克思主义与现实》2013 年第 2 期。

成合理的监督机制，推动农地的合理有序利用。最后，应创新农地产权流转、交易等相关法律，完善农地产权治理法制化机制。比如，尽快消除国有土地产权和集体土地产权在产权主体、产权权能以及交易安排上的不平等，建立城乡统一的土地市场，回归产权制度的效率性。明晰集体土地所有权所包含的内容、集体土地所有权和承包经营权的关系，实现产权主体利益结构的均衡。

四 营造良好的产权治理环境

农村土地产权治理与农村的经济、社会、政治等复杂过程紧密联结在一起，其治理效能直接影响着乡村治理秩序。然而，当前我国农村土地产权改革面临着一系列的现实问题，例如集体产权的“有意模糊”事实上对基层治理形成了“软约束”[①]；农业产业经营收益不高所导致的农村人地分离等。因此，考虑到农村土地产权的重要性与复杂性，及其改革面临的各种现实困境，本书认为农地产权治理完善不可能一蹴而就，须从宏观角度统筹规划，营造有利的支持环境。

首先，国家层面应提供更完善的公共服务，释放土地产权的经济属性。土地产权具有经济属性和社会属性当国家治理能力较弱时，土地产权就会发挥一定的社会属性，填补公共服务的空白。当前，根据我国城乡社会发展现状，推进农村土地产业经营现代化已是大势所趋，这就需要农地产权充分回归经济属性。因此，未来国家层面需要不断提高公共服务供给能力，为农村土地产权改革与发展提供积极的宏观环境。其次，应不断提高农业主导产业的经营收益。当前，制约我国农村可持续发展的根源在于农村内生发展动力不足。由于传统小农生产经营回报率低，很多农民对土地采取“佛系”经营、“虐待性”经营，农村出现了大范围的人地分离状况。而农村发展主体的缺失又进一步限制了农村治理与发展，形成了一种恶性循环的状况。因此，要想从根本上改变农村发展处境，只有大力发展支持农业产业，使经营土地有利可图，才能促进土地经济价值提升，强化“三权”主体的自觉的产权主体意识，进而激励他们增加投入，为后续的土地制度改革营造更好的外部支持环境[②]。

---

① 唐鸣等：《农村集体产权治理：特征、困局与突破》，《河南师范大学学报》（哲学社会科学版）2017 年第 4 期。

② 朱冬亮：《农民与土地渐行渐远——土地流转与“三权分置”制度实践》，《中国社会科学》2020 年第 7 期。

第五节 研究内容与创新之处

一 研究内容

本书共计五部分。第一部分为绪论，从问题提出，研究意义，文献综述，研究内容等方面进行了详细的介绍与说明，从而为后续展开翔实的个案研究奠定了基础。第二部分至第五部分为个案研究部分，围绕土地制度变迁与乡村治理从不同视角展开了翔实的分析。

第二部分是土地关系影响下的区域民族关系变迁研究。本章以甘肃陇南草坝村为例，对陇南地区村落社区内民族关系演变历史与现状进行了研究，梳理出了一条以土地为核心线索，以生产方式为影响因素，以观念和文化为决定因素的社区民族关系发展脉络。研究证明了历史上族际关系合作与纠纷的根源是土地关系的变迁和不同文化中对土地价值序列的排列差序。

第一个阶段，即——交易接触阶段，由于白马人的空间利用主要集中在半山处和更高海拔的林地与草原，而汉族进入后定居在河谷，双方的居住空间呈现出错位互补的关系。对于白马人来说，河谷地带的土地价值并没有体现出来。这从过去村庄的名子中亦可体现。早期的草坝叫做“草坡山”。这反映了早期白马人对于土地空间的选择。这种选择包含了多方面的考量，不仅仅是基于白马人早期半耕半牧的生产方式和其畜种对于高海拔自然环境的选择，也是出于对河谷地带潜在风险的担忧。当地相对较高的降雨量和河谷狭窄的地势使得河谷地区在雨季面临着洪水与灾害的严峻考验。（2020 年夏季陇南市文县的特大洪水灾害正是对这一风险的印证。非常遗憾的是，截止目前，笔者所考察的田野点即草坝村在这次灾害中受灾严重，洪水上涨到正常水位线以上五到六米的区域，河岸附近的民房和村公共设施一度被淹没。）在这一阶段，由于居住空间的错位和商品交易的互补，双方形成了相互接纳的局面，白马人对于土地模糊、笼统的公有制与汉族边界严谨明晰的私有制之间并未产生冲突。

到了第二个阶段，即——土地冲突阶段，原本两族之间不同的土地观念在新中国建立后，由统一的集体所有制所代替。这一阶段，山上的白马山寨和山下的汉族村落被整合为一个混居型村落，双方在居住空间上也开始嵌合，在这种情况下，原本在空间错位下被隐藏的两种土地观念之间的矛盾开始显现。而人民公社化运动时期的主粮政策和指标——压力传导模式成了这一矛盾的一针催化剂，使得两种观念间的矛盾具体转化为两个集体——白马人为主体的四社和汉族为主体的其他三个公社之间围绕集体土地所有权的矛盾，而矛盾的激化也直接导致了当地居民对于双方族际矛盾的“悲情叙事”式记忆，形成一道创伤的心理刻痕。对此，我们也应当科学地、客观地看待。生产关系对于生产力的调整具有滞后性，具体到草坝村，两族之间在居住空间嵌合后，如何适应新的环境并探索出一条双方共存的合作模式，这一过程是充满艰辛的，也是必然需要经历的“阵痛”。

进入第三个阶段，即——经济互嵌阶段。两族之间终于迎来了最终的和解，这就是从空间互嵌到经济互嵌的转变。在改革开放后，从药材热潮到电商旅游，新的经济增长点将人们的目光从土地之中转移到了蕴含在绿水青山之上的无限资源中。在今天，草坝村作为文县旅游扶贫的试点村，以旅游和电商两架马车齐头并进，将村民的命运紧紧联系在一起。草坝村的绿水青山、优质的空气质量和独具民族特色的历史文化共同形成了一种“情景体验”式的、无形的旅游资源，这种资源充满了包容性，可以将所有的村民纳入进来共同参与，同时又不可分割、不可被私人占有。新的资源和新的发展模式将人们紧紧地联系在了一起，形成“命运共同”“共享发展”“融合发展”的三种全新发展模式。正如我们前文所说，草坝村民族矛盾的根源在于双方的土地观念滞后于生产力的发展。而“命运共同”“共享发展”“融合发展”的全新模式从根源上解决了这一问题，形成了在农村土地集体所有制框架下真正的合作、共享、共赢。在今天，人们的目光更多地聚焦于如何提升合作质量、细化分工，在共有的空间中寻求资源利用的最大化，而曾经的矛盾，也必将随着两种传统土地观念的消逝而被人们所淡忘，找到了最终的和解之路。

陇南地区汉族与白马人的族际交往与文化交融是一个历史的、动态的发展过程，在两族共存的数百年时间里，双方基于对土地的差异化理解和价值赋予，基于族群居址的变化和文化观念的变迁，衍生出不同的财产制度与生产关系、变动的主客位关系和从“分”到“合”的民族关系。在这一套关系体系中，土地作为一条重要线索成为串联两族，贯穿古今，影响两族族际关系的核心要素。这一范例对于今天研究藏彝走廊北部地区传统多民族村落社区的民族关系，可以提供全新的视角与思路。

第三部分以宁夏银川奇缘专业合作社为例，呈现其在特定环境下的发展历程，探索土地股份合作社与乡村社会整合的联系。笔者通过定性研究方法考察农民合作社发展中的整合机制和规律，并进一步探究和反思土地股份合作社对乡村社会的影响。我国发展较成熟的土地股份合作社已经进入了稳中调整、提质转型的平台期。在农村农业现代化的进程中，村庄整合并非简单、偶发的自然过程，而是社会、经济及环境等多个层次的诸多要素互相作用的结果。合作社作为乡村社会中的新兴主体，通过其对乡村社会的改造与重组，发挥其良好的经济功能和社会服务功能，进而克服乡村转型过程中出现的社会危机。银川奇缘专业合作社是农民合作社中的典型，通过对其实践的调查研究发现，土地股份合作社的成立是内外环境和多种因素共同作用的结果。一方面，乡村社会内部在市场经济的冲击下寻求生存和发展，乡村社会急于改变失落现状，促使其内部合作寻求发展路径；另一方面，国家为达到乡村治理的目的，促进乡村社会经济发展，积极探索治理发展的新方式。同时，土地股份合作社对传统乡村社会资源的重组改造以及党支部组织的积极介入，形成了“村党支部+专业合作社+功能党小组+党员致富能手+农户”的组织体系和服务模式，通过将多股力量联结，进而赋予合作社以具体可行的组织模式，明确组织内各利益主体的权益、分工，为其稳定发展贡献力量。统防统治的科学化管理模式还改变了以往小打小闹的自我管理无序状态，使合作组织管理更加科学有序，高效化。在组织结构的形塑过程中，干群关系更加亲密，增强了村际经济社会行为协调一致性，为乡村善治提供便利。

在土地股份合作社的发展过程中，地方政府、村庄精英、普通社员以及有合作的企业等利益主体不断互动和进行利益博弈，从而形成了错综复杂的联结关系，维护着村庄的集体利益。然而，合作社的内部博弈从未停止，政府迫于上级行政措施的干预和压力，导致合作社转变为一项“政治任务”，普通农户则处于受制于人的被动状态，合作社本身存在的管理规范性问题，发展过于依赖政府政策项目等也对合作社发展造成了严峻的挑战。在外部环境收紧、内部建设加重的环境下，通过种植结构调整、产业升级等措施推动合作社转型发展，能够帮助土地股份合作社走向更科学、合理的发展道路。

在农户经济成本和时间成本相对缺乏的条件下，兼具经济功能和社会功能双重功能属性的土地股份合作社，便能够通过经济功能提高农业效益、解决劳动力过剩问题，还能够通过社会功能，培养乡村社会利益共识、重构制度规范和社会关系网络，推动村庄结构和秩序的重塑。土地股份合作社作为促进村庄整合的核心力量，从内部和外部两个方面重塑了村庄的资本运作模式和社会网络结构。内部通过资源的集聚和再分配、价值观的重塑以及社会关系网的重塑形成依赖于合作社的多种网络关系，包括合作社组织成员间正式关系以及合作组织延伸出的多种非正式关系，同时依附于合作经济组织存在并塑造了特定的“合作组织文化”，通过这些组织文化，合作社内部以合作社资源的贡献能力实现合作社内部权力的形塑。外部通过多股力量博弈以及合作社对乡村社会资源的控制来实现乡村社会整体权力的重塑，构建出以土地股份合作社为中介的新型“权力网络”，这种“权力的文化网络”以“资源的文化网络”为基础，对乡村社会权力结构产生影响，重组和改造乡村社会结构，身处网络中的任何组织和个人都存在联系和互动，共同维护所在乡村社会的稳定秩序和平衡状态。

第四部分基于宁夏红寺堡区高村的实地研究展开。自 2000 年从西海固地区移民搬迁至高村以来，受自然条件的影响，村民的主要生计方式是半工半农。随着项目资源入村的力度不断加大，基层政府为了实现乡村发展、脱贫致富的政治目标，利用正式或非正式的手段动员村民参与入村“项目”，从而推动农民生计变迁和加剧农民分化，进而对基层治理机制产生影响。

“资源输入”是当前乡村发展的主流模式，伴随“资源输入”，乡村社会在方方面面都发生了明显的变化。这些变化首先体现在生计方式的变迁上，由经济上的变化从而又引发了其他方面的变化。仔细观察高村的经济发现，从 2000 年移民此地至今，村民的收入翻了大约 20 倍之多。了解其成因和发展动力，可以总结为三个方面：第一，移民搬迁之初过于贫困，底子薄，因此找到合适的致富路子后收入上涨的空间大。第二，移入地是一张白纸，需要从头建设，为移民提供了发展机遇。第三，国家整体经济形势利好，市场经济的发展以及农民大规模向城市流动，从而获取更多的致富渠道。以上三点高村收入翻倍的原因，都是从非农领域寻求的致富途径，将靠与农业无关的方式富起来的高村认定为调整农业产业结构致富农村的典型，有待商榷。村庄在“资源输入”下，内部变得越来越复杂，村庄治理也陷入了困境。

项目资源的输入并没有像设计之初计划的那样增强乡村社会维持自身秩序的能力，反而导致乡村社会对国家形成高度的“资源依赖”。国家的资源输入，一方面使得国家与农民的关系发生了变化，由“汲取型”转向“反哺型”，另一方面也使得基层治理机制发生了变化，围绕“入村项目”而产生的乡村分利格局，使得项目资金使用重复甚至无效，“项目款到了，合理花出去”就行了。国家资源输入的不断增加，既没有拉近国家与农民之间的关系，没有继续提升基层政权的合法性，也没有增强基层政权自身处理和化解问题的能力，更没有增强基层社会的活力，反而出现了基层秩序维持对资源输入的高度依赖。一旦国家减少或取消资源反哺，基层社会问题就会因为缺少有效化解机制而不断喷涌，从而增加了治理风险和成本。

第五部分以宁夏青铜峡河滩村为田野点进行实地调查，着重于河滩村土地流转的过程研究，分析土地流转中乡村制度下权利的非正式运作这一特点。在土地制度变革的背景下，离开土地的农民开始转变以往的生计方式，土地流转解放了大量的农村劳动力，也加速了村庄内部结构的分化。土地流转影响着乡村的治理格局，新型农业经营主体进入村庄成为乡村治理中又一新的主体，而随着外出务工人数的增多，乡村治理主体缺失是乡村治理中面临的一大挑战。土地作为农村经济社会的根基，同样也是乡村治理的基础。不解决好农村土地产权的问题，就难以从根本上去除乡村社会的一些不稳定因素，无法去调动广大农的积极性，推进农业现代化。因此就今后乡村有效治理提出了几点建议：第一，完善农村土地产权制度，切实保障农民权益，这也是保护民族地区农民土地的合法权益；第二，实现村委会与集体经济组织的分离；第三，土地流转改变着村庄的内部结构，乡村治理结构实际呈现出“三元协同”的模式，国家、合作社和村民之间是建立在相互协作关系基础上，国家只有充分保障农民权益，才能有序规范的进行土地流转。在国家政策扶持下的新型经营主体利用国家提供的优势资源进行规模化的经营，推动农业产业化发展，提高土地资源的利用率，推动国民经济的稳定发展。而合作社与村民作为利益共同体，各取所需，实现彼此利益的最大化。建立在以上关系基础上的平衡与协作发展，才能够更好的实现乡村治理结构的良性循环。

二　研究特色与创新

本书的特色主要体现在以下几个方面。

首先，本书是以土地制度变迁为线索开展乡村治理的理论性兼应用性研究。研究者在调查期间长期深入农村社区和农民的生活世界，通过文献研究、半结构访谈和非参与观察等社会学的研究工具，对民族地区农村中不同类型的土地制度变迁与乡村治理案例进行了深入研究。这种类型学的农村社会问题调查研究与当前普遍从宏观层次上对乡村治理理论研究相比，更具有政策借鉴的翔实数据、实地调研的案例和现实的指导意义。

其次，本研究主要采用过程—事件分析法。单纯的故事或者事件分析只会告诉我们故事或者事件的影响，而把“过程”引入故事或者事件分析之后，人类学叙事就可以将整个事件看作一个过程，关注的焦点转移为故事或者事件是如何运作发展的，又是如何发挥影响的。这样就不可避免地包含了社会学的一些基本命题，也可以在这个过程中清晰地看到故事或者事件背后的那些更为微妙的底层生活逻辑和事情发生机制。因此，这种研究方法对于试图分析底层社会日常生活故事或者事件当中的文化与权力关联来说更为适合。具体到本研究，民族地区土地制度变迁中的社会治理过程中各方的博弈应当被视作或者说就是一个事件的发展过程，在特定事件中各利益主体围绕着这一事件展开互动。通过这样一种动态关系的观察，可以看到政府、农民和其他利益相关者是如何进行博弈，以及博弈背后的权力关系，从而为我们深入分析具体事件的发生逻辑和探索其化解机制奠定了基础。

最后，从民族地区的特有属性出发，特别地关注了西北多民族地区土地制度变迁与乡村治理，从国家治理的高度提出探索建立以土地产权治理为抓手的乡村治理新格局，尝试从治理主体对称、治理效应对称、治理模式对称三个角度提出土地产权治理是新时代乡村社会治理的关键，并提出土地产权治理的实践路径，为全面推进乡村振兴奠定了基础。

第一章　土地关系影响下的区域民族关系变迁

——基于甘肃陇南草坝村的实地研究

第一节　绪论

一　研究意义

民族间的交融与融合古已有之，从西汉时代的匈奴南迁到魏晋时代的北方少数民族南下；从古典时代罗马与萨宾的同盟，到蛮族入侵时代的日耳曼诸民族大融合。甚至早在“民族”这个概念出现之前，不同民族的融合就一直在世界的各个角落潜移默化地发生着。

在对甘肃省陇南市草坝村的田野研究中，笔者发现当地汉族与白马人的族际交往与文化交融是一个历史的、动态的发展过程。在两族共存的数百年间，双方基于对土地的差异化理解和价值赋予，以及族群居址的变化和文化观念的变迁，衍生出不同的财产制度与生产关系、变动的主客位关系和从“分”到“合”的民族关系。在这一系列关系体系中，土地作为一条重要线索成为串联两族、贯穿古今、影响族际关系的核心要素。这一范例对于我们今天研究藏彝走廊北部地区传统多民族村落社区的民族关系提供了全新的视角与思路。

二　文献综述

（一）国内学界对民族关系的研究

当前国内学界对于民族关系的研究主要集中在两个方面，第一个方面是针对历史上的民族交融，例如李宏宾的《唐代的民族交融与政治发展》、王海的《战国秦汉时期河套地区与北方民族交融》、彭丰文的《西汉“大一统”

政治与多民族交融认同》等；第二个方面即立足于当今时代背景下，分析新时期的民族交融与社区互嵌。金炳镐与肖锐、毕跃光合著的《论民族交流交往交融》中指出："民族交融是社会主义初级阶段民族交往交流的本质要求……社会主义时期各民族间的共同因素在不断增多，但民族特点、民族差异和各民族在经济文化发展上的差距将长期存在。"这一观点在承认了民族经济文化与发展差异的前提下，充分肯定了当代多民族相互交融的大趋势。裴圣愚在《武陵山片区民族社区互嵌式建设研究》中，将多民族混居社区内部族际间的交融互嵌划分出四大要素，分别是：地域空间、人口、制度结构和情感观念。他认为："各民族社区形成了交错分布的格局，为不同社区各民族成员频繁的交往交流提供了地域空间，从而实现了民族社区的结构互嵌。"在针对多民族混居城市社区的族际互动方面，柳建文在《文化的融合、冲突与抗拒：转型时期多民族社区内的族际互动》提供了宝贵的参考。作者总结出：城市社区内部的居住格局和单位工作模式打破了传统族际间的人际交往模式，促进了不同民族居民间的交流与文化融合。与此同时，不同民族间差异的文化语言系统依然存在，成为冲突与抗拒的原因。这为我们研究多民族混居社区的交融提供了一个较为全面的理论范式。但基于其田野点的特殊性质：第一，在城市社区内部，工作身份、社区居民身份和国家公民身份等多重身份所冲淡了人们民族身份所带来的差异化区别；第二，相对于城市规则而言，传统民族习惯法与规则处于弱势地位；第三，社区内部居民多元化的关系网络打破了传统村落社会中人际交往的差序格局。这些原因共同导致在城市社区中，族际间的文化交融可能要比传统村落社区要高效得多。因此在基于村落社区开展的田野调查研究中，不能直接照搬以上研究模式。

三　研究问题

回顾国内学术界对白马藏族的研究历程，学者们的视角大多集中在起源，以及文化、艺术与白马藏族独特的礼仪习俗上。作为一个居住在藏彝走廊北端、人口稀少的民族来说，与周边其他民族的关系历来就是一个重要的问题。在甘肃陇南，白马藏族主要居住在文县白马河流域，白马山寨穿插分布于汉族村落之间。其村寨分布格局大多以白马寨在上（山顶、山坡等高海拔地区），汉族村落在下（河谷、平原等低海拔地区）。独特的族群分布格局背后是历史的线索与地理的影响因素。可是目前国内学术界对于白马藏族地区族群互嵌与民族关系的研究尚且处于空白阶段。

2018 年 5 月，当笔者第一次来到陇南草坝村时，正好是第三届白马文化艺术节开幕的前夕。在村庄里，四处都能看到节日的影子，人们穿着传统的白袍、戴着具有鲜明民族特色的“沙嘎帽”，紧张地进行着一系列排练工作。作为一名从事民族学的研究者，笔者开始在人群中物色第一个合适的访谈人作为田野调查的开始。有一个老人看似符合笔者的一切理想条件：他穿着标准的白马族服饰，年纪在七十岁上下，这意味着他对白马人过去的生活状况有着一定的记忆。我们的聊天非常愉快，他对白马人的习俗和村子的状况都非常了解。当谈话结束时，笔者顺口问道：“您是白马藏族同胞吗?”然而他却回答说：“我是汉族。”这一答案出乎笔者的意料，同时这也使笔者第一次意识这个村庄的民族关系具有值得探究的地方。在之后断断续续一年多的田野调查中笔者发现：历史上该地的两族族际关系并不像我们今天看到的这么和谐。白马藏族并不是从古至今世代居住于甘、川边境的原住民，而是从外部搬迁来的移民。或是在公元 5 世纪从北方而来的氐族人，或是公元 8 世纪从青藏而来的吐蕃人，他们随着民族政权的扩张来到此地，又在民族政权的衰退中被遗弃。不论是阴平古国还是吐蕃帝国，血腥的战争向来都是政权扩张、争夺领地与生存资源的母题。长达数百年的战争带来的是深厚的民族仇恨与短期内不可调和的矛盾。当作为其保护者的政权或衰退或崩溃之后，这些遗民被赤裸裸地暴露在他们敌人的刀口之下。至今在四川平武，依然保留着“杀氐坎”“磨刀梁”等充满血腥暗示的地名，我们几乎可以想象得到，在这些地名背后那些已经被人们所遗忘的战争与流血。在这样的历史大环境下，这些遗民只能不断地逃难，放弃肥沃的武都白龙江河谷，退入深山之中躲避。后来随着明清时代四川汉族经商进入，两族在之后的数百年里形成了一种和谐的共生关系，汉族商人提供给白马人春耕的粮种、酒、盐巴，购买白马人的药材和毛皮，并租赁土地以安家、耕种。由于白马山寨大多坐落于海拔较高的山坡处，而汉人喜居河谷，双方互相并无矛盾。20 世纪 60 年代到 80 年代，由政府统一规划，将附近的汉族和白马山寨的白马藏族统一搬迁至今天的草坝村。然而这一过程却使得两族开始围绕土地产生矛盾，这种矛盾一直持续到 1990 年代以后才逐渐缓解又逐步融洽起来。

草坝村藏汉两族的族际交往与族际关系是一个动态的历史过程，那么在这一过程中，影响族际关系变化的因素究竟有哪些？这些因素对我们今天研究西南地区民族关系又有什么启示？抱着这些问题，笔者以草坝村作为田野调查点，对陇南地区村落社区内民族关系演变历史与现状进行研究，梳理出一条以土地为核心线索、以生产方式为影响因素、以观念和文化为决定因素的社区民族关系发展脉络。希望可以为学界对中国西南地区，尤其是藏彝走廊多民族互嵌的族际相处模式研究提供一个生动的案例。

四　研究方法

（一）访谈法

作为田野作业中重要的一环，访谈法是笔者在调查中用到最多的研究方法。访谈主要集中在该村的村民。主要访谈人有五个，包括出生于 1949 年以前的白马藏族的老人曹兴旺、曹富裕，两位老人精通白马藏族的服饰、舞蹈、文化、歌谣与传说，并且为笔者提供了大量中华民国时期白马山寨的珍贵资料。曹世哲出生于 1960 年代，从与他的访谈中笔者收集到大量中华人民共和国成立以后，尤其是 1980 年代到 21 世纪初当地白马藏族民生变迁的资料。草坝村现任文书周辉煌为笔者提供了草坝村基本资料和相关政策文件，同时他的家族作为最早一批迁入该地的汉族经商者，他帮助笔者了解了该地汉族的迁入历史。还有当地小学的尤老师一家，他们在生活上给予了笔者无私的帮助，并提供了 20 世纪 60 年代到 80 年代该地汉族的生活情况和两族纠纷的材料。除此之外，笔者还零零散散地采访了该村十余位藏族和汉族的其他村民，以补全笔者的访谈资料，力求提供更多面、客观的视角。

（二）观察法

除了访谈法以外，笔者在这三个月的田野调查时间里大量地实地观察了河流、耕地、土壤、作物、牲畜、自然环境、村落布局、植被等，以及当地人的日常生活与相互交往。通过观察，笔者收集到很多有助于笔者了解当地实际情况的资料。这种研究方法一方面为笔者对从访谈法中获得的资料提供了对照证据，另一方面也使得笔者以一个局外人和研究者的身份，收集到一些被当地被访者所忽视的信息，这些信息使整个研究变得更加客观全面。

（三）文献法

当笔者从田野点回到城市后，又联系了常年致力于研究该地区白马藏族的学者焦红原、岳文斌、班宝林，还有当地宗教局、白马河自然保护区的诸位领导和工作人员，他们提供给笔者大量的文献资料，包括1997年版的《文县志》《文县文史资料汇编》《甘肃白水江国家级自然保护区综合科考报告》《陇南白马人民俗文化研究》等，还有大量宝贵的数据和图像资料。这些资料有助于笔者全面地了解白马人的历史、文化、地理、水文、农业等方面的详细情况。通过这些文献，笔者进一步印证了通过田野调查得到的资料。

五 田野点选择

（一）选择理由

笔者选择甘肃省陇南市草坝村作为田野点是基于以下两个方面的考虑。

第一个方面是：该村属于较为少有的藏、汉两族汇聚村落，这并不是我们现在通常所见的那种在一个社区的居民当中可能具有从各地来的不同民族，因为做生意或者其他因素零零散散搬迁至一起的情况，而是作为两个整体、具有血亲关系的氏族世世代代居住于此。目前全村共有187户总计619人，其中汉族占104户、385人，白马藏族占83户、234人。这种混居状况在这样一个偏远山区的村落并不常见。草坝村为我们研究社区内不同民族长期共处情况下的关系变迁提供了一个理想的观察视角，这是它的特殊性。

第二个方面是：作为一个历史悠久的聚居点，草坝村经历了从中国封建晚期到中华民国再到新中国成立的整个历史进程。2014年起，随着当地打造民族特色文化，发展电商和旅游业，草坝村作为试点村落得到了大量的经费支持，这些资金被投入到翻建房屋、退耕还林和民宿旅游等的建设项目上，使得该村在短短数年里经历了翻天覆地的变化，这种变化——尤其是新政策下旅游业的发展，极大地改变了当地村民的生计方式，而这也对当地民族关系产生了重大的影响，关于这一点笔者将在后续进行详细的论述。这种变化使我们看到一种从过去到现在强烈的对比，有助于我们更好地观察土地使用方式的改变与计生方式变迁对社区内民族关系的影响。

（二）田野点介绍

草坝村地处甘川交界处，位于文县境内。从地图上来看，文县距离陇南市区并不远，大约只相当于从北京到廊坊的距离。然而，从实际上看，巍峨险峻的高山会将路程所花费的时间成本提高到三倍以上，即使在交通便捷的今天，乘车从市区到文县依然需要五个小时的车程。到县城以后，需继续沿白马河逆流而上，经过大约四十分钟的路程，才能找到这个村子。

草坝村的历史可以追溯到清代以前，过去人们把这里叫作草坡山，中华民国时期居住在这里的居民有 17 户，全是白马人，有一些因为做生意搬迁至此的汉族人零散地居住在山下白马河的河谷之中。今天草坝村的村落格局是在 20 世纪 60 年代确立的，在人民公社化运动时期，该村被划分成四个公社，其中一社、二社、三社为汉族，都在河谷地带，四社在河北面的山坡上，由原来的白马山寨的居民组成的。1964 年夏天，文县遭遇强降雨天气，造成山体泥石流滑坡，出于对人民群众生命财产安全的考虑，地方政府将原先的白马居民迁至山下，安置在三个汉族公社旁边。

受制于地理因素，今天的草坝村相比中国北方星罗棋布的行政村规模要稍微小一点。整个村庄坐落于白水江千万年来日夜冲击而成的一个河谷之中。以白马河为中轴线，可以将村庄划分为三个板块：离水源最近的河岸地区是耕地，村民在这里种植玉米等作物。河的北岸是村公路，这条公路最早是为白马河林场而建，从县城经草坝村沿河一路向西，最后终止于李子坝的原始森林。这条公路将铁楼藏族乡所有的村镇串联起来，也是草坝村通往外界的唯一渠道。沿公路两边是近年来建设的旅游景观区，也是村落的中心，这里建有一所学校和一个白马民俗文化博物馆，河的对岸还有一个广场，用来向游客表演白马族的特色舞蹈。农家乐是这里村民重要的收入来源。沿公路两边，几乎所有的农户院落都被改建成农家乐的形式。据村民介绍，政府近年来加大对村民参与旅游业扶持力度，并且为所有计划翻修房屋、改建农家乐的村民提供一万元到五万元不等的资金补助。从旅游区向山脚下走，就是普通的居民区，旅游区的喧闹与这里的安静形成了极为鲜明的对比。这里的建筑大多是老房子，具有鲜明的民族特色——两面侧墙由土坯夯成，门脸和房顶均为木制，房子被分割成上下两层，上面住人，下面圈牲口。整个村庄分布于白马河两岸，中间由三座桥梁连接，桥下有一个水磨房，作为全村的公共财产。草坝村特色的农产品——水磨面就是在这里进行粗加工的。

从 2016 年开始，草坝村被纳入到电商扶贫计划当中来，政府主导牵头开展农旅结合的精准扶贫道路，到了 2018 年已经初具规模。在短短一年时间里，大量的当代元素随着政府派驻的技术指导人员、工作人员和各地游客的到来涌入村庄，传统与现代在这个极为狭小的空间里快速地碰撞、交融，对当地村民产生了极大的影响。

从2018年起，笔者在两年的时间里陆续前往该村，试图对白马人与当地汉族相交融的民族关系进行全面的观察与研究。在这一过程中笔者发现，当地两民族在数百年共存的历史进程中，既有合作，亦有竞争，产生过矛盾冲突，却最终相互和解。在这一漫长而复杂的过程中，土地一直扮演着重要的角色，成为穿插于当地两个民族历史冲突与交融的线索。本书试图以时间为轴，梳理出土地在不同时代在两个民族中扮演的角色，探寻民族混居型社区的交融之路。

第二节　交易接触——混居村基本空间格局的构建

一　建立在土地公有制上的白马社会

白马人没有自己的文字，在周边其他民族的历史叙述中也并未被给予过太多的关注，这使得本书对古代的白马人土地制度进行考证变得十分困难。聚焦到地方上，在草坝村，一切超出老人们亲身记忆的东西都变得难以探寻。因此，想要追溯当地白马人在中华民国以前的土地使用情况和制度，我们就需要借助老人们的记忆、地方志、白马族的传说歌谣并结合当地的地理环境和历史因素进行梳理。

今天我们如果去草坝村进行观察，就会发现河谷两边的山坡上都是郁郁葱葱的森林，从村落的边界一直延伸到山顶。然而，即使在二十年前，这里的环境还是一种截然不同的景象。树是人工改造自然的结果，过去草坡山村的山脚和半山处还是草原，整个草坡山村的植被分布沿海拔呈三层渐变：低海拔区域是草原，半山处是灌木植被，而森林则生长在高海拔地区。人们通过烧荒的方式，将中低海拔区域的原生植被与草本植物破坏殆尽。后来随着人们生活区域的向下迁移，之前被改造的大片土地被遗弃，失去了草本植物的竞争，树木才开始在这里逐渐生长。

白马人曾经一度处于半定居的生活状态。在迁入大山的最初几百年里，狩猎采集一直是他们谋生的重要手段，而畜牧业的规模与耕地面积也远远没有后来那么多，人们居住在用树枝、树叶和藤条搭成的简易房屋里。这一时期的居住点在距今天村庄约两小时路程的山顶。草坝村的山顶并不是一座陡峭的山峰，而是与其他山地连成一片的、广阔的台地。在西北地区，这种地貌被称作“塬”，在白马语中被称为“Nagi”。在山顶的塬上，有两个湖泊，面积均为二十亩到四十亩，人们围湖而居。影响白马人居住地选址的因素有两个，首先是高海拔林区丰富的动物资源，其次是山地与林地所共同构成的“自然庇护所”。后来随着时间的发展，部落的人数出现了增长，这种增长应当是生产资料增长的直接后果，主要体现在羊群的繁殖数目上。同时，耕地所带来的谷物成为人们生活中的另一项重要食物来源。为了养活更多的人口，人们需要更多地依赖低风险、可预期的长期稳定食物来源——谷物和畜群，而不是曾经那种高风险、结果不可预期的狩猎产品。这一猜想在白马人的史诗《阿尼嘎萨》中可以得到充分的印证：“……色日鲁山大王得知白马人没有文字，便向阿尼嘎萨一遍遍口授种植小麦和玉米的技术，……阿尼嘎萨回到山寨后，将玉米、小麦的种子分给白马山寨的家家户户去种植，还向乡亲们传授栽培的方法，从此以后，白马人开始种植小麦与玉米。”

生产结构的改变直接影响到了人们对自然环境要素的选择。森林不再成为人们的首要考虑因素，相比而言，中低海拔区的草场和灌木群更有利于放牧牛羊和开垦耕地。在清朝早期时，草坝村的白马人搬至半山处，并在此一直居住到 1964 年。在这一时期，人们的住房条件得到了改进，土木结构的建筑代替了草棚，白马人由此变成了真正意义上的定居民族。

白马人在一千多年的历史中以血缘氏族为纽带，构成无数个规模在数十人到百人左右的部落，在当地被称为寨子。这些寨子从某种程度上说构成了白马藏族群落的唯一基本单位。以草坝村为例，在中华民国时期，草坝村的白马寨位于河谷边步行约四十分钟的半山坡上，分为上寨子和下寨子两部分，其中上寨子 7 户、下寨子 10 户，整个寨子的年轻男性不到 20 人。这种以血亲氏族为纽带维系起来的寨子具有原始部落的性质，寨子由一个共同推举的“头人”所领导，由于生产力低下导致没有足够的余粮来养活其他脱离生产的专业人员，“头人”和其家庭也要参与到生产之中，所以阶级的分化在这里似乎是遥遥无期的，直到 1949 年以后，草坝村和其他白马藏族群落中都没有出现明显的、脱离生产的贵族精英阶层。

在每一个寨子之中，以夫妻关系为核心纽带所构成的“户”成为日常生产与生活的子单位，每一户包含着一对夫妻和他们的未婚子女。早期他们居住在一种半坑式的房屋中，这种房屋呈圆形，要先在地上挖出一个浅坑，再由树枝、树叶和藤条搭建成圆锥形屋顶。屋子中间是火塘，人们吃饭和睡觉都是围绕着火塘进行的，火塘昼夜不熄。在吃饭的时候，盛饭的这一行为是妻子的专属权利，家庭中的任何成员不能自己盛饭，包括丈夫，这一行为被认为是对妻子极大的冒犯。通过这一特定的、具有仪式色彩的行为，妻子在家庭中的地位得到确认与巩固。

1949 年以前，白马人的社会中对财产的概念既包括私有制财产，又包括公有制财产，并作为一项传统延续了很久。一般情况下，这一状态被认为是原始部落社会向封建社会进步的短暂过渡阶段，但是在白马藏族的社会中，这种状态却作为一种常态持续了数百年之久。

白马人的生产可以分为农耕、畜牧、采集和狩猎四大部分。其中，农耕、畜牧和采集所获得的食物被认为是私有的，各户之间有明确的界限。寨子里有严格的习惯法保护私有财产，例如偷窃被认为是极为恶劣的罪行。然而，狩猎所获得的食物却被认为是人们公有的财产。本寨子的任何人都有权利在这个寨子周围的森林里以陷阱或射杀的方式捕猎，寨子中有一户人家负有特定的责任，每当有人捕猎归来，这一户的妻子将负责处理猎物、烹饪并分给全体村民。这一制度是强制性的，寨子里的每个人对于任何本寨子的人所捕的猎物都具有分享的权利。过去每当山谷里枪声一响，全寨子的人都会聚集在负责烹饪猎物的那户人家，等待猎人归来饱餐一顿。

现在让我们先来梳理一下，首先是被划归到私有制范畴内的劳动产品：农耕——谷物，畜牧——牛羊、奶肉和皮革；再来看看公有制所包含的产品：狩猎——肉类。当我们做过这样一个简单的梳理归纳就会发现，被认为私人占有的产品，相对凝结了大量的劳动时间，比如谷物，其种植需要六个月甚至更长的生长周期，在这一过程中需要人们不断地去照料。同样，牛羊的繁殖也伴随着一个很长的时间段。相对来说，狩猎包含更大的偶然性，可能今天某人有时间，他会去山里碰碰运气，如果恰好遇到了猎物，他就有机会带回食物。狩猎产品中凝聚的劳动时间相比农耕与畜牧要少得多且不具备稳定性。如果从这个角度看，在白马人的传统观念里，不以产品本身，而是以凝聚在产品中的个体劳动时间的总量来划分私有财产或公有财产。为了证明这一点，我们需要另一个对人们生产生活有价值、与所有人紧密相关且真实存在的事物作为参照，而最完美的参照物莫过于土地。对于任何生产途径来说，土地都是必不可少的，农耕需要土地，放牧牛羊需要草场，而狩猎需要森林。在传统的农业社会甚至是今天，土地的所有权都被认为是一个社会财产所有制的重要组成部分。在传统的中国乡村，土地被认为是一个家庭最重要的财产，各家各户的土地被严格的边界所划分，并且随着血缘关系被代代继承。

在白马人社会中，并没有土地私有的概念，我们所能搜集到最早的个人对土地存在“占有意识”的时代是晚清到中华民国这段时期，而这一意识是伴随着鸦片种植的传入与鸦片贸易在当地的兴起而出现的。在更早的时期里，土地被认为是社会成员的共同财产，这与当时的生产力发展程度密切相关。由于白马人传统获得农耕用地的方式是烧荒，这就意味着耕地区域是逐年变动的，因为每隔几年土地肥力就会下降，而耕地范围的变动不利于稳定的私人占有，于是这种私人占有的行为与意识通常要花费漫长的时间，其背后隐含着“由于我的父辈和祖辈一直耕种这片土地，因此这片土地是我的家族劳动成果，应当属于我”的逻辑。烧荒与轮耕使得私人占有的逻辑无法存在，白马人的畜牧业更是充满了随机性。白马人的畜牧业主要包括羊、猪和牛三种牲畜，其中猪和羊为人们提供食物，牛为人们提供畜力、皮革和社会认同。在放牧的过程中，牛、羊与猪被混杂在一起，春天被人们驱赶到山上，直到入冬之前人们才会将畜群找回来。

这种财产私有制与土地公有制并行的形式伴随着白马山寨很长一段时间，一直到 1949 年以后，随着土地改革和人民公社化运动，山寨逐渐融合成新的行政村，这种双重所有制才逐渐消失。

通过对白马人生产活动的分析可以看出：白马人的社会中并不存在土地私有制产生的社会土壤。土地构成了白马人社会中的公有制和私有制的分界线。土地是公共财产，每个人都有权利去利用土地生产自己的东西，只有凝结在产品中的个体劳动时间被认为是私有的。这种私有制更多的是一种我们参与观察得到的直观印象，本质上来说，传统白马人社会的财产制度是公有制。在这种制度下，白马人对于外来的移民在最初抱有一种相当包容的态度，一方面是由于外来的汉族移民可以带来山寨短缺的商品，并收购他们的产品，双方构成一种共赢关系；另一方面是由于实行土地公有制，汉族最初在当地的土地占有行为并不会直接侵犯到具体一家一户的白马人利益，因而白马人并未产生抵触与排外的情绪。

二　汉族进入开始商业活动

在过去的一千年里，白马人受到地理环境的制约，其生产力一直处于一个相对较低的水平，而低生产力造成的直接结果就是无法产生复杂的社会分工和从事非生产生活的专业人员。所以白马人的社会结构一直保持在一个较为简单的水平，在工具生产、技术等方面也落后于周边的汉族邻居。之所以产生这种状态，与白马人所处的孤岛状地理位置有着直接的联系，然而这一隔绝并不是永恒的，在白马人定居于高楼山区后的几个世纪，作为第二批移民的汉族人也来到了这里。

根据现在草坝村的汉族居民祖辈口头流传下来的记忆，他们的祖先来自四川绵阳—广元一代。大约是从明末清初开始，第一批来自四川的汉族定居者来到了草坝村。他们与当地的白马寨产生联系与交互关系则是在更早的时期，一些汉族以商人的身份出现在白马人的视野里。直到今天，产自文县的党参等中药材在全国的药材市场依然具有极好的口碑。在两百年前，这些四川商人定期来到草坝村，用白米、酒、盐巴和粮食作物的种子从白马人手中换取药材和毛皮。随着时间的延长，其中的一部分人在这里定居下来，慢慢形成了数个小型的汉族聚落。定居于此的汉民传统观念也在新环境中发生了改变，例如在文县地区所盛行的“嫁儿子”的传统，即男方入赘女方。即使到了今天，我们依然能在文县地区的村落中看到大量的“嫁儿子”的情况。草坝村的王老头就是以入赘的方式定居在这里的。他曾告诉笔者：他自己姓王，他的父亲姓张，他的爷爷姓刘。这一信息曾让笔者大为不解，后来经过他的解释才明白，王老头家本姓是刘，老家在四川，在中华民国时和他的父亲一同来到当地，从事贩卖鸦片的行当，并在当地入赘张氏，这种入赘的女婿也被称为“干儿子”，干儿子的地位相当于女方家里的儿子，他需要将自己的姓氏改为女方家族的姓氏，完全割断自己与曾经家族的关系，成为女方家族的成员的同时，还要尽到赡养老人等义务。长大以后，他与他的父亲一样，入赘到了草坝村的汉族地主王氏家里，因此也改姓为王。王老头家祖孙三代不同姓的情况真实反映了当地盛行的入赘习俗，这一明显与汉族传统父权社会相逆的习俗，可以被看作当地汉族外来迁徙传统的最好证明。当地汉族的另一个有趣的习俗也与这种迁徙传统有关，即一妻多夫制。这种一妻多夫制并不像我们想象的那样由一个女性同时占有多个配偶，而是一种充满社会契约精神的婚姻制度。一些缺少劳动力的家庭（例如丈夫因病致残或年纪增大），为了补充劳动力，妻子会再选择一个青壮年做丈夫。新丈夫入门之后，曾经的丈夫需要搬出去独自居住，不再享有与妻子同房的权利，但是新丈夫必须拜认曾经的丈夫为大哥，担负起赡养大哥和大哥父母的义务。在新丈夫入门前，家里积累的一切财产归大哥所有，新丈夫无权分享，同时新丈夫需要断绝跟自己家的联系。这些在当地特有的习俗无不表明，在过去，当地的汉族具有迁徙传统，这些习俗很大一部分是为了弥补迁徙过程中出现的人口比例失调等问题而存在的。

在当地白马藏族的语言里，白马藏族自称“藩家人”或“主人家”，而将汉族称为“客家人”。在这段两族共生的历史中，双方既有合作却又泾渭分明。白马藏族绝不与汉族通婚，同时在居址上，汉族定居的河谷与白马山寨所在的山坡有大约半个小时的脚程，双方并不混居，只在赶集的时候互相接触。对于居址的选择不单纯是因为双方的族际分别，也是为了便于生产生活：白马人需要烧火地，而符合条件的灌木丛大多生长在半山处，同时放牧牲畜的高山牧场海拔较高，因此不光是草坝村的白马山寨，整个乡的白马山寨都坐落于海拔1500—2000米的位置上，而汉族由于经商的需要，其居址大多选择在交通便利的河谷水道交汇处，并且可以引流河水，灌溉轮耕土地。

在这一时期，汉族与白马人共同居住在这片河谷，构成了一种相互依赖的共生关系。汉族依赖于白马人的药材与毛皮等商品，同时需要白马人的许可才能获得在白马山寨周围的居住权；而白马族依靠汉族获得他们所稀缺的盐巴、枪火、酒和粮种。这种共生关系，加上相对于整片地区来说人口密度较低，使得两个族群自然而然地共存。

另一个有趣的例子可以用来证明这种共存的和谐氛围：在中华民国以前，当地受制于地理环境的影响，不论汉族还是白马藏族都采用刀耕火种的古耕种办法，但是烧荒所得土地的肥力会在三年到五年后急剧下降，所以就需要开垦新的火地。这意味着当时的人们一直处在一种“游耕”的状态中，耕地处在变动之中。在这种游耕文化环境下，当地汉人和白马人逐渐达成一种默契。还有一个例子亦能证明这种共生关系。在长期的共处中，白马人与汉族达成一个不成文的协议：由于汉族定居河边，白马人在河边的水磨坊由汉族负责看管维护，同时，居住在山上的白马人有替汉族邻居照料牛群（这些耕牛在休耕的季节被放养于山上）的义务。这种（基于生产合作的）权利与义务的交换将两个民族、两个社群紧紧地黏合在一起。

随着时间的推移，这种两族之间的合作共处模式逐渐稳定下来，一些商人用借贷免息的方式，或者使用粮食交换的方式，从白马人手中换取了一些位于河谷地带的土地，并世代居住下来。在这一时期，基于两方面的原因使得汉族和白马人可以在一个区域空间内和平共处：一方面是基于贸易关系的相互合作，这种合作可以使双方互通有无，各取所需。另一方面就是对土地的不同观念：在汉族的眼中，土地是私有财产，是需要付出劳动力去照料的。这种凝聚了一代又一代人心血的土地被看作财产序列中的最高等级，正如费孝通先生在《江村经济》中所说："地就在那里摆着，你可以天天见到它。强盗不能把它抢走。窃贼不能把它偷走。人死了地还在。传给儿子最好的东西就是地，地是活的家产，钱是会用光的，可地是用不完的。"在汉族的观念里，土地是便捷明确的，这是基于汉族的耕作方法决定的。人们悉心照料每一块土地，并且用施肥的方式保证土地的肥力，在适当的时候进行灌溉。这一系列行为使得汉族的土地成为凝结着人们劳动时间的价值结晶，建立在这样一种劳作方式上的土地是排他性的，人们清晰地区分着每家每户的土地。但是在白马人的观念里，土地是公共财产，是边界模糊的、共享的。烧荒游耕的方式意味着白马人不会在同一片土地上停留太久。公有制的社会结构使得白马人并没有清晰严格的排他性财产观念。在白马人的财产序列中，土地并不占有重要的地位，满山的灌木丛，目之所及之处，都是潜在的烧荒地点，反而是作为生产工具的牛对于人们来说地位更加崇高，在财产序列中位列最高等级。这种两族之间划分土地财产等级的差异使得双方在交易时巧妙地避开了潜在的冲突，也让双方能够更加和谐地共存。但到了20世纪，随着白马人生产方式的改变和对土地财产观念的变化，这种和谐就被争端与冲突所破坏。

第三节　土地冲突——空间互嵌模式下的纠纷与矛盾

在明清时期，草坝村一带白马人与汉族融洽的族际关系得益于双方互补的计生方式和错位差序的土地价值排序，在这种错位排序下，白马人并不将土地视为排他性的私有财产，因此汉族的进入定居并未引起白马人的排斥与矛盾。然而，从清朝末年开始，两次社会大环境的重大改变使得白马人的土地观念和生计方式经历了重大变革，也直接导致了当地白马人和汉族之间的族际关系发生转折。

一 清朝末年的鸦片种植

在世界历史上，人口迁移带来的对被迁入地原住民的冲击往往是深可见骨的。在草坝村，人口迁移带来的冲击是明显的。

这种变革性影响第一次体现在清朝末年，随着早期汉族的迁入，这一地区事实上建立起了对外界——准确地说是与其他以汉族为主体的、更大规模的社会网络之间的联系。虽然这从事实上改善了该地区从古至今的封闭状态，但是我们应当注意到，搬入草坝村的汉族是一个流动性更大的群体。一方面是因为他们的职业，该地区汉族居民的祖先最早以经商为业，他们在草坝村一带向相邻的其他白马藏族地区收购药材、毛皮和一些其他汉族地区稀缺的商品，然后购进枪支、酒与粮食种子给白马藏族作为交换。另一方面，作为迁入移民，他们不可避免地会与曾经的居住地保持联系。基于以上两点，汉族移民事实上成为一个传播媒介，打通了白马藏族山寨和汉族农耕地区的交流渠道，并将这种联系的结果间接地作用于本地白马藏族居民之中，构成了整个社会网络的一个单元。

以这一社会网络单元为基础，罂粟作为一种新的特殊作物传入并改变了白马人的整个生产结构，进一步影响了白马人的土地观念。

1850 年，为了应对逐年增长的军费开支，清政府开始逐步在中国推广鸦片种植，期望通过这种方式与英国竞争国内的鸦片贸易市场，阻止白银外流，拓宽税源。在之后的数十年里，鸦片和罂粟种被带入陇南，白马人开始接触到这一外来物。正如在中国的其他地方一样，鸦片在白马人群落中一经传入，就迅速地蔓延开来，以至于当时的白马寨中，不论男人、妇女还是老人吸食者占十之八九之多。据《东华续录》记载，“鸦片传播路线大致是：道光初年，始由印度传至云南，然后再传至四川，再进而传至甘肃”。由于川北陇南地区的光热条件非常有利于鸦片的生长，在清政府解禁鸦片之后，这里的鸦片种植量开始大规模增加。目前并没有官方的一手资料证明清末民初时期的鸦片种植究竟是个什么样的规模，但是我们可以通过毗邻的四川地区来做一个大致的推测：

（1）同治八年（1869）四川产鸦片 0.75 万担，光绪四年（1878）四川产鸦片 17.7 万担。

（2）光绪二十二年（1896），四川种植罂粟 480 万亩，年产 12 万担。

（3）光绪三十二年（1906），四川产鸦片23.8万担，占全国40.70%，种植面积约438万亩。

罂粟种植在陇南地区白马藏族村落内的兴起主要包含两方面的原因，首先是鸦片的药用价值和生物成瘾属性，使得鸦片成为许多人的刚性需求。其次是由于当时鸦片在全国的广泛传播，很大程度上成为当时中国社会的主流硬通货之一，由于鸦片膏与其他货物的兑换比率极高，种植罂粟带来的利润远远大于白马藏族地区传统贸易中的其他货物。而且，鸦片除了具有能够满足人们消费的作用外，四川的一些地区就将鸦片充当一般等价物，作为商品交换与支付的手段，具有货币的功能。

表1－1　解放前金阳县鸦片交换其他物品情况表

物品名称	物品单位	换鸦片（单位：两）
白银	一锭	2—3
一九三八式步枪	一支	30—40
窝底大花步枪	一支	20—30
德国毛瑟步枪	一支	30—40
中正式步枪	一支	20—30
老九子步枪	一支	15—20
老毛瑟独子步枪	一支	10—15
火药洋枪炮	一支	2—3
十响手枪	一支	20—30
七九步枪弹	100发	2—3
小白布	一匹（24方）	0.4—0.5
小蓝布	一匹（24方）	0.5—0.6
小青布	一匹（24方）	0.6—0.7
二水铁锅	一口	2—3
大米	100斤	2.5—3
烧酒	100斤	4—5
青盐（巴盐）	100斤	5
真丝帕	一匹	1—1.5
耕牛	一头	3
大骟羊	一对（两只）	3

由表 1－1 我们基本可以一窥清末民初时期西部地区鸦片贸易的盛况。在中华民国时期，在罂粟种植园工作的工人每天早上会去罂粟地里采集罂粟花的乳白色汁液（被初步加工提炼后就成为鸦片膏），作为东家和长工之间默认的一项传统，在清晨这一固定时间段内采集到的鸦片膏被视为长工合法收入的一部分。一般情况下，一天一个熟练工人可以为自己挣得1—2 钱的鸦片膏收入，参照对比表，我们大致可以估算出罂粟种植业对于当地人的收入具有多么重要的地位。

那么我们也可以想象得到，对于一个长期处于生产力相对落后、生产资料相对缺乏、与周边地区长期处于贸易逆差并且需要依赖大量外来商品（例如粮种和工具）的民族来说，罂粟的种植和鸦片交易会给他们原有的生产方式带来多么大的冲击。

事实正是如此，在清朝末年一直到 1949 年的这段时间里，鸦片种植迅速成为白马人最主要的产业之一，一户人家靠着种植罂粟，在每年 7 月成熟季“赶烟场”挣来的收入，足以支撑一家人过上相对充裕的生活。尤其在 1925 年国民政府开始禁绝鸦片之后，四川平原地区的鸦片产业受到冲击，大量罂粟田被铲禁，位于深山之中的白马山寨偏远隐秘，不易被发现，鸦片价格更是一路攀升，只要一钱鸦片就可换取十个麻饼，也就是说，一个鸦片工人一天的工资即可轻松养活一家人。

直到 1949 年新中国成立以后，新中国严格打击毒品犯罪，鸦片种植才在这一地区销声匿迹。鸦片产业虽然在短期内使得当地居民收入增加，但同时也导致大量白马人染上毒瘾，几乎到了家家户户都有烟枪的地步，给白马藏族同胞们带来了深重的苦难。另外，鸦片产业改变了白马藏族的社会观念。由于鸦片的种植依赖于土地，鸦片产业的兴盛使得土地的价值在白马藏族的观念里大大提高了，土地不再是传统观念里作为公共财产、笼统模糊的群体领地，而变成了实实在在、有着精确边界的私人财产。鸦片种植风潮的兴起改变了白马藏族的土地观念，也为日后两族之间的冲突埋下了伏笔。

二 人民公社化运动和包产到户

在草坝村，汉族迁入的时间是晚于藏族的。作为最早的原住民，白马藏族一直坚持对草坡山和白马河河谷的所有权，认为这里是他们祖祖辈辈的家园。白马人的活动范围主要分布在山顶和山坡一带，以山顶的“海子”（湖泊）作为生活水源，而白马河沿岸的河谷地带，由于多发洪水，在古代对于白马人来说，意味着风险，所以价值较低，也并无人居住。大约三百年前，汉族逐渐迁入草坝村一带，以租赁的形式获得白马河沿岸河谷地带的居住权，并逐渐扎根于此。之后，当地汉族居民逐渐开垦土地，在此定居。在这一过程中，汉族居民对自垦土地的所有权随着时间的推移逐渐得到巩固，但是在白马人的意识里，河谷地带始终是自己的族群领地，只是借住给汉人。

最初，由于双方的共生互利关系并没有突出地表现出来这种土地矛盾。到了1949年以后，随着白马藏族逐渐从山坡处搬迁至河谷地带，以及20世纪60年代“四固定”政策的实施，这一矛盾方才显露出来。汉族开垦的土地被政府所认可，获得了其所有权，但是白马人的意识里依然认为这些土地的所有权属于他们，对于土地所有权的争议为双方埋下了矛盾的种子，也成为之后矛盾激化的第一根导火索。

第二根矛盾的导火索为1964年夏季连绵一个月的强降雨天气。降雨致使山体滑坡，对当地人民群众的生命财产安全产生了极大威胁。居住在山坡处的白马山寨17户四社群众遂向上级组织申请搬迁至山下。经批准，由政府在一社住区北面山脚下划出五亩宅基地，以每户人两间房屋的标准安置于此。从新的宅基地到山上的老寨子大约需要步行一小时左右的路程，过去白马人的耕地多位于山坡处老寨子周围，搬迁之后，旧有的耕地逐渐荒废，白马人开始在新安置点周围开垦新的耕地，由于此时汉、藏双方并入一个村落，居住空间开始互嵌重合，使得本来面积就不宽裕的白马河谷的耕地变得更加紧张，而汉族由于世代经营谷地，肥沃的临河水田基本已经被开垦完，留给白马人的只剩下靠山的旱地。对于土地占有不平均的愤怒使得当地汉族与白马人的矛盾被进一步激化。可是由于当时“四固定”政策已经施行，对于已经分配至各个公社的土地，原则上不做大的调整，原本可以扮演矛盾调和角色的地方政府没有发挥本来能够发挥的作用，致使矛盾不断发酵。

矛盾最终爆发于1965年春，草坝村四社（藏族）二十余人在曹新平（藏族，化名）等的带领下，于某日凌晨将位于白水江北岸原属于一社的二十多亩耕地的庄稼全部铲除后牵耕牛重新耕种，并宣布这片耕地应当属于四社白马人共同所有。这一行为立刻引发了双方的激烈冲突。最后经县委县政府及人民法院出面调解，将其中原属于一社的五亩土地划归四社，剩余土地归还一社。

然而，这种妥协式的处理方式并不能从根本上解决双方矛盾。在那个

“人有多大胆、地有多大产”的时代，生产队的粮食产量关系到每一个成员的切身利益，新划归四社的五亩土地实在是杯水车薪。双方围绕土地产生的纠纷使得两族间的关系逐渐恶化。1949 年以后实施土地改革和人民公社化运动，县里将居住在草坡山一代的零散居民收拢起来，组成了现在的草坝行政村，其中一社、二社和三社的汉族居民沿河安置，将河上的耕地都分给了汉族，当时的说法是统一劳动，粮食平均分配，因此四社村民并没有提出异议，然而到了 1981 年，国家开始实行包产到户，本着有利生产、就近分配的原则，坝上的土地也全部由一社、二社、三社的汉族村民承包，这使得双方的矛盾进一步深化，以至于当时经常出现酗酒斗殴、寻衅滋事的事件。以笔者在田野调查期间居住的尤老师家为例，当时尤老师家正好位于四社下面，许多白马人的青年经常用石头砸尤老师家的院子，砸碎瓦片，砸死牲畜。白马藏族老人巴代的新娘是个善良的姑娘，经常呵止白马青年们对尤老师一家的骚扰行为，两家也因此结下了深厚的友谊。然而，这种友谊在当时毕竟是少数。到了 1982 年春，四社村民在曹建国（藏族，化名）等人的带领下，再次争夺位于草坝村下游河岸边原属于一社、三社的三十余亩耕地。此次事件引起当地县委县政府的高度重视，在县委县政府领导、县法院检察院、公安局和乡干部的共同调解下，双方重新强调了“四固定”原则，重申并强调了党的领导和国家相关法律规定，在充分收集双方当事人的意愿和相关证据后，上级组织决定维持原有格局，敦促双方达成和解。

第四节　土地制度的融合与民族共享式发展

幸运的是，两族围绕土地所产生的矛盾在改革开放后开始逐渐地化解。笔者将当地两族间关系的改善与矛盾的化解从时间轴上分为两个阶段，第一个阶段是 1990—1999 年。这一阶段由于中国药材市场价格走高、传统耕地利润下降，山上火地重新变成当地村民眼中的宠儿，使得河谷耕地不再成为人们争夺的重点。第二个阶段是从党的十八大直到今天，随着“五位一体”战略布局的提出和乡村振兴战略实施，民众开始寻求新的经济增长点。当地县委县政府开始大力推动民族特色品牌和文化产业、生态保护相结合的新发展模式，使得农民摆脱了过去对土地的依赖，并在无形之中化解了两族之间的矛盾与纠纷，引导两族民众走向了最终的和解、合作、共赢之路。

一　药材种植热潮带来的转机

从宏观层面上来看：改革开放和市场化对当地民众的土地观念产生了重要的影响。为了方便理解，我们可以将土地矛盾理解成一个压力传导模型。在新中国成立初期，计划经济和主粮政策的施行作为这个压力传导的最上层，对整个社会施加作用力，这种作用力会被层层传导到基层。在草坝村一带，生产大队作为最基础的生产单位将人们整合起来，市场流动在这一时期几乎是静止的，这意味着生产队的自给产出与上级的物资分配成为唯一的资源获取手段；另外，生产队的粮食产量也被作为评比与考核的唯一标准。在这两个因素的共同作用下，以生产队为单位计算的粮食产量变成了至关重要的因素，带来了新的压力。因此，作为生产资料的土地就变得尤为重要，从而爆发了争端。改革开放后，政府对农村生产的宏观干预开始减少，政府的一部分职能被转移到市场之中。市场的流动性与资本的利润最大化需求促使人们对土地的利用变得多样化，粮食作物不再是人们首要重视的问题，新的聚焦点转变到了土地利润上面。从这里开始，大量的经济作物代替了粮食，成为基层农村的“新宠儿”。

在草坝村一带，这种对利润的追求转向了药材。陇南地区自古盛产药材，其中以纹党参最负盛名。在 20 世纪 80 到 90 年代，纹党参种植几乎成了这里家家户户的支柱性产业。90 年代初期，草坝村的纹党参种植规模达到了平均每户十五亩到二十亩。纹党参种植与粮食作物的种植不同，在当地，种植粮食的土地优选河边的狭小谷地，这里海拔低、热量高、濒临河边、利于灌溉、土地平整且土质多为富含腐殖质的黑土，且离村庄聚居点近，经过人们多年照料，肥力较高。因此在 1949 年之后的一段时间里，针对谷地所有权产生的矛盾才会如此尖锐。然而纹党参因其独特的生物特征改变了土地的利用价值。第一，纹党参的适应海拔在一千五百米到两千米，这一高度在当地基本处在半山腰处。第二，纹党参的生长依赖于高海拔处的黄土层。第三，纹党参在耕地上产量极低，反而在高海拔烧过荒的火地上长势旺盛。这就使得在改革开放后的二十年时间里，上山烧荒迅速成为当地居民的“新热点”。

在新中国成立初期的四十年里，由于当地产业结构单一，粮食生产的绝对重要地位和双方居住空间的互嵌，使得人地矛盾激增。而到了 1990 年以后，不论是白马人还是汉族，都抛弃了对河谷面积少得可怜的耕地的竞争，转而将目光转向山里，争先恐后地上山开垦火地种植纹党参。当地药材种植业极盛之时，几乎每家在山上都有二十亩到四十亩不等的火地用作中药材种植，山上可开垦的火地面积远远超过当地的人口规模，使得当地居民只要有足够多的劳动力，就可以开垦面积庞大的火地而不会互相冲突。为了厘清火地的所有权，当地居民有个不成文的规定，山上的灌木森林谁都可以开垦，一块地只要谁动了第一刀，烧了第一把火，就是谁家的。药材种植面积最大的时候，以白马河为中心，两边的山坡上几乎所有的植被都被砍伐殆尽，对森林生态环境造成了极大的破坏。作为矛盾焦点的耕地地位一落千丈，双方基于农耕用地的矛盾也顺理成章地被化解。

纹党参种植的热潮一直持续到 1998 年，之后随着市场价格的波动和国家护林政策逐年完善而慢慢冷却下来。2000 年以后，人们逐渐放弃了烧荒开垦的方式，实行退耕还林。直至今天，曾经的火地上又重新长出了郁郁葱葱的树木。

二 最终的和解：从空间互嵌到经济互嵌

在草坝村，大面积的烧荒挖参虽然提高了居民的经济收入，化解了白马人与汉族间的人地矛盾纠纷，但这也对自然生态造成了严重的破坏。1999 年，甘肃省率先成为国家退耕还林试点省份，政府开始注重生态保护。2012 年 11 月 17 日，习近平总书记在十八届中共中央政治局第一次集体学习中指出，党的十八大把生态文明建设纳入中国特色社会主义事业总体布局，使生态文明建设的战略地位更加明确，有利于把生态文明建设融入经济建设、政治建设、文化建设、社会建设各个方面和全过程。

在文县，县委县政府积极将生态文明建设与精准扶贫工作相结合，带领人民群众探索出一条全新的绿色经济发展之路，这条发展之路由三个部分组成：白马人民俗文化特色旅游、中药材种植、电商平台。

自 2012 年起，草坝村成为当地白马人民俗文化旅游的试点单位，政府斥巨资修整公路，整顿村容村貌，以土地流转、占地补偿等形式，在村中心建立一整套公共旅游设施，包括一座白马人民俗文化博物馆、一座白马老爷庙、一个白马人民俗文化体验广场和一座廊桥，极大改善了整村环境与村容村貌，鼓励村民翻修老旧房屋，开办农家乐，对于想开办农家乐的村民，给予每户 20000 元的补助。到 2020 年为止，全村共有农家乐七家，每年的 5—10 月为游客流量高峰期，月营业额可达 8000 元。同时，针对游客设立白马人民俗文化体验项目，全村村民都可以参与到每天晚上的歌舞表演和其他服务项目中来，作为群演的参与群众报酬为 200 元，有效实现了群众的增收。

作为绿色经济发展之路“三驾马车”中的第二环节，文县坚持发展党参种植等传统优势产业。需要强调的是，如今文县的党参种植与过去传统的烧山毁林的破坏式种植方法有着很大的区别，为了大力发展培育中药材优势主导产业，文县积极推进与中天药业签约合作，并启动了投资 1.9 亿元的“纹党产业发展创新体系建设项目”，引进并入股“甘肃味道”1000 万元，对农产品统一包装上市。同时，不断壮大县内龙头企业和专业合作社，积极采取政策鼓动、科技促动、典型带动、市场拉动、效益推动的措施，扶持企业和广大农民群众发展中药材产业，向产业要效益，以产业促增收，把山区的特产纹党参远销到中国香港、澳门以及东南亚地区，纹党参成为群众致富增收的“摇钱树”，让更多老百姓走上了富裕路。据了解，2019 年全县纹党参种植面积达 10.9 万亩，全年产量超过 6600 吨以上，产值超过 2.6 亿元。

最后，以土地流转、入股分红等方式，吸纳群众，建立合作社，利用线上平台销售，带动农民增收。目前在草坝村，规模较大的合作社主要有两个，都是以养殖业为主。同时村里建立了电商中心，对接北京联合大学、兰州大学等高校，设计了一批别具特色的民俗文化产品，然后分散由村民进行手工生产，统一销售。

通过以上三个方面，当地有效地将别具特色的民俗文化资源、自然景观资源、农业作物资源整合起来，并且让绝大多数村民参与其中，实现带动增收。在这一过程中，打破了原来的私人占有、私人经营的模式。不论白马藏族还是汉族，均可以参与其中，实现致富，不论有地没地，也都能入股分红，获得收益。在这一模式中，传统白马藏族—汉族经济生产的族际界限被完全打破，实现了从土地私有到产权共享的跨越，也完成了从居住空间互嵌到经济互嵌、合作共赢的转变。这种跨越式转变，使得过去的土地纠纷变得毫无意义，也从根本上真正实现了族际关系由“分”到“合”的变迁。

三　反思：土地制度变迁下的发展之路

如果我们将草坝村白马藏族与汉族关系变迁的历史加以梳理就会发现：在两族记忆中长达数百年的历史中，双方的族际关系一直是紧紧围绕着土地这一核心线索变动的。

在第一个阶段，即交易接触阶段。由于白马人的空间利用主要集中在半山处和更高海拔的林地与草原，而汉族进入后定居在河谷，双方的居住空间呈现出错位互补的关系。对于白马人来说，河谷地带的土地价值并没有体现出来。这反映了早期白马人对于土地空间的选择。这种选择包含了多方面的考量，不仅仅是基于白马藏族早期半耕半牧的生产方式和其畜种对于高海拔自然环境的选择，也是出于对河谷地带潜在风险的担忧。当地相对较高的降雨量和河谷狭窄的地势使得河谷地区在雨季面临着洪水与灾害的严峻考验。在这一阶段，由于居住空间的错位和商品交易的互补，双方形成了相互接纳的局面，白马人对于土地模糊、笼统的公有制与汉族边界严谨明晰的私有制之间并未产生冲突。

到了第二个阶段，即土地冲突阶段。原本两族之间不同的土地观念在新中国成立后，由统一的集体所有制所替代。这一阶段，山上的白马山寨和山下的汉族村落被整合为一个混居型村落，双方在居住空间上也开始嵌合，在这种情况下，原本在空间错位下被隐藏的两种土地观念之间的矛盾开始显现。而人民公社化运动时期的主粮政策和指标——压力传导模式成了这一矛盾的一针催化剂，使得两种观念间的矛盾具体转化为两个集体——白马藏族为主体的四社和汉族为主体的其他三个公社之间围绕集体土地所有权的矛盾，而矛盾的激化也直接导致了当地居民对于双方族际矛盾的“悲情叙事”式记忆。

进入第三个阶段，即经济互嵌阶段。两族之间终于迎来了最终的和解，这就是从空间互嵌到经济互嵌的转变。在改革开放后，从药材热潮到电商旅游，新的经济增长点将人们的目光从土地转移到了蕴含在绿水青山之上的无限资源中。今天，草坝村作为文县旅游扶贫的试点村，以旅游和电商两驾马车齐头并进，将村民的命运紧密联系在一起。草坝村的绿水青山、优质的空气质量和独具民族特色的历史文化共同形成了一种“情景体验”式的、无形的旅游资源，这种资源充满了包容性，可以将所有村民纳入进来共同参与。新的资源和新的发展模式将人们紧紧联系在了一起，形成“命运共同”“共享发展”“融合发展”的三种全新发展模式。正如我们前文所说，草坝村藏、汉两族矛盾的根源在于双方的土地观念滞后于生产力的发展。而“命运共同”“共享发展”“融合发展”的全新模式从根源上解决了这一问题，形成了在农村土地集体所有制框架下真正的合作、共享、共赢。在今天，人们的目光更多地聚焦于如何提升合作质量、细化分工，在共有的空间中寻求资源利用的最大化，而曾经的矛盾，也必将随着两种传统土地观念的消逝而被人们所淡忘，找到最终的和解之路。

第五节 结语

草坝村作为区域民族交融的一个个案，也体现出一定的共性特征。首先，两族之间的族际关系由“合”到“分”，又由“分”到“合”，是一个不断变化的过程，审视民族关系的变迁不能以机械不变的过去看待，正如该村白马藏族与汉族基于土地的价值观念所建立的合作关系，亦会转化为矛盾纠纷。其次，通过对草坝村多民族社区关系变迁的研究发现，影响民族关系走向的本质原因是生产关系和价值观念。在一些研究中，一些学者将民族关系的变迁因素归因为历史上的战乱和冲突，笔者认为这是片面的、不客观的。对于民族关系的变迁，还应当从经济基础、生产力和文化模式上寻找根源。笔者初到草坝村时，也经常听到过去半个世纪以来汉族和白马藏族关系恶劣的原因，即中华民国时期国民党强拉壮丁、烧村烧寨所留下的苦难记忆。可是，如果真如这种观点所言，那么只要历史和记忆没有磨灭，那两族之间的芥蒂就会一直存在。但在实地考察中我们可以看到，今天的草坝村早已没有了过去两族群众为了二十亩地大打出手的影子，反而是基于经济互嵌的合作模式，双方逐渐形成“你中有我、我中有你”的和谐关系，正如笔者在开头故事中提到的那个汉族老人，在今天的草坝村，你很难一眼分清谁是白马藏族，谁是汉族。作为历史上从不与外族通婚的白马藏族，新一代年轻人中藏—汉通婚的比例也在逐步增加，这些都是明朗的证明。最后，坐落于秦岭南麓的文县地区，正处藏彝走廊这一多民族聚居地区的北端。这一地区地势破碎、土层稀薄，年降雨量大，地质、水文灾害频发，可耕作的优质耕地属于较为稀缺的资源。通过对当地藏—汉两族历史上族际关系变迁的梳理研究，我们证明了历史上两族族际关系合作与纠纷的根源是土地关系的变迁和不同文化中对于土地价值序列的排列差序。当双方的生存空间开始重叠，土地资源变得稀缺时，两族文化中对于土地的价值定位恰好重合，就不可避免地爆发矛盾与纠纷。因此，从土地关系的角度入手，研究多民族混居地区的民族关系变迁，尤其是地理环境相似的藏彝走廊区域民族关系的变迁，或许能够给予我们更多的启发。

第二章　土地股份合作社的实践与村庄整合

——基于宁夏银川奇缘合作社的实地研究

第一节　绪论

一　研究背景、意义

（一）研究背景

1. 乡村振兴问题备受关注

党的十九大报告提出乡村振兴战略，将如何更好地解决农业农村农民问题、发展乡村经济提上了新高度。我国的工业化、城镇化、信息化以及农业现代化快速推进，乡村社会正进入前所未有的历史转型期，伴随着大量农村劳动力从农业生产中分离出来转移到第二、三产业，农村劳动力不足成为常态，农业生产处于兼业化状态，农业老龄化、农业女性化以及土地撂荒现象突出，土地分散经营与农业现代化、分户经营与产业化、小生产与大市场的矛盾愈发显现，制约着当前我国农村的发展，当下迫切需要通过落实新理念、加快推进农业现代化，从根本上提升竞争力，破解农业农村面临的各种难题。

2. 土改制度背景下乡村经济发展面临机遇

乡村振兴，经济要发展，然而农村经济的发展无时无刻不与土地紧密相连，土地成为农民权益的载体。2018 年，我国全面推进土地制度改革，土地改革再次成为农业发展的重头戏。“三权分置”推动农业规模化发展，土地集中经营催生大量新型经营主体（合作社、农业企业、家庭农场、种养大户等）掌握现代农业经营方法，带动农户共同致富成为经济发展的道路之一。此外，农业需要发展实业，也就是产业，产业强了，农业的质才会得到提升。因此，土地改革背景下乡村经济发展的机遇就是为农业产业化铺路，包括特色综合发展的农业园、产业园等，都将成为农业产业化发展的有力载体。

3. 新型农村经济合作组织发展成热点

党中央重视通过土地入股合作社发展适度规模农业。近年来，国家多次以文件政策形式（见表2－1）确立发展以土地为载体的新型农村经济合作组织，为乡村经济发展探索发展新模式和新路径。新型农村经济合作组织已然成为国家组织发展农村经济的一种新手段。

表2－1　农民合作社相关法律政策文件要点摘要

年份	文件	核心点
2004年	《中共中央　国务院关于促进农民增加收入若干政策的意见》	1. 加快发展农业产业化经营； 2. 发挥农民专业合作组织在农业科技推广中的作用。
2005年	《中共中央　国务院关于进一步加强农村工作　提高农业综合生产能力若干政策的意见》	1. 发展农业产业化经营； 2. 支持农民专业合作组织发展，对专业合作组织及其所办加工、流通实体适当减免有关税费。
2006年	《中共中央　国务院关于推进社会主义新农村建设的若干意见》《农民专业合作社法》（简称合作社）	1. 推广龙头企业、合作组织与农户有机结合的组织形式； 2. 支持引导农民专业合作社的发展，规范组织和行为，保护合法权益。
2007年	《中共中央　国务院关于积极发展现代农业　扎实推进社会主义新农村建设的若干意见》	大力发展农民专业合作组织。
2008年	《中共中央　国务院关于切实加强农业基础建设进一步促进农业发展农民增收的若干意见》	1. 重点培训种养业能手、科技带头人、农村经济人和专业合作社领办人； 2. 积极发展农民专业合作社和农村服务组织。
2009年	《中共中央　国务院关于2009年促进农业稳定发展农民持续增收的若干意见》	扶持农民专业合作社和龙头企业发展。
2010年	《中共中央　国务院关于加大统筹城乡发展力度　进一步夯实农业农村发展基础的若干意见》	着力提高农业生产经营组织化程度。
2013年	《中共中央　国务院关于加快发展现代农业　进一步增强农村发展活力的若干意见》《中共中央关于全面深化改革若干重大问题的决定》	1. 构建集约化、专业化、组织化、社会化相结合的新型农业经营体系； 2. 培育和壮大新型农业生产经营组织； 3. 允许农民以承包经营权入股发展农业产业化经营，鼓励和支持承包土地向农民合作社流转； 4. 大力支持发展多种形式的新型农民合作组织； 5. 鼓励农民兴办专业合作和股份合作等多元化、多类型合作社。

续表

年份	文件	核心点
2014 年	《关于全面深化农村改革加快推进农业现代化的若干意见》	1. 鼓励发展专业合作、股份合作等多种形式的农民合作社，引导规范运行，着力加强能力建设； 2. 允许财政项目资金直接投向符合条件的合作社； 3. 推进财政支持农民合作社创新试点，引导发展农民专业合作社联合社。
2015 年	《中共中央　国务院关于加大改革创新力度加快农业现代化建设的若干意见》	引导农民以土地经营权入股合作社和龙头企业。
2016 年	《中共中央　国务院关于落实发展新理念加快农业现代化实现全面小康目标的若干意见》	鼓励发展股份合作，引导农户自愿以土地经营权等入股农民合作社和龙头企业。
2017 年	《决胜全面建成小康社会夺取新时代中国特色社会主义伟大胜利》	构建现代农业产业体系过程中发展多种形式适度规模经营，培育新型农业经营主体，实现小农户和现代农业发展有机衔接。
2018 年	《中共中央　国务院关于实施乡村振兴战略的意见》	培育发展家庭农场、合作社、龙头企业、社会化服务组织和农业产业化联合体，发展多种形式适度规模营。
2020 年	《中共中央　国务院关于抓好“三农”领域重点工作确保如期实现全面小康的意见》	鼓励农场经济、合作社模式。

当前，我国农民合作社成为新型农村经济合作组织中占比最大的主体，登记数量也在逐年增加。据统计（见图 2－1），截至 2018 年年底，全国依法登记的农民合作社达到 217.3 万家，是 2012 年数量的 3.15 倍，实有入社农户超过 1 亿户，占全国农户总数的 49.1%。[①] 农村土地股份合作社是农民合作社中不可或缺的一部分，股份制和合作制作为基本原则，土地承包经营权等为要素入股合作社，在合作社统一管理下实现较高的土地产出效益，农民按股份获得分红，是一种形式新颖的农民合作组织（互助性经济合作组织）。我国农村土地股份合作社实体组织诞生于 20 世纪 80 年代末 90 年代初，最早研究出现的相关词语表达有“土地股份合作经营”“土地股份合作制”“股

① 《2019 中国新型农业经营主体发展分析报告》（二），2019 年 2 月 25 日，https://www.sohu.com/a/297632992_692015，2022 年 1 月 19 日。

份（制）合作社”等，而“土地股份合作社”一词最早于2002年出现在文献资料中，并且标题、关键词或摘要中包含该词的文献数量在2013—2019年持续升高（见图2－2），体现了学界对这一形式合作社的关注度也在不断加大。

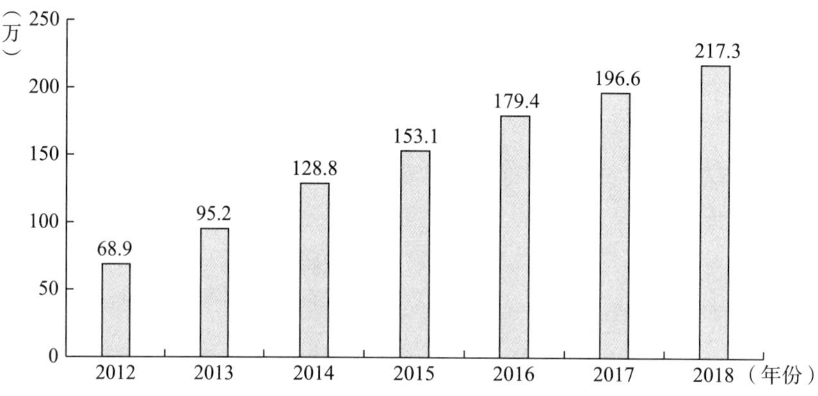

图2－1　2012—2018年全国登记农民合作社数量统计

图2－2　土地股份合作社中文相关文献量以及环比增长率

土地股份合作社作为新型的农民合作组织，是一种可行的农村经济发展模式，为当前我国土地制度改革和农业发展开辟了新的探索路径。土地股份合作社把分散的小农户土地以及利用率较低的土地集中进行生产经营，优化资源配置，集约生产，扩大农村资源利用率，然而一切新兴的经济发展模式都有其发展的过程，如何使其更好地发展并最大程度上实现其对乡村社会发展的价值意义，需要我们进一步的探索和研究。

（二）研究意义

1. 研究目的

本章通过对位于宁夏北部的银川奇缘专业合作社（以下简称奇缘专业合作社）进行实地调研，了解其实践历程，力图分析奇缘专业合作社经营组织的实践运作过程以及面临的问题，探索该合作社如何实现对当地乡村社会的资源整合以及对当地乡村社会的影响，从而延伸到对土地股份合作社这一类合作经济组织的反思。通过具体研究解决以下几方面问题：

第一，土地股份合作社在乡村社会实践中的运作逻辑，解决其内部外部治理主体的治理动力和目标任务；

第二，这一民间经济合作组织如何实现乡村社会资源的整合，即回答土地股份合作社的整合路径；

第三，依据土地股份合作社当下的发展状况以及发展局限，提出优化土地股份合作社发展路径和治理方式；

第四，土地股份合作社的发展对乡村治理及地方治理以及社会发展的影响和作用，即它的实践意义和价值。

2. 理论意义

本章在前人关于土地股份合作社、村庄整合等相关研究的基础上，研究探讨了与土地股份合作社的生成动因、治理结构以及制度绩效等问题，补充农村股份合作经济组织研究理论。为丰富和发展社会结构功能理论提供新的研究思路和方法。

3. 实践意义

“实践是理论之源”，本章立足于实践价值基础之上，对宁夏银川市奇缘专业合作社进行个案实证研究，其实践意义在于：

第一，以土地股份合作社为研究对象，对其发展历程进行研究，一方面有利于政府和农户从第三方角度更加真实、全面、深入地了解农民合作社；另一方面也有助于政府对相关扶持政策的反思和改进，从而提高政府的公共服务水平。通过对土地股份合作社发展历程的呈现和分析，有助于加深基层工作人员和农户对农民合作社的本质以及发展前景的认识。

第二，国家对农民合作社的发展上给予了较大的扶持力度，并且不断增强，农民合作社在农业产业化发展中具有一定的引领作用。但同时，农民合作社在实际运作中还存在较多问题，例如“空壳合作社”、“精英”谋利、企社不分等，都会使政府的扶持效果大打折扣，严重影响合作社对乡村社会的积极意义。因此，如何确保农民合作社真实有效地为农村发展献力，最大程度地发挥其对乡村社会的服务功能，本章或许可以提供一些思考路径。

第三，研究土地股份合作社对乡村整合功能有利于促进乡村社会和谐发展以及现代化发展进程。土地股份合作社的发展为农业现代化发展创造了必要条件，为农村社会资源的充分统筹利用提供一种可行途径。同时，土地股份合作社的整合功能为解决乡村治理或地方社会治理问题提供了有益探索。

二 文献综述

以2009—2019年在“中国知网”上发表的7168篇农民合作社相关文献为样本进行文献计量分析，发现这一时期合作社的相关研究主要围绕土地股份合作社、合作社与乡村建设、合作社治理及运行机制、合作社经营模式、合作社与政府关系五大主题展开。基于网络关键词检索数据分析得到的合作社研究领域相关热点主题，映射出合作社近年来在实际运作中面临的亟待解决的重点问题，也反映出当前学界关于合作社研究的问题导向意识不断加强、实践契合程度不断提高。另外，从热点主题可以看出，土地股份合作社、合作社与乡村建设在农民合作社研究中属于两大研究热点，在考虑合作社研究领域知识体系的基础上，分析每个主题内高频关键词可以发现，每个主题内高频关键词之间差别较小、联系性较强，表明了五大主题在具体的研究中存在一定程度的交叉联系。

根据相关的研究主题以及研究的需要，将相关研究主要划分为三个部分进行综述：土地股份合作社的研究；村庄整合的研究；村庄整合中土地股份合作社的研究。

（一）土地股份合作社研究

近年来，伴随着乡村社会经济飞速发展，我国土地股份合作社数量、形式不断增多，同时合作社在实践过程中出现的现象和问题也愈加凸显，越来越引起社会各界的广泛关注，国内外学者也对这一经济组织进行了相关研究。

国外关于土地股份合作社的研究大多侧重于合作经济理论和实践研究，很少直接研究土地股份合作社，这与国外的土地制度有很大关系，因此国外相关的土地股份合作社研究主要以土地私有产权条件为基础，研究合同制、合伙制、个人业主制等。国外有重点讨论两权分离条件下合作社的治理结构与经营绩效的研究，认为合作社对于提高农民的收入等方面有积极作用①②。也有极少数国外学者曾专门研究中国农村股份合作社，或者将中国的农村土地股份合作社作为多个利益相关者的组织进行研究③；或者以中国的股份合作社作为案例与他国合作组织进行比较分析研究④。土地股份合作社研究目前已是我国乡村研究的一大热点主题，取得了较为丰富的理论和实践成果，各学科层次的研究也在不断地深入和广泛，主要从土地股份合作社的性质、类型模式、制度变迁、治理机制、制度绩效等多个方面进行研究。

1. 土地股份合作社的性质、类型模式

要理解土地股份合作社，必须先搞清楚股份合作社的性质。最早的官方解释有"股份合作制是采取了一些股份制做法的合作经济组织，是社会主义市场经济中集体经济的一种新的组织形式"⑤。以上解释虽简略，但对起步中的股份制合作社有较强的理解和指导意义。杨坚白、陈锡文等认为，股份合作制度是传统意义上的合作制，或者说是合作社的亚种⑥，农村股份合作社是一种股份式合作⑦。王天义、刘国光等学者明确指出，股份合作制是企业劳动者的合作组织，吸收股份制因素，以及资本联合，劳动者组织自愿入股，从事生产经营和服务活动，进行民主决策管理，按资、按劳分红相结合⑧，以企业财产承担民事责任的新型企业制度形式⑨。但是，也有部分学者提出了不同意见，他们认为农村中各种类型的股份合作制，很难笼统、简单地用一句话

---

① Getnetk and Anullot, "Agricultural cooperatives and rural livelihoods: Evidence from Ethiopia", *Annals of Public and Cooperative Economics*, Vol. 2, 2012, pp. 181 - 198.

② Fischere and Qaimm, "Linking small holder stomarkets: determinants and impact soffarme rcollective actionin Kenya", *World Development*, Vol. 6, 2012, pp. 1255 - 1268.

③ 张笑寒：《农村土地股份合作制的制度解析与实证研究》，博士学位论文，南京农业大学，2007 年。

④ Yair Levi, "Beyond traditional models: multi-stakeholder cooperatives and their differential roles", *Journal of Cooperation*, Vol. 4, 1998, p. 26.

⑤ 国家体改委：《关于发展城市股份合作制企业的指导意见》，1997 年 8 月 7 日，http://www.law-lib.com/law/law_view.asp? id = 65272，2022 年 4 月 17 日。

⑥ 杨坚白：《合作制：股份合作的实质》，《中国合作经济报》1994 年 8 月 26 日版。

⑦ 陈锡文：《集体经济、合作经济与股份合作经济》，《中国农村经济》1992 年第 11 期。

⑧ 王天义等：《中国股份合作经济：理论、实践与对策》，企业管理出版社 1997 年版。

⑨ 刘国光：《股份合作制是公有制的一种实现形式》，《经济时报》1997 年 9 月 22 日。

概括其共同制度特征和对其定性[①]。股份合作制提法含混不清、似是而非，是一种“非驴非马”的企业形态，现行股份制企业不宜用股份合作制定义，最好用股份制企业、合作制企业分开界定[②]。当然也有学者提出，当前的农地股份合作制是股份制与合作制的融合，有广泛的兼容性和适应性，这种发展特色也正是其魅力所在[③]。

另外，1990年代的相关研究都并未直接涉及“土地股份合作社”一词，多以研究“股份合作制”为主，到2000年年初才真正出现“土地股份合作社”一词，众多学者也在研究的基础之上试图对其发展模式进行分类研究。例如王万江等对南海模式、苏南模式和北京大兴模式三大典型范例进行比较研究，挖掘其共性规律及个体差异[④]；徐旭初从经营者的视角出发将土地股份合作社分为不自我经营的土地股份合作社和自我经营的土地股份合作社[⑤]；张兰君、赵建武将其划分为自主经营型、内股外租型、社区型等不同发展模式[⑥]。

2. 土地股份合作社的制度变迁、制度绩效

我国土地股份合作社经历了特定的制度变迁，学者也从不同角度进行了相关探究。土地股份合作社是内生型制度变迁和政策导向型制度变迁相结合的产物[⑦]，是自下而上的诱致性制度变迁结果[⑧]。社会资本下乡诉求是土地股份合作社发展的外在推力[⑨]。农村传统产权矛盾是其内在根源，外部利润刺激是其诱致因素[⑩]。

特殊的国情决定了农村土地的所有权归集体所有，土地股份合作社很好地解决了土地分散经营与农业现代化、分户经营与产业化、小生产与大市场

---

① 张晓山等：《农村股份合作企业产权制度研究》，《中国社会科学》1998年第2期。

② 任全珠：《股份制历史起源、基本要义及其在我国农村的初步实践》，《农村经济研究参考》1992年第19期。

③ 傅晨：《社区型农村股份合作制产权制度研究》，《改革》2001年第5期。

④ 王万江等：《农地股份合作制的三种实践模式比较分析》，《农业经济》2016年第11期。

⑤ 徐旭初：《谈谈土地股份合作社》，《中国农民合作社》2019年第5期。

⑥ 张兰君等：《农村土地股份合作制模式研究》，《农村经济》2013年第6期。

⑦ 解安：《农村土地股份合作制的生成机理分析》，《生产力研究》2002年第6期。

⑧ 胡勇：《农村土地股份合作社的制度基础及治理机制研究》，《农业经济》2014年第1期。

⑨ 朱婷：《农村土地股份合作社发育动因及作用机制分析——以经济欠发达地区为例》，《中国农业资源与区划》2018年第3期。

⑩ 胡振光：《农村集体产权股份合作制改革的逻辑、进程及意义——基于广东省佛山市南海区的案例分析》，《安徽理工大学学报》（社会科学版）2018年第5期。

之间的矛盾，是我国市场化进程中的一项伟大的制度创新①。李宁等认为，在三权分置背景下，创新农业经营方式的关键是盘活农村土地经营权②，而土地股份组织是一种较好的组织制度选择③。农地产权结构不同其激励约束功能也不相同，因此深化农村土地产权制度改革，完善农村土地产权结构，对农村土地股份合作社发展以及农业绩效提高有积极作用④⑤。

3. 土地股份合作社的治理机制

土地股份合作社的治理机制一直以来也是研究热点之一。农村土地合作社的治理机制涉及方方面面，包括股东组建与决策机制、合理设置股权的治理机制、社会风险防范机制、成员退出机制等⑥。土地股份合作社的权益制衡机制的完善是制度创新的保障⑦。农村土地股份合作社在相关法律政策准备上存在不足，法律政策存在障碍和风险，其内部治理、法律地位等方面存在诸多问题⑧；土地股份合作社体现了公平与效率目标在实践中的统一，但某种程度上也存在着效率损失与公平缺失的现象⑨；政府推进的土地股份合作社会有较高的运行成本和治理风险，最终导致土地股份合作社的制度异化、治理结构脱嵌化、分配结构精英化和运行成本外部化⑩。地方对合作社的运作逻辑也是影响土地股份合作社发展的一大因素，资本、大户等经济精英主导的、以营利为目的的合作社与迫于政府压力、为完成行政任务而由政治精英成立并承担兜底职能的合作社，这两类合作社背离其制度设计初衷，不利于新型经

① 解安：《农村土地股份合作制：市场化进程中的制度创新》，《甘肃社会科学》2002 年第 2 期。

② 罗必良等：《农业经营方式转型：已有试验及努力方向》，《农村经济》2016 年第 1 期。

③ 李宁等：《现代农业发展背景下如何使农地“三权分置”更有效——基于产权结构细分的约束及其组织治理的研究》，《农业经济问题》2016 年第 7 期。

④ 胡勇：《农村土地股份合作社的制度基础及治理机制研究》，《农业经济》2014 年第 1 期。

⑤ 冀县卿等：《农地股份合作社农地产权结构创新——基于江苏渌洋湖土地股份合作社的案例研究》，《农业经济问题》2010 年第 5 期。

⑥ 胡勇：《农村土地股份合作社的制度基础及治理机制研究》，《农业经济》2014 年第 1 期。

⑦ 肖端：《土地流转中的双重委托—代理模式研究——基于成都市土地股份合作社的调查》，《农业技术经济》2015 年第 2 期。

⑧ 孙中华等：《关于江苏省农村土地股份合作社发展情况的调研报告》，《农业经济问题》2010 年第 8 期。

⑨ 洪梅香：《公平抑或效率：合作社的异化及辨析——兼论土地股份合作社的发展》，《东岳论丛》2019 年第 5 期。

⑩ 杜鹏：《土地股份合作社的政府推进模式与制度异化逻辑》，《中共宁波市委党校学报》2017 年第 2 期。

营主体的培育和发展，排挤了小农利益，增加了农业经营风险、威胁粮食安全[①]。农村土地股份制改革在追求利润最大化的同时，也应注重农民个体福利的实现和提升[②]。未来农业经营方式将会向农户、农业职业经理人、农村土地股份合作社和社会化服务主体等多元主体共同经营的模式方向转变[③]。

（二）村庄整合中土地股份合作社的相关研究

目前关于土地股份合作社整合功能的专门研究较少，相关学者主要还是从不同侧面出发对村庄整合做出考察，并且相关研究主要还是以农民合作社对村庄的整合功能进行讨论。土地股份合作社属于农民专业合作社，因此此类讨论对土地股份合作社的村庄整合功能有共通性、包容性，文献回顾过程中融合了土地股份合作社与农民专业合作社对村庄整合的研究。

土地股份合作社从土地合作机制、利益分配机制、主体协调机制和经济发展机制四个方面对农村经济发展产生积极效用[④]。地方政府为了完成行政任务，通过资金、技术、项目、政策等多种形式扶持新型经营主体发展[⑤]，在政府的行政干预下，村庄资源等被调动起来促进乡村社会重组。农民合作社建立在传统社会秩序失范和结构解体的背景下，因此需要对村庄秩序重新整合来满足村庄自身的发展需求[⑥]。农民合作社往往是下乡资本和乡村经营积极运作的结果，然而当前农民合作社具有明显的政府推进色彩，是地方政府为实现其治理目标（目标有三：一是农业治理的需要；促进现代农业发展，实现规模经营；二是利于涉农项目的落地；三是再造农业服务体系）以及社区再造的需要[⑦]。同时，合作社和农村社区治理之间必然产生碰撞、交错以及融合，这些研究主要体现在合作社与村两委关系、民主意识培养和社会资本培

---

① 刘成良等：《精英谋利、村社托底与地方政府行为：土地股份合作社发展的双重逻辑》，《中国农业大学学报》（社会科学版）2016 年第 3 期。

② 徐建春等：《浙江农村土地股份制改革实践和探索》，《中国土地科学》2013 年第 5 期。

③ 罗必良等：《农业经营制度：制度底线、性质辨识与创新空间——基于“农村家庭经营制度研讨会”的思考》，《农业经济问题》2014 年第 1 期。

④ 朱婷等：《农村社区土地股份合作社发展困境和出路分析——基于 2 市（区）调研》，《江苏农业科学》2019 年第 6 期。

⑤ 刘成良等：《精英谋利、村社托底与地方政府行为：土地股份合作社发展的双重逻辑》，《中国农业大学学报》（社会科学版）2016 年第 3 期。

⑥ 黄增付：《农民合作社村庄整合的实践与反思——基于闽赣浙湘豫土地股份合作社案例的分析》，《农业经济问题》2014 年第 7 期。

⑦ 张晓山：《农民专业合作社发展需要关注的一些问题》，《农村经营管理》2011 年第 1 期。

育等方面[①]。当然以党组织为核心的村级组织与合作社之间有着目标的契合性、成员的重合性以及资源的互补性等合作基础，在此基础上形成两组织之间的庇护关系、控制关系和互补关系[②]。但是，村两委在农村改革的进程中对村庄的治理和村民中的变现明显后劲不足，村干部威信下滑、两委职能弱化并且治理资源在不断流失，种种问题促使体制外的合作社在资源组织上对其产生了一定程度的替代[③]。

合作社在民主决策中实行的是“一人一票”，并且“按股分红”，容易给社员营造“主人翁”的意识，从而更加积极地为合作社建设建言献策，极大地培养了社员的民主权利意识[④]。合作社运作良好，社员的政治参与意愿也相对强烈、参与能力也较强，因此农民专业合作社能够在未来成为农民参与政治的有效载体，促进农村稳定[⑤]。当然，要想实现合作社的协商民主，必须建立平等协商的基础原则，再加以利益导向、自治民主和监督保障，才能保障合作社良性发展[⑥]。不得不说，无论现在还是将来，合作社的发展使得农民的利益越来越与政治诉求息息相关，进而推动农民联合与村两委以及基层政府博弈来塑造乡村权威主体[⑦]。

合作社的运作是嵌入村庄社会资本网络之中的，在此背景下形成以地缘、亲缘关系为基础的“特殊信任”，即“熟人信任”，促使农民在面临市场挑战的情况下发展建立合作经济组织[⑧]。在这之中，信任和各种关系网络对合作社的形成有着重要的影响，同时，农民合作社的发展也会促进社会资本的构建[⑨]。

---

① 黄增付：《农民合作社村庄整合的实践与反思——基于闽赣浙湘豫土地股份合作社案例的分析》，《农业经济问题》2014 年第 7 期。

② 姜裕富：《农村基层党组织与农民专业合作社的关系研究——基于资源依赖理论的视角》，《社会主义研究》2011 年第 5 期。

③ 贾大梦等：《合作社影响下的村庄治理》，《公共管理学报》2006 年第 3 期。

④ 张晓山：《农民专业合作社的发展趋势探析》，《管理世界》2009 年第 5 期。

⑤ 董进才：《专业合作社农民政治参与状况分析——基于浙江省示范合作社的调查》，《农业经济问题》2009 年第 9 期。

⑥ 夏添：《协商民主：农民组织过程中的困境与反思——以南农实验欧村合作社为个案》，《社会主义研究》2013 年第 1 期。

⑦ 张芳芳：《乡村权威与村庄整合》，博士学位论文，上海大学，2012 年。

⑧ 黄岩、陈泽华：《信任、规范与网络：农民专业合作社的社会资本测量——以江西 S 县隆信渔业合作社为例》，《江汉论坛》2011 年第 8 期。

⑨ 吴光芸：《社会资本理论视角下的农民合作：农村公共服务供给的一种途径》，《学习与实践》2006 年第 6 期。

社会资本的积累、培育必然会加强合作社社员间的合作与信任，从而减少甚至避免“搭便车”的集体行动问题。因此，社会资本在培育、利用中，一方面要实现本土社会资本与外发型社会资本和合作社正式制度的有效结合；另一方面也要遏制乡土文化要素中的不利因素，主要表现在以地缘、血缘关系为核心建立的“熟人”社会资本功能的发挥受合作社正式制度调节①。

（三）文献评述

综上所述，我国对于土地股份合作社的专门研究，并且研究涉及范围十分广泛，但部分研究有待进一步深入。与国外合作制经济研究相比，我国的农民合作社有其特定的经济发展状况和社会环境背景，因此，我国的土地股份合作社研究有别于国外研究的部分，但两者相关研究理论和实践又存在相似之处，因此国外相关合作社的理论研究能为我国土地股份合作社的成熟发展提供一定的指导和借鉴作用。当然，我们应在自己特有的研究环境基础之上积累研究，同时发展适合本国的理论体系。

从土地股份合作社中的村庄整合的相关研究来看，学者从各个视角对合作社的社会功能进行了一些考察，所形成的理论成果对农民合作社包括土地股份合作社的发展都具有重要的指导意义。笔者也发现，综述中的这些研究中也存在不足和缺陷，例如关于合作社的内部关系结构、功能以及合作社与外部治理主体的关联等研究较多，但未能从多视角开展融合研究，从而无法较为完整地呈现合作社在村庄整合中的实践过程；上述研究虽然或多或少地契合村庄整合内核，但未明确提出关于“村庄整合”的完整概念或类似概念，只是停留于片面性、间接性、零散性的表达等。对于合作社社会功能的讨论前提是其经济功能的正常运行，村庄整合分析不能脱离合作社的经济功能进行。在这一背景下，相关研究成果主要聚焦于农业产业化、农民增收和城市化等规模经营主体的经济效益及其争论方面，而对规模经营主体在其嵌入、运作场域——村庄中的社会行为，尤其对规模经营主体在村庄社会结构中的定位和村庄治理方面的研究还存在一定不足，即“多数研究没有实现政治逻

① 赵凌云：《社会资本与农民专业合作社的发展——一个正式制度与本土资源相融合的视角》，《理论导刊》2008 年第 6 期。

辑、经济逻辑和社会逻辑三者的有机结合”①，仅有少量研究从不同侧面论及规模经营主体在村庄社会政治生活中的角色实践。

三　概念界定及研究方法

（一）核心概念

1. 土地股份合作社

简单讲，合作社就是劳动群众自愿联合起来为进行合作生产、合作经营所建立的一种合作经济组织形式。合作经济组织首先强调的是“合作”，然后是“经济组织”，这是两个基本要素。而“土地股份合作社”是合作社在2005年农业部门施行《农村土地承包经营权流转管理办法》后发展出的一种新形式。所谓土地股份合作社，就是以农户土地承包经营权让渡为基础，以发展生产力为目的而成立的农民合作经济组织，它既是以土地权利转移为核心的合作组织，又是市场经济下的新的经济组织形式。

深入地去理解，土地股份合作社是在保持农村土地集体所有权制度框架范围内的一种产权改革创新，其内涵应该包含两个核心：一是“带田入股”，就是农民将自己的土地经营权折算成股份参加合作社，同时成为合作社股东；二是“合作经营”，土地由合作社统一种植、统一经营管理，年终核算效益，给社员按股份分红。

分析土地股份合作社的概念我们可以进一步从以下几个方面作解释：第一，土地股份合作社发展的前提条件是坚持农村土地集体所有制，在此条件下激活农村土地资源，促进农村经济社会发展，劳动农民增收致富。借助制度经济学的理解，产权结构的变革会对社会资源的优化配置起到一定的作用，而发展土地股份合作社正是对农村土地产权制度改革的实践探索，其目的也是促进农村土地要素的流动和优化配置，最终实现农村经济社会发展以及农民创收致富。第二，发展土地股份合作社标志着农村集体经济步入新的发展阶段。回顾历史，我国的农村集体经济经历“统”“分”两个阶段，土地股份合作社可以把土地、资金、设施等资源要素吸纳入合作社进行统筹再优化配置，带动农村集体经济发展迈入新阶段。第三，土地股份合作社可以起到

① 刘成良，孙新华：《精英谋利、村社托底与地方政府行为：土地股份合作社发展的双重逻辑》，《中国农业大学学报》（社会科学版）2016年第3期。

重新整合村庄的作用，土地股份合作社吸纳村庄经营大户、村庄能人，使村庄的农业活动与经营大户、能人的切身利益紧密相连，村庄经济发展愈加依赖经营大户、能人的经营情况，土地股份合作社吸引了更多流入城市或本地之外的能人返乡创业，带动村庄经济发展，也解决了较为严重的土地撂荒等问题，推动农村地区发展和城乡一体化进程。

2. 村庄整合

整合，是把一些零散的东西通过某种方式彼此衔接，从而实现信息系统的资源共享和协同工作，其精髓在于将零散的要素组合在一起，并最终形成有价值有效率的一个整体。“社会整合”的概念最早由法国社会学家埃米尔·迪尔凯姆提出并系统研究，他认为在一个社会共同体当中，各个组成部分相互赞同而达到团结一致、和谐统一就叫作社会整合①。村庄整合是社会整合的一部分，在我国语境下理解村庄整合，即村庄体系在一定程度上可以看作配合协调、分工完善、联系紧密的系统，在传统社会结构解体以及社会秩序失范的环境下，某个村庄系统传统的公共治理机制失衡，村庄的社会控制机制功能失调②，客观上需要借助社会工具对村庄结构、秩序进行改造重组，即对村庄的利益关系、权力格局进行重塑，并使其成为村庄治理资源的过程③。

（二）研究路径

本章试图以学术界对农民合作社的相关研究成果为参照，综合民族学、社会学、人类学等学科交叉研究的路径，以中国社会转型为时代背景，以农民合作经济组织发展和乡村社会变迁为社会背景，把一个具体的土地股份合作社作为个案进行研究，呈现其在特定环境下的发展历程，探索土地股份合作社与乡村社会整合的联系。通过定性研究方法考察农民合作社发展中的整合机制和规律，并进一步探究和反思土地股份合作社对乡村社会的影响。为更加清晰地呈现研究思路，笔者绘制了研究路径图（见图2-3）。

---

① E. Durkheim, *The division of labor in society*: *A study of the organization of higher societies*, Paris: Les Presses Universitaires de France, 1893.

② 陈文正：《生存剥夺、村民行动与村庄失范——浙东A村的个案分析》，《中共浙江省委党校学报》2009年第3期。

③ 黄增付：《农民合作社村庄整合的实践与反思——基于闽赣浙湘豫土地股份合作社案例的分析》，《农业经济问题》2014年第7期。

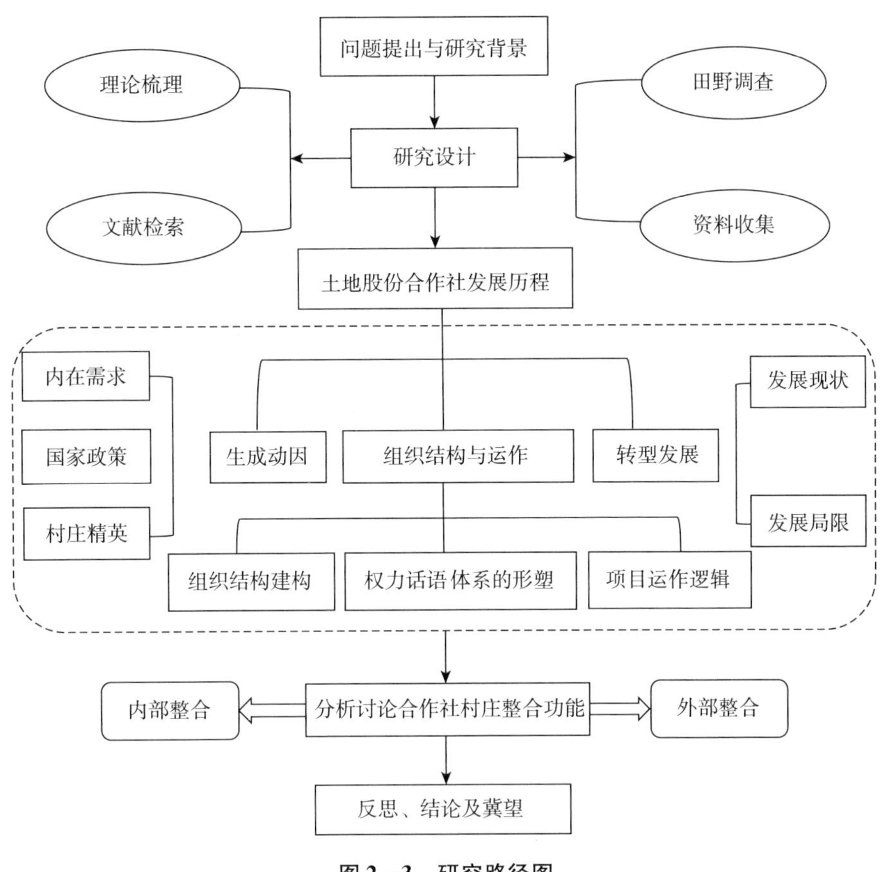

图 2－3 研究路径图

（三）研究方式

1. 实地研究

（1）参与观察法

参与观察是田野调查过程必不可少的一部分，笔者在整个田野过程中保持与村两委人员密切来往，与村党支部书记（合作社理事长）张书记“攀上交情”，目睹了村两委中合作社核心成员的日常工作和部分私下生活，走访了枸杞基地、加工车间、实体店铺，实地观察并感受体验合作社的枸杞生产、加工、销售等过程，此外还数次入户观察农户的生产生活状况，重点观察农户日常参与土地股份合作社的情况，通过这样的方式更加深入地参与并观察合作社相关各类主体的生产生活情况。

（2）访谈法

访谈方式主要以半结构式访谈和深度访谈为主。具体操作如下：先将访谈对象分为三类进行访谈，一是田野点所在地的镇政府和村两委人员；二是合作社的核心成员，包括理事会成员、监事会成员以及与合作社有相关合作的非成员人员等；三是村庄普通农户，包括本村合作社成员和非合作社成员以及邻近村庄的农户。通过对这三类群体进行第一次开放性访谈，了解各类群体在合作社中的职责功能以及他们对合作社情况的了解和认知看法等，梳理关键问题和线索后，根据具体情况制定更加“个性化”的访谈提纲，对之前访谈人员进行梳理筛选，进行二轮深入访谈。对于不便于面对面访谈的一些人员和问题，采用电话或微信等方式进行辅助性补充调查。

2. 文献研究

文献研究是一种通过收集和分析现有文字、数字、画面、符号等形式的文献资料，来探讨和分析各种社会行为、关系、现象的研究方式①。基于此研究方式，本章搜集并整理了奇缘合作社相关过程的观察记录、访谈笔记、报刊、官方统计资料等文字、视频、音频资料，采用定性资料的分析范式，对田野资料进行分析梳理，发现资料间存在的因果关系，串联合作社的发展历程，展现研究对象的生存和发展以及社会影响，探索揭示其背后的逻辑，试图实现理论建构。用个体发展历程中的重大事件以及组织发展中相关主体的互动逻辑来客观认识这一组织的行动逻辑，最终找寻解释其行动逻辑背后的理论支撑和制度机制。

3. 个案研究

个案研究方法有助于学科理论的反思及构建。个案研究虽然不能穷尽土地股份合作社对村庄整合的总体面貌，但个案研究可以体现出某些普遍性的东西，可为合作社的村庄整合提供些线条。同时，个案研究可使研究者摆脱一些已有的理论思维体系框架的束缚，从鲜活的体验中获取感悟、理解背后的逻辑。此外，本章选取的个案具有较强的典型性和独特性，以此为切入点进行研究，可避免泛泛而谈的空洞，增强研究与同类研究的可比性。

① 风笑天：《社会学研究方法》，中国人民大学出版社2011年版。

四 田野点介绍

（一）寻找田野点

为寻找具有典型特点和研究意义价值的田野点，笔者前期历时半年，多次前往包括笔者的家乡甘肃环县以及宁夏银川市、固原市三地市县周边乡村，进行走访调研，选点上耗费了较长时间、精力以及财力，过程曲折，目的是希望找到一个有研究价值意义的田野点。在对走访的多个合作社进行比对和筛选后，笔者选择了宁夏银川奇缘合作社作为最终田野调查点。选择此处的原因有两点：一是银川市奇缘合作社（以下简称奇缘合作社）是当地枸杞产业成长和发展较为悠久的经济合作组织之一，作为地方政府行为选择实践的结果，它是基层政府主导地方产业发展的典型时代缩影。因此，对该合作社进行考察，一方面可以获得翔实的文件资料；另一方面还能够从该组织的组建、发展、融合的整体变迁过程中观察到合作社的村庄整合功能。二是该合作社是一家省级农民专业合作社示范社，作为合作社的代表之一，其发展演化具有典型性和独特性。典型性在于奇缘合作社成功走出了一条“以地为股、带地入社、盈余分配”，“风险共担、利益共享”的土地股份制合作社发展模式；独特性在于它结合当地移民村的特点，由党组织引领发展形成“村党支部 + 专业合作社 + 功能党小组 + 党员致富能手 + 农户”的产业化组织体系和服务模式，因此便于提炼合作社发展过程中各行为主体的行动逻辑以及互动关系。个案经验研究意义在于它能够发现现实生活中的典型制度逻辑，而银川市奇缘合作社作为个案，信息资源丰富、成熟易处理，值得剖析研究。

笔者为了获取丰富的一手研究资料，先后数次对奇缘合作社进行了细致跟踪和调查。结合社会学研究的多种研究方法，笔者除访谈资料外，还搜集了区、镇、村等管理部门关于奇缘合作社的文件资料、有关媒体报道材料以及与调研地合作社相关的学术文献，确保案例研究中资料的相互交叉验证和补充。

具体讲，笔者对奇缘专业合作社开展了三次较为详细的调查：第一次在2019 年 6 月，笔者与镇北堡镇镇政府的几位工作人员多次接触访谈，获取了相关的文件，同时与幸福村村委会与村党支部书记兼任奇缘合作社理事长的张明明进行了长达一周的接触，多次面对面进行深度访谈，对奇缘合作社的成立过程、人员结构、组织结构、经营模式和经济效益进行初步了解；第二次在2019月9月，主要对奇缘合作社进行实地调研，数次与合作社的理事长、合作社的理事会主要成员以及监事会成员进行半结构化访谈，对奇缘合作社的发展历程作了清晰了解以及梳理，并且调研了合作社内负责枸杞种植、市场营销、服务等专业技术的人员以及多名普通社员，重点关注这几类人员在合作社中的分工和作用，以及普通社员种植枸杞的成本收益状况；第三次在2019年11月，为了补充调研以及进一步深入了解奇缘合作社运行机制以及社会化服务模式，又分别访谈了多名乡镇干部、村委会工作人员，收集他们对合作社的生产、发展以及社会效益的看法，同时还重点调研了合作社的分检、筛选、清洗、烘干、包装、枸杞系列产品展示厅等加工一体化厂房，更进一步地全面了解合作社的社会效益、纵向延伸的产业链以及当前所面临的困境等，最终形成了近5万字的访谈记录、政府文件资料和大量图片、视频资料等。

（二）走进幸福村

进入幸福村进行田野研究是2019年6月，这已不是笔者初次来到幸福村，还记得与团结村初次结缘是2018年，那时笔者在镇北堡实习，恰逢上级领导入村调研枸杞产业，笔者随从镇上接待的领导到幸福村枸杞深加工基地帮忙拍照为报道工作准备素材。时隔一年，再度深入幸福村，心情激动不已。幸福村坐落于银川市西夏区东北部，东邻芦花台子园林场和贺兰山农牧场，西接110国道，南靠华西村，北靠兰州军区林果基地，从镇上到村委三公里多，平时有村民运营的小电车或是私家车不到十分钟便可到达，现在油路到村入户，入村也是极为方便。村子的建立可追溯至20世纪90年代，1995年，全国人大代表、江苏华西村党委书记、华西集团董事长吴仁宝与宁夏回族自治区人民政府签订合作协议，从宁夏南部山区的固原、海原、西吉、同心等地移民1000户6000人，由江苏华西村出资每人300元的住房补助款搬迁至华西村，2001年移交银川市郊区属地管理，2003年撤乡并镇、合村并队时，因考虑到回汉杂居，便将原华西村一区和二区合并，命名为“幸福村”，寓意民族团结、共同发展，蕴含着对村子未来发展的期望。

幸福村行政区域面积4平方公里，土地面积约5000亩，下辖4个村民小组，现有住户658户，3050人。村内有清真寺1座，占地面积4600平方米，所辖区域拥有幼儿园1所、小学1所，并设置功能党小组9个，枸杞种植专业合作社1个，枸杞种植专业技术协会1个，运输协会1个，劳务输出协会1

个。特色种植业为全村主要经济来源，目前以枸杞合作社为依托，全村枸杞种植面积3800亩。1995年移民初期，村民纯收入仅有1000元，2003年为1450元，2010年全村农民人均纯收入达到4680元，2016年全村农民人均纯收入达到11800元。农民人均纯收入增加了10800元，增长率达1080%，现如今村级各项事业蓬勃发展、特色产业欣欣向荣、百姓安居乐业、村民生活富裕、村风文明和谐、村庄美丽洁净，努力打造成为宁夏移民扶贫的样板村、示范村，先后荣获“全国农村幸福社区建设示范村”“自治区美丽乡村文明创建工程示范村”“自治区生态文明村”“银川市民族团结示范单位”“银川市依法治理示范村”等荣誉。

（三）奇缘合作社

奇缘合作社位于宁夏回族自治区西夏区，2007年12月，由包括村书记张明明在内的6名幸福村村民发起成立，并以合作社理事长张明明等40人人均出资7500元共计30万元为注册登记，村书记张明明取得法定代表人资格。奇缘合作社按照《中华人民共和国农民专业合作社法》《合作社管理登记条例》等相关法律法规，制定了《奇缘合作社章程》，实行代表大会制度，设立理事会和监事会，并选举了1名理事长、2名副理事长、4名理事以及3名监事会成员。合作社的良好运营使其获得了诸多荣誉，包括国家科技部“科普惠农兴村先进单位”（2010）、国家“农产品加工示范合作社”（2015）、自治区“优质农产品”奖（2012），自治区枸杞行业“中小企业50强”，自治区“优秀示范社”（2015）等荣誉称号。合作社法人代表也被评为“全国优秀科技特派员”，受到科技部、农业部、财政部等八部委的表彰奖励。

目前，奇缘合作社总资产已逾上千万元，是村书记张明明多年心血的成果。合作社带动团结村发展，成为该村目前最大的经济产业支柱，是帮助团结村村民摆脱贫穷落后的一大关键因素。合作社成立以来，主营业务涉及枸杞种植、收购、储藏、加工、销售、新品种培育以及枸杞新技术推广，服务范围包括为社员提供枸杞种植所需的生产资料（苗木、化肥等），对社员种植的枸杞进行收购、深加工、销售，并且为社员引进有机枸杞种植以及管护技术、培训、咨询等，开发的产品主要包括：有机枸杞、有机芽茶、宁夏红枣、贺兰山蘑菇等系列产品。

合作社运营第一年就与全村537户农户签订了5000亩土地入股协议，并

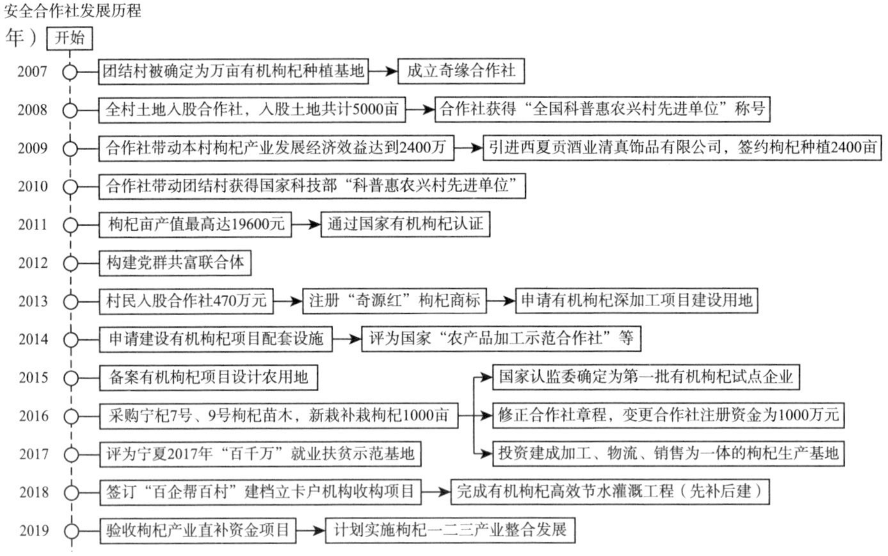

图 2－4　银川奇缘合作社的大事件历程图

与西夏贡酒业清真饮品有限公司签约 2500 亩枸杞种植订单，2009 年枸杞产业为幸福村带来经济效益达到 2400 万。2011 年，枸杞产值达到高峰，亩产值最高达 19600 元，培育的枸杞和枸杞芽叶通过国家有机枸杞认证，面积 524 亩，2012 年通过了有机认证复检，为全村带来巨大收益。2013 年，幸福村又有 9 名村民集体出资 470 万元入股合作社（包含村集体经济 10 万元），是一次合作社扩大发展规模实行的较大民间融资。2016 年，合作社变更注册资金为 1000 万元，并在上级政府的帮助下，合作社利用专项资金 400 余万元建设枸杞加工、物流、销售基地 1 个，建筑面积 4320 平方米，配套枸杞烘干、色谱精选、分级、免洗加工、包装生产线两条，质量检测设备 1 套，配置货物配送车辆 3 辆；建设农产品展示、电商销售平台、实体销售中心 1 处，面积 400 平方米。与此同时，合作社开发“塞上奇源红”牌枸杞、枸杞芽茶系列产品两大类 31 个单品，合作社被国家认监委确定为第一批有机枸杞认证试点企业。枸杞产品销至中国香港、广州、上海、北京等多个大中型城市，并且在淘宝网建立了专营店，年销售额达到百万元。同时，合作社实施了国家科技富民强县等 5 个国家、区市项目，先后引进新品种 6 个（宁杞 1 号、宁杞 3 号、宁杞 5 号、宁杞 7 号、宁农杞 9 号、杞菜）。当前，合作社枸杞种植面积达到 3800 亩，其中有机转换枸杞 2000 亩，有机枸杞种植示范精品园 500 亩，黑、白、红、黄四色枸杞观光示范园200亩，未来计划将枸杞种植基地一、二、三产业融合打造田园综合体。

第二节 合作社的创办

土地股份合作社作为一种经济互助合作组织，它的出现有两个不可忽视的因素，一个是促进土地股份合作社形成共同利益的因素；另一个是促使土地股份合作社能够获得成功的因素。目前现有的企业不能服务于农民的利益是农民合作社的产生原因①，而合作社可以满足和确保农产品销售，农业投入购买交易也能够符合市场竞争的要求。社员会将从合作社获取的净收益与市场价格做比较，当发现合作社可以获取较高经济利益时，农户会更愿意与合作社进行交易。那么，当市场低效甚至缺乏时，农民合作社就有其存在的必要性，或者说它可以成为缓解市场失灵问题而出现的一种组织形式。另外，市场结构存在不完全性，使具有垄断能力的群体在市场上制定对农民不利的市场价格②，组建农民合作社就可以在垄断市场面前迫使投资者所有企业提高或降低价格。同时，力量不均衡影响着生产效率和经济规模，农民只能建立较大规模的合作社以恢复力量平衡，当能够促进市场竞争和经济效率的时候，合作社的存在就是合理必要的③。当从经济学的交易成本层面讲，农民组建合作社能够使农业的不确定性、资产的产业性以及机会主义等因素的影响降低，从而降低交易成本④⑤⑥。农民合作社是为完成纵向一体化功能并兼具横向联

① Helmberger, P. G., "Future roles foragricultural cooperatives", *Journal of Farm Economics*, 1966 (48), pp. 14 - 27.

② Helmberger, P. G., "Future roles foragricultural cooperatives", *Journal of Farm Economics*, 1966 (48), pp. 30 - 35.

③ Nourse, E. G., *The place of the cooperative in ournational economy*: *American cooperation 1942 - 1945*, p. 33 - 39.

④ Royer, J. S. & Bhuyan, S., "Forward integration by farmer cooperatives: comparative incentives and impacts", *Journal of Cooperatives*, Vol. 10, 1995, pp. 33 - 48.

⑤ Ollila, P. & Nilsson, J., "The position of agricultural cooperatives in the changing food industry of Europe", in Nilsson, J. &. van Dijk, G., eds., *Strategies and structures in the agrofoodindustries*, Van Gorcum: Assen, 1997, pp. 131 - 150.

⑥ Shaffer, J. D., "Thinking about farmers'cooperatives, contracts, and economic coordination", in Royer, J., eds., *Cooperative theory*: *newapproaches*, ACS Service Report No. 18, USDA, Washington D. C., 1987, pp. 61 - 86.

合的俱乐部，社员如若不能从中获利，也就不会参与其中，也就是说，更多的利益收益才是决定合作社存在的关键，并且社员之间以及其他共同参与的主体之间分配成本和获利收益关系着合作社的形成、效率以及稳定①。在我国，市场经济和土地制度改革对传统乡村社会造成强烈冲击，为将市场风险分摊获取更高利益，各行为主体相互联结达成共识，通过合作寻求发展和稳定，同时迫切需要一个能够满足各利益主体共同参与构建较为稳定的利益分配机制，因此农民经济合作组织应运而生。

一　生存理性的呼唤

移民开发扶贫是中国政府进行农村扶贫的重要手段之一，地处西北贫困地区的宁夏回族自治区也经历了移民扶贫的发展历程。宁夏南部山区地处西北内陆，干旱少雨，自然环境恶劣，再加上人口密度过大，环境资源的承载能力超标，这片土地上的百姓生存和发展都面临着严峻挑战。1980 年代初，宁夏党委、政府应国家政策号召为缓解山区贫困制定了移民搬迁政策，开始移民扶贫搬迁工程，将宁夏南部山区以及中部干旱带居住偏远分散、干旱缺水、生态失衡的贫困人口搬迁至宁夏北部以及其他水源条件较好的灌区边缘、特色优势产业基地附近、工矿企业开发区以及重点集镇城郊等地，幸福村便属于重点集镇城郊搬迁，也正因此，幸福村村民主要来源于宁夏南部贫困山区。1990 年代初刚刚搬迁至此，村子无论是人口素质还是经济条件都未形成一定基础。村民王自义回忆刚搬迁上来的生活，感触颇深：

> “那时候刚上来到这里，生活水平真的差得很，啥都没有，是天当房子地当床。那时候这地方环境恶劣得很，一年四季，有三季隔三差五是黄沙蔽日，昏天暗地，大风刮起的石子打在脸上像刀割一样疼，没办法就住在“土窝子”里，一般就是在这个避风的地方从地上往下挖个大深窝子，人往里面一住，都成些“土蛋蛋”。土地盐碱大，粮食作物几乎绝收，吃就更简单，基本上顿顿都是洋芋，再就是救济粮，吃饭的话就在门口搭个火灶，都是我们说的“三个石头垒灶台”，风沙大得很，等到饭

① Sexton, R. J., “Cooperatives and forces shaping agricultural marketing”, *American Journal of Agricultural Economics*, Vol. 5, 1986, pp. 1167 - 1172.

熟了吃到嘴里，都是些“土渣子”，硌牙呢……养几只鸡吧，经常都少下了，偷鸡摸狗的事多得很，今天偷你一个鸡蛋，明天就把你鸡摸走了。稍微好一点的话有个自行车、摩托车的，千万不能往门口放，一旦放到门口，第二天车轱辘就让人卸走了。还是穷得很……”

幸福村刚搬迁的几年，土地贫瘠难种植，粮食作物几乎绝收，村民吃的是救济粮，穿的是捐赠衣，住的是土坯房，过着“三个石头垒灶台”的艰苦生活，经济条件、发展水平等各方面都落后，内生发展动力严重不足，归结原因：首先，较为封闭的乡村环境使得村民收集的信息渠道极少，大多数人受传统文化影响，思想观念保守，普遍存在自我发展意识淡薄的问题，并且不易接受新鲜事物，生活主要还是以能吃饱穿暖的安稳日子为主，更谈不上对陌生的市场环境和现代产业的接触，因此在这片土地上劳作的村民劳动力文化素质低、非技术性的劳动力占大、缺乏主动寻求外部资源的能力，村民的收入水平难提高，在市场经济发展中处于无价值感的边缘地带，自我发展受限。其次，幸福村的自生自发秩序薄弱，几乎没有村集体经济收入，在为村民减轻负担和发展村公共服务上不能提供有力的支撑，也限制了村民的整体收入摆脱贫穷、发展经济，已然成为幸福村最大的难题。

1990 年代这里还未开发，是一片荒凉空旷的芨芨草滩。虽然从干山枯岭进入平原地带，有了水浇地，但“一年四季，三季风沙”的恶劣天气还是吓退了一批人，留下来的人生活在这样艰苦的环境中，纠纷矛盾频发。田仁是最初搬上来的那批移民，担任过幸福村村委会副主任，对村子过去的情况很是熟悉：

头几年人生活确实不行，也不好管，农民一旦困难穷了，那就是非多得很，今天我把你人说（骂）了，明天我把你地占了，跑个鸡娃子也打架呢，多大点事都要到村上来告，一天村上光处理鸡毛蒜皮的事就多得很，人还是穷么，人的生活好了，他那个鸡娃子能值几个钱，就不弄这些事情了。

胡风家里有几十亩地的，二十五岁移民到此，谈起刚到这儿的那会儿也是无奈：

那会儿就会种个地，一直想发展，但是一没有出路，二没有人带，干啥都不行，干啥都不会，胆大点的、家里没负担的还出去打个工，有个老人娃娃的就只能拴到家里，都靠地里那点粮食过活，那会儿就只能这么搞生活，再没有啥出路。看人家说种枸杞能卖钱，我没有闲钱买苗子，那都是“富人”种的，咱们也没种过，不会种，种亏了的话一家人就饿死了……

2006年，幸福村村民年均收入只有1800元，经济来源主要依靠农业，土豆、玉米、麦子成为村里最主要的农作物。少数活跃的村民散种一些枸杞增加收入，枸杞在种植管理较好的情况下收益较高，但只有屈指可数的几户发展这个陌生的“副业”，大部分村民一没有技术，二没有足够的经济条件种植枸杞，另外还有一部分人依赖国家补贴或者本地（主要摘枸杞）、外地务工谋生，“穷”成为幸福村的代名词。

2007年年初，当兴办枸杞合作社的声音传遍村子时，村子出现了这样几种声音：

最早种枸杞的那些农户，都是贩子上门收，本身枸杞的价格好着呢，但是他捣鬼就害怕卖不出去，给贩子说来我家卖枸杞，他给你十几块钱，价就压下来了。我看，这就非成立合作社不行，合作社统一把枸杞都放到这儿，我就高价卖，贩子收不上，要收就涨（收购）价，这样农户们也能把钱挣了。（村干部田某访谈资料）

那家伙种上能吃吗？不能吃，我把地种上枸杞我咋吃肚子呢？万一再种坏了谁赔呢？……你说的合作社，种上以后是不是都成公家的东西了？（村民张大爷访谈资料）

地种粮吧一年也就吃个口粮，卖也卖不了多少钱，我们地不多，主要还是在外面打工，农忙了回来干几个月，这个合作社我也不懂，人家说给分红呢，还帮种帮卖，我们也不懂啥情况，地里本来就收得不多，所以这个东西我们都无所谓，能挣上钱的话我们当然支持。（村民李哥访谈资料）

这是关于幸福村办社的三种声音：支持、不支持、无所谓，然而这三种声音归结到底都传递着一个共同的信息，那就是幸福村的村民渴望能填饱肚子、能挣钱、能发展。幸福村村民对于生存的呼唤，源于乡村社会农民的“生存伦理”。在乡村社会中，农民生活的选择要时刻围绕生存进行，为避免外界对农民基本生存形成直接威胁的风险，各种有助于弥补家庭资源欠缺的生存风俗和习惯安排，形成了农民社会的生活伦理和行动逻辑①，求发展正是农民对生存的理性呼唤。

二　政策供给与精英崛起

从 2003 年发展到 2008 年，村民整体温饱问题基本解决，在党委和政府的关怀下，幸福村村民也开始了致富创业之路。村子的贫困情况有所改善，家庭年收入超过 10 万元的富裕户达到 30 户。然而，家庭年收入在 2 万元以下的贫困户还有 300 多户，占到全村总户数的 90% 以上，贫富差距的拉大也为村子的整体发展提出了严峻的挑战。

（一）政策下乡

2007 年，中央“一号文件”《中共中央　国务院关于积极发展现代农业扎实推进社会主义新农村建设的若干意见》提出“大力发展农民专业合作社”。7 月 1 日，《中华人民共和国农民专业合作社法》正式施行，中华全国供销合作总社开办了《农民专业合作社法》示范培训班，邀请来自全国人大农业与农村委员会、财政部、农业部、国家工商总局、国家税务总局的有关官员，对《农民专业合作社法》进行解读，至此，全国掀起了一场发展农民合作社的浪潮。

国家为扶持农民合作社发展安排专项资金，地方政府也响应国家政策大力支持。2003 年，中央财政部安排 2000 万元专项资金支持资金投入增加到 5000 万元农民合作经济组织，在此基础上每年加大资金额度支持合作社发展。2004 年，专项资金累计 1.5 亿元，到 2005 年，专项资金增加到 8000 万元。财政部关于农民合作社的获取资金的资格也做了限定，主要支持新品种引进、新技术推广、雇请技术人员和专家、专业技术管理和技术服务等。

为了响应国家政策号召，宁夏也出台了《关于落实“全民创业计划”的

① 詹姆斯·斯科特：《农民的道义经济学——东南亚的反叛与生存》，程立显译，译林出版社 2001 年版。

实施意见》，制定了《农民专业合作社规范》和《农民专业合作社示范社创建标准》，助推农民合作社发展，带动农民有效增收，促进地方经济繁荣，团结村奇源枸杞种植专业合作社便在此背景下创办。

每年年初，中央财政先进行预算，两三个月后给省级财政部门发送通知，省级财政再向地方财政办公部门转发，地方财政部门最后组织申报，再按级层层上报。文件要求按照规定格式填写并由省财政厅部门组织专家评审、签字，然后汇总上报，上报中央后，组织专家进行审核，评审后按照实际情况对项目进行排序下达相关的拨款文件，由各地县级财政设立专账运行。另外，工商行政管理系统部门也落实了相关惠农政策，对农民专业合作社是一律免收登记费的。（镇政府工作人员访谈资料）

成立前，上边说每个合作社补助 5 万块钱作为成立基金呢，当时要求是成立以后给补助，2008 年这个钱就给我们了。再一个我们这个地方地比较贫瘠，气候上各方面都适合种枸杞，其他不行，种枸杞政府也给予相关的补助，所以我们也就愿意种植枸杞。后来我们搞有机枸杞，2008、2009、2010、2011、2012 这几年，就给农药补贴，更换新品种补贴，园林局原来有个造林补贴，一亩 300 块钱。一年杂七杂八补贴下来也不少，少则几万，多则一二十万，这方面国家还是给了很好的政策的。（合作社理事长张明明访谈资料）

表 2－2　2015—2019 年奇缘合作社政府补贴情况统计

补贴类型（单位：万元）	2007 年	2008 年	2009 年	2010 年	2011 年
财政资金扶持、补贴奖励合计	5	10	10	15	17.8

国家和地方政府对发展合作社在政策上给予积极支持，主要包括财政资金扶持、制定金融资金支持政策、制定税收优惠政策等，其中政府资金的支持对合作社发展来说无疑是最直接有效的支持和帮助，在一定程度上已经成为部分合作社生存发展的途径之一，促进合作社发展的同时维护了农民的利

益，有利于实现农业产业化。幸福村能够获得中央和地方政府的大力支持的最直接动因是村庄经济水平过低，乡村社会渴望改变失落现状，寻求生存发展路径成为事实，而合作社的发展正好可以作为改变落后现状的一条可行路径，合作社发展又必然需要资金的支持。从中央到地方大力支持发展各类农民合作社还在于合作社对乡村社会有着诸多积极作用，不仅因为它是带动农户进入市场发展的经济主体，更是壮大农村集体经济、创新农村社会管理的有效载体①。乡村社会治理是国家治理的重要组成部分，作为国家治理体系结构系统中最底层的子系统，各子系统对系统整体的完整性和功能性都有着极大的影响。从合作社嵌入乡村社会治理的研究视角分析，合作社嵌入形成多元主体共治模式是乡村社会治理发展的必然趋势，是国家治理能力和体系现代化下的必然要求，国家以此手段去推动农业产业化发展，并去影响乡村社会政治事务，最终对国家治理体系现代化建设起到积极作用。

（二）村庄精英

村庄精英属于社会学分层研究范畴，是指在乡村社会中政治身份或资源身份较为显著、对农村社会具有广泛影响力和号召力的农村能人。这类人对一般乡村社会都有着较大的影响，是促进乡村社会发展的重要力量。同样，当合作经济组织在乡村社会出现并发展时，村庄精英凭借自己在乡村社会中的要素贡献、个人能力以及社会资源优势等，顺理成章地成为农民合作社的参与者②。村庄精英与合作社组织碰撞，一方面是乡村社会发展选择的结果；另一方面也离不开政府推动，政府为促成合作社发展，也更愿意将合作社交由村庄精英经营，这也就出现了我们经常看到的村干部能人（政治精英）领办型、种植大户（经济精英）发展型合作社，奇缘合作社就属于村干部领办型合作社。在实际的基层社会治理中，地方政府十分重视村两委在合作社发展中的行政动员能力和政治资源优势，因此村干部领办型合作社在农民合作社中占据相当大的比重，幸福村张书记成为合作社的理事长，除了个人能力较强外，另一个重要原因便在于此。

张明明，奇缘合作社的法人代表，也是合作社的创始人和带头人，他还

① 王进、禹潇：《合作社嵌入乡村社会治理的长效机制研究》，《山西农业大学学报》（社会科学版）2017年第7期。

② 崔宝玉：《农民专业合作社的治理逻辑》，《华南农业大学学报》（社会科学版）2015年第2期。

有另一个身份，就是幸福村的村党支部书记，大伙习惯称呼他为张书记。2003 年，全村第二次换届选举时，张明明当选幸福村支部书记，面对贫困程度深、土地盐碱大、基础设施差、致富路径少的情况，有胆识、有阅历的张书记带领两委班子成员，动员党员带头行动，先从排碱通路开始，组织 110 名劳动力，用了两周时间修成了 2600 多米长的排碱渠，雇车拉土填平了通往沿山公路的村路，村民把这条路亲切地称为“致富路”，学生上学、拉运货物都方便多了。除此之外，张书记也是一位发展经济的能手，为了让幸福村村民过上好日子，张书记到江苏华西村、河南南街村、上海等地交流学习，再将先进的理念和技术带回来，用在推动本村的经济发展上，因此，张书记在村民中有着较高的威信，2004 年起连续担任村党支部书记兼村委会主任，任职 15 年，2019 年 3 月被银川市委、政府授予银川市“十佳”新型农民荣誉称号。幸福村有 3000 多村民，主要种植枸杞、玉米、土豆、麦子，过去农户分散生产经营、技术落后，完全靠天吃饭，土地收益低，张书记未任职之前，就是“技术能手”，靠技术发展成为村里的富裕户，自从担任村党支部书记后，心里便萌发了改变村庄落后经济面貌、带民致富过好日子的愿望。听说外边发达城市如何发展合作社带民致富，一直都以实干闻名的张书记有意抓住这个机会，上层领导也十分看重张书记除了管理能力之外发展枸杞种植技术的能力，点名希望由张书记牵头成立合作社，张书记也顺理成章地成为合作社最核心的负责人。

图 2－5　排碱渠与“致富路”

……九几年调到田坪干了几年，接着又把我调到饮食服务公司干了几年，后头又到清真食品加工厂，加工厂被私人竞争倒闭了，和淀粉厂合并了，给我弄了个淀粉车间的主任，生产环境不行，我让我两个妹妹顶上，我就到这个地方（幸福村）了。我是因为技术好上来的，当时还是在银川的一个淀粉厂分公司，想着这工作我干够了，就去干个人（想干）的事情。……我刚搬上来这个地方，困难得很，南空部队的一片地就让我承包上，那时候农科院研究上一个新品种，我就种上了，第一年我收入不行，可能收入了个一万五，但我算了下这个比工资高呀，第二年我就收了三四万呢。为啥我在幸福村当书记？当时我就承包地，村上的事我想都没想，幸福村两任领导，都干了几个月就干不下去了，最后组织上跟我谈话，说你到村上来，我到村上以后才干顺……2007 年，合作社风刮到宁夏，最先上边想在银川周边村子进行试点发展，有政策扶持但名额有限，我在外边看人大城市的合作社发展得就是好，我就想着这正好是个好机会，就积极争取着把申请报上去了。有过枸杞种植的经验，我想这是个好东西，就带大家发展么，上边领导也是很支持的。（合作社理事长张明明访谈资料）

在市场经济发展大背景下，我国的政府职能逐渐转变，村干部在乡村社会中往往扮演着三种角色：基层政府代理人、村民利益代言人以及谋取个人经济和社会利益的经纪人[①]。在村干部领办型合作社中，负责人往往根据角色的不同而达到不同目标：首先，对上迎合上级政府部门，实现其政绩考核目标，获得更多政府扶持；其次，对下可以帮助当地村民农业生产，提高村庄集体经济水平，带头致富；最后，通过合作社以及集体经济的发展，巩固自己的政治地位，从而为自己带来更多的经济利益和社会利益。三种角色是交叉互变的关系，当村干部处于任何一种角色当中时都有其特定的行为逻辑，三种角色以及对应的行为方式在奇缘合作社的发展历程中都有所呈现，当张书记作为基层政府代理人时，他肩负着通过合作社发展维护村庄秩序和稳定的政治任务；作为村民利益代言人时，他又有着带领村民参与合作社发展，实现村民增收，维护村民权益；当他作为一个乡村社会普通个体时，他又在合作社的发展中发挥自我能动性，通过合作社为个人谋取更多的经济利益和社会利益。凭借村庄精英在乡村社会的影响力和号召力发展合作社，一方面

① 张芳芳：《乡村权威与村庄整合》，博士学位论文，上海大学，2012 年。

便于调动乡村资源，推动合作社顺利开展；另一方面也有利于乡村治理有效化和多元化。

三 合作组织的“顺产”

2007 年 12 月，已经尝试过高端枸杞种植技术的张明明，带领村上几名能人，决定以土地为载体，注册成立了银川市奇缘合作社，成为银川市成立时间最早的农民专业合作社之一。

成立之初，张明明和几个带头人历经“创业”的艰辛。刚刚成立，愿意土地入股合作社的仅仅只有 60 户农户。张明明认为，要想真正带着大家致富，只有“做大做强枸杞产业”，经过合作社内一番咨询和论证，社员们集体决定把“有机枸杞产业”作为创业方向。种植新品种需要资金，而上级补助的 5 万元还没下来，几个带头人就自己出资筹备。张明明早先已在自家的承包地里进行过新品种试种，有了一些种植的经验，再经过反复向农业科技专家咨询，同时指导入股的农户种植，经过半年努力，辛苦付出也迎来了回报，种植的有机枸杞一斤卖到一百多元到两百元，已经入股的农户尝到了甜头：

> 入股的都是种枸杞的，种其他粮食什么的我们不弄。入了股其实都是为老百姓干好事，地还是在老百姓手里呢，实际上就是为了鼓励老百姓的积极性，为了创收么，当初成立合作社的目的就是创收。

合作社成立不久，经济效益明显，2008 年银川市西夏区政府将幸福村确定为万亩有机枸杞种植基地，张明明又主动带头承包种植精品园 200 亩，发挥有机枸杞种植的示范作用，为带动村民发展枸杞产业、全镇万亩有机枸杞生产打下坚实的基础。

一直以来，西北地区无论在自然条件上还是社会环境上都较为落后。伴随着国家整体经济实力的提升，国家越来越多开始关注西部地区发展，尤其是近十年来，西部地区农业产值收入占农民总收入比重越来越低，农民逐渐摆脱单纯依靠土地生活的方式，出现了以务工等为主的多种营生途径，部分土地开始撂荒，利用率降低，如何在盘活农村土地的同时使乡村经济得到发展，土地股份合作社应运而生，合作社在发展，同时地方也在积极培育支持新型专业农民作为农业生产的职业经理人，以此推动合作社经营发展。

张书记作为村子的党支部书记，拥有法定的权力，同时又具备能人权威，双重身份便于他较好地把村庄内在传统资源与国家提供的官方外部资源作有效衔接整合，部分村民愿意跟着张书记，一方面是因为传统血缘、地缘编织的熟人网络关系所具备的特殊社会功能使村民间熟悉了解，张书记自身魄力和个人能力也深得村民信任，他从相关农业科技研究机构引进新品种，并且获取技术指导，带头试种，并将种植经验以及成果宣传推广，获得种植收益后得到农户信服，愿意在其带领下走上种植科技枸杞的致富之路，村民对其的品质、能力信任，从而达成协议。另一方面，张书记与政府联系密切，社会关系资源也较为丰富，能够获取更多的社会资源和政策支持。此外，基层政府方面也相当重视张书记办理的合作社，成立之初就有意将其打造成示范社，以标杆楷模的角色带动全镇合作社发展热潮，从而带动全镇经济发展，鉴于这一点，上级政府也是竭力支持张书记的工作，为其排忧解难，解决发展问题，为合作社的成立打好了基础。

小结

奇缘合作社的成立过程几近一帆风顺，并未遇到太多阻碍，这都是内外环境和多种因素共同辅助的结果。一方面，村庄内部社会在市场经济的冲击下寻求生存和发展，乡村社会急于改变失落的现状，促使其内部合作寻求发展路径；另一方面，国家为达到乡村治理的目的，促进乡村社会经济发展，探索治理发展的新方式，发展合作经济组织成为一条路径，通过“政策下乡”为合作经济组织在乡村社会营造良好氛围，进而从上到下积极推动合作社在乡村社会开办。此外，加上村庄精英在乡村社会广泛的影响力与号召力，合作社的成立水到渠成。

第三节 组织结构与运行

一 组织结构的形成

（一）组织构建的社会基础

奇缘合作社作为一种新型农民经济合作组织，是乡村社会各种要素复杂交织和互动的结果，它将农民、村民自治组织、政府等紧密连接起来。乡村社会有着它自身特殊的文化背景、资源环境、交往逻辑以及社会关系网络，而奇缘合作社必须适应这样的生长环境，并且只有在协调乡村社会各种关系、资源的基础上才能维持自身生存和发展。

1. 农民合作需求不断增强

20 世纪计划经济时期，乡村社会在国家强有力的政社合一人民公社体制下被强制整合，结果生产、生活受到严格控制，农民的需求无法表达，个体被淹没在集体合作中，从中我们也认识到，农村社会要想真正发展，就必须了解农民的真正所需。幸福村虽为移民村，但其中有为数不少的人经历过公社体制，乡村社会发展改变贫穷面貌的愿望一直未改变过。后来市场经济的迅猛发展激活了幸福村的社会生产要素，乡村社会也开始按照市场经济规则进行生产生活，同时为避免愈发激烈的市场竞争带来的市场风险以及减少生产成本，拓宽市场销路，“合作经济”被重新提及，合作需求也愈发强烈，有序地组织参与市场竞争、节约交易费用、共担市场风险，农产品生产、加工、流通等环节分工寻求更多利益效益成为共同诉求，这不仅是幸福村面临的情况，也是当时全国农村面临的现状。与此同时，市场经济催生出一批具备把握和捕捉市场信息以及会经营的农村能人，这些人在乡村社会有一定的影响力和号召力，能够把有合作需求的农民组织号召起来，通过合作经营抵御风险、调动村庄资源，也因此成为新型农村经济组织的带头人，促进农村内生力量带动农村社会经济发展。

2. 农民信任关系变迁

信任是合作的基础。传统乡村社会是血缘、地缘编织起来的熟人社会，农民之间遵循相同的乡约民规，同质性强。尤其是“礼”数，在一定程度上使乡村社会无须法律的强制力也可维持其秩序，违背“礼”数道德的人受人排斥和谴责，不仅“面子”尽失，还因失去信用而边缘化。幸福村村民同样受乡土文化的影响，十分看重“礼”数，讲人情、顾面子，彼此熟悉，较为信任。伴随着国家市场经济发展以及市场经济对乡村社会的冲击，村庄原来的边界被打破，农村人口的流动性加强，传统乡村社会的观念以及行为方式受到现代化洗礼，熟人社会向半熟人社会演变，但农民本身特有的文化特质并没有发生根本性改变，熟人网络依然是乡村社会人与人之间信任的基础，改变的是这个网络所涉及的村庄边界正在逐渐向外延伸，更加扩展和开放，这在幸福村的发展过程中也表现明显。传统因素与现代元素汇集交融，对乡土社会的信任关系产生新的影响，信任关系也变得更加多样化、动态化，同时也在影响新型土地股份合作社的聚合能力和集体行为。

3. 乡村社会阶层重塑

市场经济有其自身规律，即竞争和利益最大化，竞争不可避免地存在优胜劣汰并且出现阶层分化。在幸福村中，我们依据农民的经济实力可以看到这样的三类人群：头脑灵活有智慧，善于学习和把握规则的“活泛人”，总能脱颖而出，成为富裕阶层，像张明明等人；思想稍活跃的勤快人，不误农活的同时兼顾务工或者靠种养殖技术带来较为可观的收入，成为中等或普通收入阶层，像田虎等人；还有部分因能力有限或家庭中有重病、上学、缺乏劳动力而导致陷入贫困的贫弱阶层。同一个阶层的农民总是有着共同的利益诉求、文化和心理特征，促使他们对事物往往会采取相同态度，从而决定他们的行为选择。也正因此，阶层不同，所处阶层农户参与土地股份合作社的行为、意愿也各不相同。富裕或者中等阶层的农户，凭借其经济实力、魄力和见识更容易当选为经济合作组织的组织者、带头人，也能借此机遇获更多的乡村社会资源，从而形成与之相匹配的社会地位和影响力。贫弱阶层则因其各方面受限，害怕风险，对新事物即土地股份合作社往往采取更加保守的态度，他们也因此成为需要被动员、被帮助的人群，事实上，也正因为他们的生活水平处于下游，其内心深处更加希望改变和提升，所以这部分人对土地股分合作社又心存期冀。合作社发展中塑造出不同阶层，不同阶层的行动逻辑也呈现差异。

4. 利益观念转变

传统乡土社会农民价值观念受地缘、血缘关系的影响重视“人情义理”，讲究邻里相助、“义大于利”，这种观念在过去的幸福村十分普遍，邻里亲友婚丧嫁娶、建房乔迁等大事定是鼎力相助，不会过于计较个人的得失，有着“自己人”的认同感和人情味。在传统乡村社会中，这种乡土人情的认同性、互惠性及仪式性特点表现随处可见，促进乡村社会平稳、规范村民行为。伴随着市场经济浪潮席卷而来，这种传统农民的价值观念也受到剧烈冲击，变得趋于理性化和货币化，颠覆了传统亲缘邻里互助的逻辑，幸福村依然逃不出这种冲击影响，幸福村“利大于义”的观念在乡村社会面对市场化的过程中也悄然植入农民的价值观念。经济合作中获取的可预见性的可观收益成为农户认同的选择，影响着农民合作的行动力，加入合作社可以获取更多的收入成为他们入社的首要原因。

（二）"权、利"互谋：合作社与农户间的权利制衡

起初合作社成立，仅有60户村民带田入股合作社，也就是全村10%的人，合作社的几个带头人挨家挨户地宣讲合作社的好处，但多数农户不以为意。合作社刚成立前半年决定先"实验"，即通过给已入股的农户不仅在枸杞苗种植上的优惠，教授科学的种植技术，而且以高于市场收购价格的20%收购枸杞，让入社的农户尝到了"甜头"，通过这种方式，让越来越多未入社的农户从起初的"不愿意入股"开始争相打探。

> 最开始的时候，都说要种枸杞，我没种过也不懂，再说了，合作社是个啥我也辨不来，后来书记到我家跟我说这个合作社的事情，说加入合作社之后有人来教我们咋种，不要我们担心，苗子钱让我们出上一部分，完了再给我们补上点，种好后，合作社来人统一收购，说是高出市场价收呢，书记也都给我们打包票了，只要签了合同，种成了就给这个好处呢，种不满意了也可以退社，一个是书记把话撂下了，再一个我看我邻家种的枸杞，合作社收了还领了不少钱，我想那我就试试么，不行了再退也能成，都是跟着一股子风试试看。（村民胡风访谈资料）

从刚开始的怀疑、观望，到后来主动加入合作社，通过统一管理，倡导种植有机枸杞，并以高出市场收购价20%的价格收购本村枸杞，未入股的农户看到已入股的农户收益颇丰，也都产生了加入合作社的意愿。仅半年时间，合作社使全村537户农户集体与其签订土地入股协议，并兑现了合作社给社员的承诺，尤其高价收购枸杞使所有入了股的农户收益都高于原来种植粮食作物的收益。

> 我算是咱们村第一个种枸杞的，以前贩子过来收，价格人家说了算，咱们还是处于被动，好了让你挣点，心黑了价压低了也根本挣不下钱。当时合作社给我承诺了入到咱们这个合作社里头，就按高于中宁市场价的20%收，地还是我的。我一共种了20亩枸杞地，哎呀，最好的一年收了36万元。后来我都卖枸杞苗，一株3元，好多外地人也都来找我买

苗。（种植大户王凤昌访谈资料）

2009年，枸杞市场价向好，当年合作社就卖出了将近一千万元的枸杞，销往南方城市，有些甚至出口到了国外。合作社发展快速，名誉也随即而来，镇北堡镇团结村枸杞园区被命名为“全国科普惠农兴村先进单位”。随后，合作社又积极引进西夏贡酒业清真饮品有限公司，签约种植枸杞2500亩，公司还与其他农户签订购销合同，日渐发展成为几个企业的生产原料供应基地。以企业为龙头，示范和带动农户做大做强有机枸杞产业，给农民增收提供了保障。

合作社从农户手里取得了入股权的过程，无疑是合作社负责人（即张书记）代表的组织与幸福村村民的一场利益博弈。奇缘合作社作为组织机构，成立的前提是需要相关利益主体的联结，而这里最大的主体之一就是农户，张书记与其他主要负责人担任着利益联结的“中间介体”，同时也是利益主体之一，在利益联结的过程中，张书记等人起着相当重要的作用，即在他们的“撮合”下，通过对已有利益的分割（合作社提供服务）和利益共享（农户提供枸杞，双方共享枸杞产业经营中获取的利益）从而达成联结协议。以此，合作社和入社农户之间形成一种新的利益制衡关系。

（三）借力发力：组织中的党支部联合

根据区域环境以及农户状况的差异所导致的不同贫困情况，采用科学的、有效的程序对扶贫对象实施精确识别、精确帮扶、精确管理的贫困治理方式就叫作精准扶贫。2013年11月，习近平总书记赴湘西考察时提出“扶贫要实事求是，因地制宜。要精准扶贫，切忌喊口号，也不要定好高骛远的目标”①，这是最早关于“精准扶贫”思想的一次触碰。2014年1月，中共中央办公厅详细规划了对于精准扶贫工作模式的顶层设计，推动了“精准扶贫”思想的落地。2014年3月，习总书记在两会代表团审议会议中强调，要实施精准扶贫，瞄准扶贫对象，重点施策。2015年云南考察，习总书记再次强调“要以更加明确的目标、更加有力的举措、更加有效的行动，深入实施精准扶贫、精准脱贫，项目安排和资金使用都要提高精准度，扶到点上、根上，让贫困

① 《习近平赴湘西调研扶贫攻坚》，2013年11月03日，http://news xinhuanet com/politics/2013/11/03/C_117984236. htm，2022年1月19日。

群众真正得到实惠"[①]。至此，精准扶贫已经成为我国当下扶贫开发的一项重大战略国策。每一项国家重大政策的落地，地方政府总会给予一些相应的配套政策。当这项政策落实于幸福村时，也结合了当地的实践运作逻辑。

奇缘专业合作社在短短三年间实现了跨越式发展，服务农户数由 60 户激增到全村 500 多户，土地经营面积也由几百亩快速增加到三千多亩。2011 年到 2015 年枸杞亩产值最高达到了 19600 元，土地经营面积快速增加以及枸杞市场向好，使奇缘专业合作社实现规模扩张的同时，也带来了农业社会化服务半径不匹配等问题。虽然大多数村民收入都有所改观，但不免有部分村民因为各种原因掉了队。2013 年，国家精准扶贫政策提出，为响应政策，决定通过合作社产业发展，帮助推进精准脱贫。经过村党支部组织党员会议、群众代表会议，集思广益、共同讨论，提出了"先富带后富"党带群、富带贫、回汉互帮党建组织模式。

2013 年，我们就根据富裕户出资和传帮带帮助贫困户的意愿，以及贫困户接受帮扶的意愿，将 36 户富户和 40 户贫困户结对，按照农户自愿、产业相同（相近）、相互承诺、能够共富的原则，实现富与贫一对一（一对多）的帮扶，效果比较明显，经过前期尝试取得一定成效后，党支部的作用显现出来，我们村现在党员 80 多人，党员的作用就是带动大家发展。2015 年，我们在村上开会决定让合作社实施"党建 + 扶贫"，将党支部建在产业链上，从枸杞种植、测土培肥、鲜果采摘、修剪等 9 个环节设立互帮党小组，手把手地教村民种植枸杞。具体就是把这个村党支部依托到枸杞种植合作社，根据党员特长，分别编入产前培植、田间管理等 5 个功能党小组，共结成 220 对党群共富联合体，构建了"村党支部 + 专业合作社 + 功能党小组 + 党员致富能手 + 农户"的产业服务模式。当时在这 220 对党群共富联合体的带动下，我们有 310 家农户种植枸杞超过 3800 亩，产值近 3000 万元。

我带的"徒弟"现在收入比我都高！我在活动中和王军结了对子，手把手将自己在枸杞种植上的好技术毫不保留地传授给了他。现在我和

① 《习近平在云南考察工作时强调：坚决打好扶贫开发攻坚战》，2015 年 1 月 21 日，http://www.gov.cn/xinwen/2015/01/21/content_2807769.htm，2022 年 1 月 19 日。

媳妇一边打零工一边种枸杞，一年能赚15万元。（党员王志强访谈资料）

地多了，产得多，卖得多，像我这地不像人家几十亩，那两年挣了点钱刚攒下，这老婆患了脉管炎，攒了几万块钱都花到病上了，就这还没根治好，忙着看病把枸杞也没管护好，还倒欠了人两万块钱。你想娃娃还要上学，地也没人管，一下把我难住了。哎呀，后来咱们这个党支部把忙给我帮了，看我家里困难，给我专门派了个技术员，过去种枸杞没有专业人员指导，自己种的枸杞1斤卖4.5元。有了党群共富联合体后，销售、技术都不用担心，品质提升了，产量也上去了，每斤卖了20多元呢，后来农闲时间我就在外头打工，才让我这个生活缓过来，村上还给我安排了个低保，确实是把忙帮了。（村民郑吉祥访谈资料）

党建共富联合体以合作社枸杞种植为载体，精准脱贫为靶向，带动100多户贫困户实现年均收入从5000元提升到2万元，至此合作社拥有10万元以上的富裕户达100多户，年均收入1万元至5万元的中间户有300户，大部分生活水平明显低于国家要求最低生活保障的贫困户在相应的帮扶措施下生活得到一定改善。幸福村的“党建共富联合体”可以说是政府扶贫在地方上实践的个性化扶贫形式，是政府借助社会组织实现治理的一种有益形式，通过党建共富的联合发展模式，一方面加强了基层服务型党组织建设；另一方面促进农民增加收入。党建共富联合体唤醒了群众的政治参与，缓和干群矛盾，进而培养了良好的干群关系，增强了村际经济社会行为的协调一致性，为乡村治理提供了便利，节约了国家政治管理村庄社会的成本。幸福村村两委是这项扶贫工作最大的实践者、供给者，以社会公共资源的再分配者，调节丧失劳动能力或者缺乏生产资料的贫困人员资源，带来良好的社会效应。

（四）科学管理：统防统治服务队

奇缘合作社在发展初期就积极探索合作社的管理路径，通过几年摸索，明确了合作社的服务方向，最终确定从枸杞种植、收购、储藏、加工、销售、新技术推广、咨询服务等方面一步一步进行管理，争取与企业挂钩，为其提供技术服务，积极培育建设新技术、新品种、先进栽培方式的示范园区，探索“合作社 + 科技特派员 + 农户 + 基地”的运行模式，发展种植规模化、经营产业化、生产标准化的路子。

当地枸杞得益于贺兰山东麓得天独厚的气候、地理环境及黄河水质，所生产的枸杞皮薄肉厚、色泽红润、玲珑剔透，富含人体所需的多种矿物质、氨基酸、枸杞多糖、维生素等营养物质和特殊微量元素，然而，优越环境条件下的村民却不具备枸杞种植经验和科学知识储备。在发展过程中，为进一步提高枸杞种植户的科学种植水平，在种植、生产过程中严格按照国家有机标准技术规程进行操作，杜绝使用化学肥料，采用矿物质源、植物源、微生物源和物理防治的方法对病虫进行有效防治等，使产品真正达到纯天然有机，合作社负责人邀请地方农科院等单位的专家给种植农户按期开办培训班进行培训，运用讲座与现场指导相结合的培训方式，为农民讲授枸杞的种植管理技术。迄今为止，合作社共聘请枸杞种植、市场营销、服务等专业技术人员30余名，有高级技术职称的技术人员达15名，在技术、区域营销等方面予以指导。

科学种植后的枸杞整体品质大大提升，奇缘合作社种植的枸杞也有了一定的市场知名度。2015年，合作社注册了“塞上奇源红”枸杞商标，并且申报了第十一届宁夏著名商标，品质提升加上品牌效应，推动枸杞的售价也大幅提高，短短两年时间，合作社的直接经济效益产值达到2400万元，净利润1600万元。直接受益人数4500余人，间接受益人数6870人，枸杞收入占农民人均收入的71%，每年节约成本资金112.4万元。张书记也因此多次受到上级党委政府的表彰，获得了自治区科学技术协会“致富模范户”“优秀科普志愿者”“先进工作者”等荣誉称号。

（五）组织结构的形成

复杂多样的乡村社会资源为奇缘专业合作社的生存提供了成长的养分，使其有了发展的根基，不同利益主体间权益的博弈为合作社的稳定提供了基础。在此之上，其他组织以及力量的介入使合作社的组织结构的形成有了依据和参考范式。团结党支部组织的介入使其形成“村党支部+专业合作社+功能党小组+党员致富能手+农户”的产业化组织体系和服务模式，将多股力量联结，赋予合作社组织具体可行的组织模式，组织内各类个体权益清晰、分工明确、各司其职，为组织稳定发展贡献力量；统防统治的科学化管理模式改变了以往小打小闹、自我管理的无序状态，使合作组织管理更加科学有序，便于高效管理。借助新的组织以及科学技术的力量将土地和人力资源整合后物尽其用、人尽其力，形塑出合作社的组织结构，有利于合作社发挥对乡村社会服务功能，也为当地资源网络、权力网络的塑造奠定了基础。

二 权力机制的构建与运行

（一）民间融资：合作社话语体系的建构

土地股份合作社作为一种团体性质的经济组织，集中社员资源并在合作经营的基础上为成员服务。“使用者所有”的原则强调：使用者承担主要资本的贡献和风险。合作社中的资本主要包含了社员（土地）资源股份、资金股份、技术资本等，并且社员出资最终的目标就是取得合作社使用权。伴随着资源需求的增加，合作社为筹集资金还吸纳了其他非使用者的加入，也因此合作社出现了不同身份的社员，像经营者、生产者、股东社员等，不同社员的资源禀赋差异，出资方式、资额分配都成为合作社运营中十分关键的问题，影响合作社的运作和调整。此外，“使用者控制”还主张使用者掌握着合作社的主要决策权以及分享合作社的剩余价值。

奇缘合作社从成立以来，效益可观，合作社核心成员、普通社员农户枸杞生产节本增效十分显著，带地入社的农户收入连年增加，此时也吸引了团结村更多经济条件较好的农户意愿资金入股合作社。为壮大合作经济实体，进一步增强合作社的凝聚力，2013 年 6 月 13 日，经过奇缘合作社理事会提议和成员代表大会的决议，最终通过胡红霞等人资金入股合作社共计 470 万元。其中股份较大的股东中有两人（占股 260 万元）与合作社负责人有直接的亲缘关系，其他多人则基本上是村上的种植大户或在合作社中有业务合作服务的社员。由此，合作社中内部话语结构也逐渐体现为合作社社员行使的合作社的财产权（合作社资产占有、处分和使用的权利）和治理权（合作社内重大事项的决策、制定和主要事务的管理）的过程。换言之，合作社的内部话语结构既是合作社的所有权反映，谁出资即谁拥有合作社的控制权和使用权，显然这里合作社的负责人已经成为合作社最大的“所有人”，其他资金入股成员则成为合作社的核心成员，具备了合作社剩余利益的索取权利。至此，合作社内部成员也划分为两类：核心社员、普通社员。其中，核心社员可以直接参与奇缘合作社重大事项的决策，参与合作社的盈余分红；普通社员接受奇缘合作社提供的与枸杞相关的农业社会化服务，没有重大事项决策权。

最终，农户资金入股 60 人股金 400 多万元，土地入股 257 人 3800 亩，合作社也形成自己的利益分配机制：合作社依托村委会、种植大户与农户的共同出资（包括村委会集体资金 10 万元），从中保证村集体每年收益 1 万元，其余合作社利润按比例分红给种植大户和农户；土地入股按照每斤比市场收购价提高 20% 收购，多交多分配，资金入股的社员主要的利润分红来自加工销售。入社农户享有生产前、生产中和生产后的各项服务，还可入股合作社所办企业成为股东，采取“风险共担、利益共享”机制，通过“服务 + 交易额返利 + 二次分配”使农户与合作社利益联结起来，年终按照股份进行分红。通过合作社的运营，社员人均收入从 1800 元增加到 2016 年的 13600 元，合作社拥有 10 万元以上的富裕户 100 多户，年均收入 5000 元以下的贫困户 100 多户，年均收入 1 万元至 5 万元的中间户 300 户。

（二）变更注册资金：权益的合法化

良好的经济效益使合作社快速发展。2016 年 8 月 6 日，奇缘合作社召集理事、监事会以及社员代表共 46 人召开讨论会议，研究讨论关于奇缘合作社注册资金变更等问题。经核算：成立初张明明等 40 人人均出资 7500 元，共计 30 万元；土地升值每亩由原来的 1500 元增至现在的 20000 元，共计 400 万元；后部分社员相继出资入股资金 470 余万元；合作社自有枸杞 200 亩，折合人民币 400 万元；加工厂房 2400 平方米，折合人民币 450 万元；加工设备、车辆、直营店铺等 230 万元，以上合作社总资产超过 1000 万元。最终通过投票表决，全票通过了注册资金变更方案，决定将原来的 30 万元变更为 1000 万元。会议还决定修改合作社章程，决定了今后盈余分红按社员实际出资比例分配等方案。

至此，合作社法定代表人的资产占比已经达到了注册资金的一半，也顺理成章地成为合作社利益分红中最大“获利者”，同时也更加确立了合作社理事长对合作社的“拥有权”。以法律文件的形式将合作社资产划分明示，其实质是将合作社的拥有权准合法化。反观之，实际权力的合法化其实也使得合作社社员的边界模糊化，即合作社权益划分出现分层，合作社社员出现“合同社员”和“实际社员”。“名义上的社员”即与合作社只签订土地入股协议的社员，这类社员享受合作社的普通服务，如枸杞收购、农技推广和“保底分红”；“实际社员”主要以资金入股的社员为主，他们除了享受“合同社员”相同的服务外，还享有合作社治理权、支配权以及剩余利益的索取权，但同时他们也承担着更多合作社经营带来的风险。

（三）权力机制的构建

奇缘合作社经济实体的壮大需要一定的物质资源、经济基础来支撑，除了政府的有力支持，农户的资源贡献是其迅速发展的一大关键。对于合作社来说，普通农户可以更加直接地参与合作，并且为合作社提供一定的资源支持，促进合作社发展壮大。

合作社治理依存于行为主体控制的财富资源，财富资源的协同和集聚才促成集体行动。与其他经济组织相比，合作者的资源拥有程度就决定着他对合作社生产经营活动的贡献率，这取决于合作社治理结构、利益分配以及力量博弈的决定性因素（如物质资源、人力资源以及社会资源），也是合作社合作过程中资源的占有让渡和提供。尽管剩余所有权配置的关键是人力资本，但就我国现阶段的农民合作社，人力资本影响合作社发展，但不足以成为调节合作社社员关系的关键治理机制①，也正因如此，我国的农民合作社总体表现出规模小、发展实力较弱、政府支持保护的特征。

三 项目运作逻辑

（一）合作社项目

不同的项目组织形式形塑出不同的中央和地方关系，政策的执行方式也不尽相同②，而“复杂政策”的治理模式有助于中央和地方协作关系的建立③。在地方政府的内部关系层面，横向部门和纵向层级之间的关系被项目制重置，有利于强化横向部门竞争和纵向部门互助④。在基层治理主体间的关系方面，项目制造成县、乡、村的三级分离秩序，促成利益输出来化解矛盾的治理方式⑤。而涉及群体关系方面，项目制使得基层干部、农户以及社会组织间出现互构关系，导致出现农户自主性不够、社会监督缺位等项目治理的结

① 郭红东：《怎样推进合作社发展》，《中国农民合作社》2010 年第 11 期。

② 陈家建：《项目化治理的组织形式及其演变机制——基于一个国家项目的历史过程分析》，《社会学研究》2017 年第 2 期。

③ 吕方等：《“复杂政策”与国家治理——基于国家连片开发扶贫项目的讨论》，《社会学研究》2017 年第 3 期。

④ 史普原：《政府组织间的权责配置——兼论“项目制”》，《社会学研究》2016 年第 2 期。

⑤ 李祖佩等：《分级治理与资源依赖——项目制基层实践中矛盾调处与秩序维持》，《中国农村观察》2015 年第 2 期。

构困境①。下面我们就谈谈奇缘合作社中的几个项目。

2013 年国务院印发《中共中央　国务院关于加快发展现代农业进一步增强农村发展活力的若干意见》《中共中央关于全面深化改革若干重大问题的决定》，提出培育和壮大新型农业生产经营主体，构建集约化、专业化相结合的新型农业经营体系的指导意见。据此宁夏政府出台了《全区农业结构调整产业优化升级实施方案》《关于加快发展高效节水灌溉促进现代农业建设的实施方案》《关于加快推进产业扶贫的指导意见》，为迎合整体发展战略部署，银川市西夏区提出以土地合作社为载体，在打造万亩枸杞基地的基础上，改善枸杞的种植生产条件，提高枸杞综合生产加工能力和经济效益，实施了“有机枸杞深加工及新品种引进项目”、“高效节水灌溉工程项目”、“百企帮百村”枸杞收购项目，以项目推动农业产业高效化发展。

2013 年 7 月，经过综合考量，当地镇政府牵头拟申请在幸福村建设年产 5000 吨的有机枸杞加工厂，对有机枸杞深加工项目建设用地向西夏区人民政府作了请示。2013 年 9 月，经由西夏区农牧水务局实地查看审核，项目用地符合项目建设用地要求并获批复，经自治区产业办批复立项。2014 年 4 月，银川市国土资源局西夏分局实地踏勘并审核相关资料，就该项目用地提出初审意见，同意建设此项目。此后，项目所占土地需经国土部门审核批准，报经西夏区人民政府审批实施，按相关建设标准实施和管理该项目。2015 年 11 月，有机枸杞项目设施农用地通过国土部门审核批准，并于银川市西夏区国土资源局西夏分局成功备案。历时三年有机枸杞深加工项目申请报备顺利完成并落地实施，其东至幸福村枸杞加工厂、南至新华村农田、西至新华村蘑菇温室、北至幸福村公路，总占地 0.6669 公顷（其他园地 0.6643 公顷、建设用地 0.0026 公顷），其中建设枸杞烘干设施 5 套，建筑面积 375 平方米；建设枸杞深加工车间 460 平方米；库房 200 平方米；其他附属设施 200 平方米，并建有机枸杞项目配套设施（储藏、烘干、检测、化验、包装等）。2016 年，有机枸杞深加工厂房顺利建设完工，相关的附属配套设施也采购完成予以运行。

2016 年，在有机枸杞深加工项目建设过程中，为进一步深化枸杞特色产业，攒足“双增”发展动力，创新发展有机枸杞种植加工产业，补全“种

① 马良灿等：《项目扶贫的基层遭遇：结构化困境与治理图景》，《中国农村观察》2017 年第 1 期。

植—加工—销售”特色产业链，在大力实施“三举措”的背景下，合作社确定了有机枸杞新品种引进项目。为此，合作社负责人积极寻找合适的新品种供货方，镇政府以及相关部门也协助联络，经过斟酌比对，奇缘合作社于2016年1月向固原春风园林绿化有限公司签订了共计26万株、价值156万元的宁杞7号、宁杞9号（各13万株，每株6元）新品种枸杞苗合同，并承诺2016年4月中旬至5月初运送至奇缘合作社枸杞基地。同年9月，西夏区民族宗教事务局与合作社负责人等商议了关于新品种种植的事宜，并最终签订了由西夏区民族宗教事务局监管的1000亩枸杞新品种推广与引进项目。鉴于苗木面积只有1000亩，合作社在与部分有更换意愿以及经济条件较好的社员签订了购销合同后，开始向社员出售新品种苗木，并将争取到的一部分政府资金用于社员购买新品种苗木的补贴，即将原来每株6元买进的宁杞7号以每株5.5元售予社员，剩余0.5元由政府资金补贴完成。合作社在此次新品种推广与引进的过程中，共与137户社员签订了购销合同，补贴社员购销费用共计6万元。

为进一步改善地方农业基础设施，提高枸杞种植条件，2018年4月，奇缘合作社对西夏区万亩有机枸杞科技示范项目高效节水灌溉工程实行“先建后补”政策向镇北堡人民政府进行了请示，此项目享受的相关补贴政策得到审核，项目也被批准实施。同年8月，幸福村枸杞园区高效节水灌溉工程开工建设，政府总投资408万元。主要新建2万立方米蓄水池1座，加压泵站1座，配套滴灌设施0.2万亩。在“先建后补”政策助推下，高效节水灌溉项目工程不到三个月便顺利完工。

2018年，为响应国家脱贫攻坚任务和政策要求，银川市地方相关部门积极引导通过合作社等新型农业经营主体开展扶贫活动助力精准扶贫。2018年3月，银川市扶贫领导开发小组向全市各级党政机关、企事业单位、团体社会发出相关倡议，在此倡议下，西夏区地方政府规划和实施了精准扶贫的相关项目，即“百企帮百村”建档立卡户枸杞收购项目，由奇缘合作社、西夏区工商联、西夏区扶贫办组织推动，与银川市黑珍珠商贸有限公司签订建档立卡户枸杞收购项目精准扶贫行动合作协议。在具体合作的过程中，帮扶方为民营企业，被帮扶单元为贫困村，受助对象以团结村的建档立卡户等贫困人口为主，以签约结对、村企共建为主要形式，以产业带动、促进就业为主要途径，动员民营企业参与，帮助贫困村加快脱贫进程。此次项目旨在通过西夏区工商联、西夏区扶贫办、奇缘合作社三方切实发挥组织群众、教育群众、发动群众的优势，引导农民群众关心、支持企业发展，积极为合作社的发展提供良好环境。

（二）项目中的逻辑

奇缘合作社在地方政府大力推动、种植大户资本投入以及村社协助下，项目得以顺利推行实施，有两类主体可以说是项目背后最大的组织者、推动者以及执行者，一个是基层政府；另一个是村庄精英（以合作社负责人为代表的合作社核心成员），这两类主体在项目中与乡村社会进行着复杂的互动，在保证利益平衡和稳定乡村社会秩序的同时各取所需。

儒家在世哲学的观点认为，“关系”是社会生活之根本，社会规范的根本价值就在于理顺各种关系，这也是社会治理的根本依据①。韦伯认为，中国文化中的“关系”属性存在“特殊主义”，以伦理关系视角规定个体在不同的人伦角色中应有的道德义务，再将恭顺关系同构于社会生活②。费孝通则把中国文化中的“关系”属性视为“差序格局”，它与西方“团体格局”相区别，强调亲疏远近的不同关系决定不同态度行为③。关系理性是中国文化中的“关系”属性映射，系基层治理场域后所引发的制度外的、人情化的、关系化的行为依据④。当前，中国文化中的“关系”属性在映射到组织治理层面时，又可划分为两种关系结构，一种是价值型关系；另一种是工具型关系⑤。这里重点讨论地方政府的工具性关系理性，旨在优化主体的可及利益，主要分解为“完成任务”“政绩”以及“规避风险”。

“完成任务”是指完成政策要求的最低任务量；“政绩”是指获得区别性政绩的考核成绩；“规避风险”是指规避问责以及保底收益落空的风险⑥。工具性关系理性以利益最大化为行为依据，在利益的理性主导下建立与自己有用的关系，并将此作为获取资源的手段。同样，奇缘合作社所在的地方政府

---

① 赵汀阳：《共在存在论：人际与心际》，《哲学研究》2009 年第 8 期。

② 马克斯·韦伯：《韦伯作品集·中国的宗教·宗教与世界》，康乐、简惠美译，广西师范大学出版社 2004 年版。

③ 费孝通：《乡土中国》，世纪出版社 2007 年版。

④ 李芊蕾等：《试论中国人的“关系理性”》，《中共浙江省委党校学报》2008 年第 3 期。

⑤ 原贺贺：《产业扶贫中提升型激励项目的基层治理逻辑》，《青海社会科学》2020 年第 1 期。

⑥ 马克斯·韦伯：《经济行动与社会团体》，康乐、简惠美译，广西师范大学出版社 2011 年版。

也肩负着上级政府划定的政策任务，即通过合作社带动地方社会经济发展，所要取得的政绩即合作社以项目发展给地方社会带来经济效益，在此过程中地方政府积极建立与自己利益相关的亲密关系（与合作社的关系即如此），地方政府为规避风险，将利益风险分担至多个利益主体，以求风险最小化，从而实现政府利益的最大化。例如在新苗木引进和企业扶贫项目中可以看到，政府并未直接干预该项目，更多的是支持和引导合作社对接相关的项目合作方，具体的执行者还是合作社的核心成员，而项目的直接利益享受方即合作社负责人及社员在享受利益的同时也承担了项目的风险，从而实现了政府利益最大化和风险最小化。

近些年来，政府开始注重优秀合作社、示范合作社的认定、评比以及一系列专项扶持，并将不同层次的合作社划分成国家级、省级、市级以及县级不同等级。一般来说，等级越高获得的扶持力度越大，扶持主要包括依据当地财政状况予以不同的专项扶持资助金、农产品品牌公益推广、用地用电政策放宽以及引进相关的建设项目等，以达到刺激合作社发展并使之形成示范效应。奇缘合作社的发展也经历了同样的过程，它之所以能够被打造为省级示范社以及发展自己的品牌，落实各项建设项目，村庄精英功不可没。一般未受到政府加持的合作社可能会处于一个相对弱势的地位，融资较难，发展的难度也比较大，而积极争取评为示范社则会成为合作社发展的重要机遇。这也在一定程度上诱使合作社积极和政府建立联系，向政府不断靠拢，合作社往往会尽可能地满足政府的各项要求，以便获取更多的社会资源以及更大的扶持力度，村庄精英在政府主导的项目中积极配合，甚至做出适当的牺牲，打造有利于两类主体共赢的格局。在这个过程中，村庄精英也获利颇丰，他们不仅完成了基层政府要求的政治任务和对经济工作的考核，还巩固了自己作为合作社负责人权力，成为基层政府代理人以及村民代言人，这也有利于村庄精英们获得更多的项目资源、政治红利以及社会支持，以便其在乡村社会树立威信，强化对乡村社会资源的调配能力。

前文中我们提到了“任务”“政绩”“规避风险”，这里我们还需要关注工具型关系理性所处的社会环境。我们不妨运用“压力型体制”理论进行理解。该理论从现实出发对我国的政治体制进行了生动描绘，被国内外学者认可并运用到对我国基层政府运行的研究分析中，而本章所涉及的项目运作背后的行为逻辑也可以理解为在“压力型”体制下，地方政府迫于上级政府行政命令压力所做出的行为。幸福村所面对的基层政府同样也是国家政策意图的执行者，基层政府试图扶持并大力发展合作社组织以促进地方产业发展，而合作社作为区扶贫办、镇政府以及村两委等多部门合力推动发展的“试点”合作社，也会处于“压力型”体制环境之下。合作社为提高枸杞综合生产加工能力和经济效益，引进了“有机枸杞深加工”和“百万新品种苗木”项目，解决了合作社规模扩张的问题。但在项目的背后我们不难发现，无论在一些项目文件中还是实际操作中，基层政府相关部门以及更高一级的政府部门都无一例外地在其中承担着较为重要的媒介角色，甚至是“主导”角色。比如在“有机枸杞深加工项目”运行过程中，从项目请示到各部门单位的审核，都未遇到太大难题，各级政府部门也为促成项目实施积极配合引导，项目落实后，科技局还邀请专家予以技术上的指点，这些举措都可以看出政府对项目的积极支持。同样，“新品种苗木”项目也依靠政府在背后积极引导促成。在访谈中得知，园林局、科技局、农牧局、扶贫办等部门共为项目争取到近 20 万元的项目资金，合作的苗木公司也在政府的“帮助”下安排合作事宜，这些项目似乎都成为政府的一种经济性制度安排，指引和帮扶合作社开展各项重大事务。而在这个过程中，合作社的生存发展也越来越依赖政府的这种“帮助”。

政府在项目中对合作社发展提供帮助的同时，也融合了社会服务的性质，将合作社发展与承担社会公共责任相结合，创造社会效益。高效节水灌溉工程的前身是农业发展的惠民工程，目的是帮助农户、促进农业生产便利、帮助农业快速发展，与合作社签订土地入股协议的土地占到全村将近 80% 的土地，灌溉工程以合作社枸杞产业发展为名义，实质可以帮助农户提高枸杞种植的收益并且优化生态环境，达到经济与社会效益双丰收的目的。同样“百企帮百村”建档立卡户枸杞收购项目背后也是政府为实现扶贫开发任务而运用合作社与乡村社会底层进行接触和互动，这些变通性项目背后都是国家在运用合作经济性策略性来推动国家贫困治理和村庄治理。

此外，笔者根据调研梳理了政府对项目策略的支持手段，发现主要有三个方面。一是在资金上，上级政府拨给乡镇的项目款项支持，一部分资金注入合作社，帮助其发展，并且还促使其走品牌化道路，成立了科技公司，扩大了合作社市场份额。二是在政策上，及时出台有关政策，给予发展保障，如为降低种植风险，镇上引进病虫害防治保险政策，增强合作社抵御风险的能力。三是在服务职能上，政府在对接农业科技部门以及相关专家、审批用地、补贴申请等方面都给予合作社帮助，为其创造了较好的外部发展环境。除此之外，政府对村里的公共服务设施进行了改善，为帮助村集体发展新添包括民族团结广场、排水沟砌护等多个重点工程，支撑幸福村从产业发展、人居环境以及医疗、卫生、教育、文化等全方面发展。

小结

土地股份合作社对传统乡村社会资源的重组改造以及党支部组织的积极介入，形成了“村党支部 + 专业合作社 + 功能党小组 + 党员致富能手 + 农户”的组织体系和服务模式，通过将多股力量联结，在合作社内部建立科学的组织模式，组织内明确各利益主体的权益、分工，为组织稳定发展贡献力量，统防统治的科学化管理模式改变了以往小打小闹、自我管理的无序状态，使合作组织管理更加科学有序、高效化。然而，合作社的实际运作又离不开项目的“加持”。政府迫于上级行政措施的干预和压力导致合作社变为其在农村基层的“政治任务”，合作社的生存发展也越来越依赖政府的“帮助”。同时，合作社发展过于依赖政府政策项目、资源过度集中在部分精英手中等情况都对合作社发展提出严峻挑战。在地方政府、村庄精英、普通社员以及合作企业等各方利益主体内外博弈、互动合谋中形成的乡村社会错综复杂的联结关系，对维护村庄的集体利益具有重要作用。

第四节　转型中的合作社

一　协同发展

目前，以奇缘合作社为主要载体发展经济，改善当地民生，枸杞产业已经成为幸福村发展经济的主要路径。通过合作社的带动，幸福村围绕“加快科学发展、实现富民强村”这一主题，创新出“一带双促进”的工作机制，作为村里的核心工作方法，与奇缘合作社共同助力幸福村经济社会发展。

幸福村以“一带双促进”工作机制与“四统四帮一品（441）工程”为核心，把党支部建立在有机枸杞产业链上，建立了党支部引导合作社、合作社配合党支部的协同发展模式，在“一带双促进”工作机制中，党支部按照科学规划、因地制宜、强力推进、稳步发展的原则，充分发挥支部的引领带动作用，在工作实践中不断改进工作方式、创新活动内容，以合作社为纽带团结带领广大农户发展，强服务、促和谐、共致富；合作社促进枸杞特色种植产业发展实现“双增”，近几年主要推行品牌战略，发展有机枸杞产业，不断提高产品质量、强化服务水平，使之成为企业发展、农民致富的重点产业，选准一村一品的路子，以有机枸杞产业为活动载体，以“新品种的开发与产品深加工”为抓手，着力解决有机枸杞生产、加工和销售方面存在的困难和问题，打造品牌，提升产品的附加值以增加经济效益。

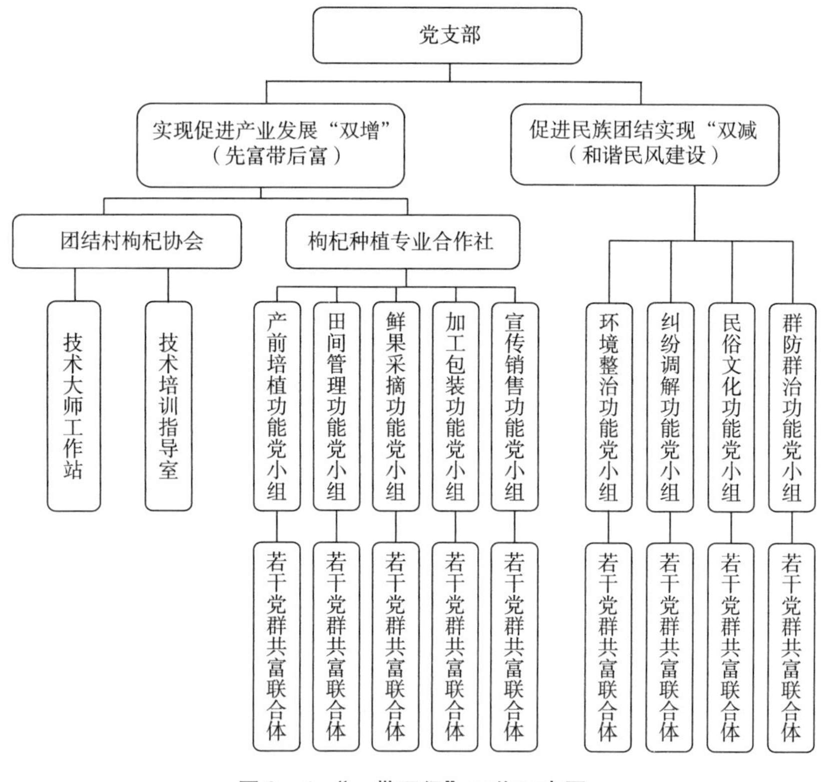

图 2-6 “一带双促”工作示意图

为发展集体经济，合作社和党支部都发挥了积极作用。一是合作社重点开展有机枸杞种植开发项目和苗木繁育等优势产业，建立有机枸杞生产基地，开展病虫害的统防统治，落实有机枸杞种植技术；开展有机枸杞认证，申请有机枸杞商标注册；引进龙头企业建立产销一体化的生产经营体系；引进新品种，投入新技术，开展有机枸杞的深加工销售，增加农民收入，实现脱贫致富。二是党支部积极培育壮大技术队伍，以合作社为依托，采取“村集

体 + 党员 + 合作社 + 公司 + 农户”的运行机制，走发展规模化，经营产业化，生产标准化的路子，建立紧密合理的党群共富联合体。主要从枸杞种植、收购、储藏、加工、销售、新技术推广、咨询服务等业务入手进行工作。通过有机种植提升产品质量，带动特色产业发展，通过拓宽销售渠道，提高产品价格，保护种植区及种植户的经济利益。三是党支部与合作社共同为新技术的推广和成果转化做好保障，进行企业联手。如引进银川丰泰生物有限公司，以企业为龙头，示范和带动当地农户做大做强有机枸杞产业，与农户签订购销合同，价格比以往提高 50%—200%，为农民增收提供保障。四是抓专项技术的培训。在党支部的争取与上级部门的帮助下，聘请宁夏农科院等单位的专家教授为本村种植户长期举办培训班，为本村枸杞种植户技术指导，并以讲座、现场指导相结合，使农民看得清楚、听得明白，提高了培训效果。五是严格技术管理，提高技术含量，打造有机产品，提高产品的附加值。为使产品达到有机标准，聘请自治区农林科学院有关专家进行指导，制定了一套严格有机枸杞管理制度，组织成立统防统治等 9 个功能党小组，进行统一管理。检测管理后有机枸杞每公斤销售价格 106—600 元，并通过国家机构有机认证。由于党群共富联合体及合作社的参与，新技术的推广与应用，参与有机枸杞开发的 112 户农户因种植有机枸杞一项增加纯收入 720 万元，户均增收 2.3 万元。此时幸福村的发展已经与合作社的发展融为一体，不可分割。

二　艰难转型

近几年，部分枸杞树已过高产期，原来种植的老品种价格下滑、枸杞市场受到冲击等诸多因素的影响，奇缘合作社的枸杞产业有所滑坡，效益增长明显放缓。而且合作社遍地开花，尤其是幸福村周边村庄也开始发展枸杞种植产业，导致竞争加剧，以前枸杞收购一方独大的奇缘面临着新生枸杞合作社的强烈竞争，另外，随着合作社发展壮大，政府方面能争取的资金、项目也越来越少，在张书记看来，资金和项目依然是合作社发展最关键的问题。

为应对当前的生存危机，合作社制订了新的发展规划：一是继续推广枸杞高效化种植，引进 5 号、7 号、9 号枸杞新品种；二是调整农产品的种植结构；三是打造“田园综合体”。

从 2018 年开始，合作社逐步实现了种植枸杞 3800 亩，其中有机转换枸杞 2000 亩，有机枸杞种植示范精品园 500 亩；建有黑、白、红、黄四色枸杞观光示范园200亩。“这黄枸杞和白枸杞可是宝贝疙瘩，现在市场上有钱难求，特别受外省人士喜欢”，村书记张明明高兴地介绍：“今年我们将在全区率先示范引种黄枸杞和白枸杞，一旦成功的话，这些具有药用价值的枸杞每斤卖出一千元的‘天价’都不成问题。”另外，合作社已经尝试了枸杞胶囊、枸杞酒、枸杞叶茶等产品，并要和青海农科院合作，扩大对这些新产品的生产加工。

2019年1月6日，奇缘合作社与幸福村村民委员会续签了村集体资金使用合同，将10万元的村集体资金注入合作社，预计用款3年，用于枸杞深加工，支持本村产业发展，并承诺合作社每年向村民交付资金使用费8000元。张书记表示，未来计划实施枸杞一、二、三产业融合发展、枸杞病虫害绿色防控技术、枸杞低产低效园改造项目，加强枸杞产业统筹发展，拓宽农民增收新渠道，打造集观光、旅游、采摘为一体的休闲娱乐枸杞观光园，计划用3年时间建成幸福村枸杞“田园综合体”，延伸产业链条，积极拓展销售渠道，依托营销团队建立外埠市场。走进在建的枸杞田园综合体，张书记说：

> 去年新种下的枸杞苗成活率不太好，一棵苗6元可不便宜呢，急死我了。但我有信心，再难的路也走过，这都不算苦！你看，这是我们的大田观测系统，能监控周围枸杞田的土壤、水分、病虫害以及气候等情况，并实时将数据上传到我们村智慧农业信息平台上，为农民种植提供参考。我们的目标就是打造幸福村农业科技网络应用管理平台，把大田四情观测系统、产品质量溯源系统、微电商服务系统等结合起来，使我村的枸杞产业再上一个台阶。

2019年，是幸福村村民搭上乡村旅游致富车的第一年。张明明介绍道，村集体收入增加也让村里有能力干更多的事，提升大家的幸福感和获得感，比如硬化道路、安装路灯等，尤其是在养老服务中心里，幸福村现在能为全村60岁以上的百位老年人、残疾人等提供生活照料、精神慰藉等服务，而通过特色产业的发展，也为村民提供了就业渠道，让外出务工的年轻人愿意回村发展。张书记指着路边的分类垃圾桶自豪地说：“现在垃圾分类正在全国逐步实施，我可是银川第一个提出在我们村先开展垃圾分类的人，辛苦是辛苦，效果还是可以。”的确，走进幸福村，一幢幢青砖白瓦小院绿意盎然，主路和街巷小路干干净净。

三　发展困境

奇缘合作社在 13 年的成长过程中，经历了从弱小到资产上千万大型合作社的转变，有坎坷但总体上发展比较顺利，除了自身的努力之外，也离不开政府的扶持。另外，在其发展过程中受多种内外因素的影响，还发现合作社的一些发展问题和有待改进的方面。

（一）农户参与合作的能力有待提高

农户作为理论意义上推动和参与奇缘合作社发展的主体，在实践过程中主动参与合作的能力不强。这种情况从合作社成立初期到发展壮大一直存在，大部分农户在合作社活动中始终处于比较被动的状态，例如决策表决类的活动，只有在核心社员或主要社员动员的情况下才会参与，积极主动性比较强的一小部分农户也只是与合作社密切相关的重要成员，比如理事会成员、监事会成员、占股较高的股东以及存在相关业务合作的人员，能够主观能动地参与合作社事务的人员无论在参与数量还是主动性上都比较低，由于大部分人的参与意识较低，农户参与合作社事务的能力受到影响，不利于合作社经济的发展，这种能力欠缺主要表现在两个方面：

1. 农户参与合作社的意识较低。目前，已有越来越多的农户意识到合作的重要性，但是想得多做得少，对合作的一些风险心存顾忌，未上升到习惯合作和主动合作的层面，合作的意识层次较低。

2. 农户缺乏参与合作的物质基础。事实上，所有的经济合作都离不开参与合作的成员的物质基础，但大多数农户并不具备足够的资源和财富，其资源和财富的有限性限制了合作经济的发展程度，也削弱了合作经济抵御风险的能力，上述案例合作社发展较为缓慢的现状也充分证实了这一点，即农户参与合作的主观性和客观性都不强。

（二）合作社组织管理和运行不够规范

1. 合作社组织化程度较低。奇缘合作社诞生于西北欠发达地区，并且是所在地区最先付诸实践的合作社之一，但该合作社自身的经济基础和经验积累不够，再加上合作社成员自身素质存在一定的局限性，并未形成有效合理的制度机制，制度化程度较低，管理上存在无章可循或者是有章难循的情况，人治的现象比较突出。

2. 利益分配机制不够科学合理。合作社在利润分配时，缺乏能够让大多数社员都普遍满意的利益分配机制，主要成员凭借自身的资源优势可以在合作社利益分配中获取更多利益，无资源优势的成员只能获取极少的利益分配，随着合作社经济实体的发展壮大，这种利益分配差距越来越显著，形成了“富的更富”现象，而大多数人从合作社获取的利益在整体收入中所占的比重越来越低，不平衡发展也导致农户产生被剥夺感，甚至出现背信行为，阻碍了合作社利益共同体的建设，从而背离了合作社的基本原则。

（三）政府支持力度下降

理论上讲，奇缘合作社是“弱者”的联合体，需要政府强有力的支持和帮助。但事实上，政府对合作社经济发展的扶持比较有限，尤其是近年来合作社遍地开花，使得这种支援力度被迫分散，政府对单一合作社的支援力度存在严重不足，主要表现在以下几个方面：

1. 地方政府受到秉持“市场万能”以及私有经济效率高等观点的新自由主义的影响，在扶持合作社发展的问题上认识不足，工作力度不够。

2. 地方政府在实践中热衷于扶持大型企业，比如有枸杞深加工需求的企业，只想通过龙头企业带动发展，缺乏对那些较为艰苦地区的农户合作化发展的关注和支持。

3. 个别地方政府部门领导缺乏实事求是的精神，或者秉持着政绩大于一切的思想，在扶持政策运行过程中突出其个人偏好，例如有些领导喜欢引进外商合作项目，却不愿意支持本地合作社经济体参与项目，这也进一步阻碍了合作社发展。

第五节 合作社对乡村社会的整合

一 合作社的内部整合

（一）资源的聚集与分配

奇缘合作社的创建和发展过程就是一个资源重新聚集和再分配的过程，并且这个过程是一直循环往复、双向变化的。在这个过程中合作社以各种方式实现了资源转移和资源拓展，资源配置方式主要表现为两种，一种是资源的集聚；另一种是资源的再分配。

首先是资源的集聚。资源聚集的过程包括农户的贡献、政府的支持以及企业的合作。农户的贡献主要是合作社发展过程中农户提供的土地资源支持、资金支持、产品支持以及劳动力支持等。政府的支持则通过政府各项扶持资金和项目进行，项目的实施过程也可被看作资源集聚的过程；与企业的合作也能够实现资源的聚集，例如合作社在探索发展模式的过程中就曾有过“龙头企业＋合作社＋农户”的发展模式，由合作社代表农户的利益与企业进行价格协商，签订固定的价格收购合同，在一定程度上规避了市场的不稳定性可能给农户带来的收益损失，确保农户收益的稳定性，即通过合作社这个纽带，实现企业与农户之间的规范、稳定的合作。

其次是资源的再分配。社员在资源聚集的基础上保持部分原有资源，再进一步进行分配用于实现生产生活的需要。引进新的物质资本（例如现代机械与其他现代技术设备等）和人力资本（包括新知识和新技能等）对相关资源进行价值评估和开发，再将其放置于有差异的区域中进行重新配置，从而实现新的功能和价值表现形式，达到新的资源价值积累。换句话讲，就是合作社为农户提供的服务，主要包括以下几个方面：一是技术指导与培训。为了让农户种植更高品质符合市场需求的产品，合作社通过地方农科院、镇政府等单位签订专门的合同，聘请专家对农户的枸杞种植技术、病虫害防治等管护技术进行指导培训，包括对部分村民进行技术含量较高的其他现代技术培训，如村民胡永林经过北方天途航空培训获得了无人机植保技术；村民张亮宁参加了农产品质量安全追溯技术与全程质量控制技术培训，成为一名追溯内管员和全程质量控制技术体系内控员；村民田虎具备较强的技术学习能力和管理潜力，在合作社运作经营中，崭露头角，承包了上千亩枸杞的统防统治管理工作，是统防统治工作的核心负责人。二是对部分农药化肥种子提供或减或免的优惠。例如合作社从农业局争取到了200袋复合肥，免费发放给经济较困难的贫困户用于枸杞种植，2011年部分农户更新枸杞苗木，合作社也予以15%的价格优惠。三是提供及时的市场信息。合作社的主要负责人以及种植大户都具有较丰富的市场经验、敏锐的观察力以及关系资源，可以掌握到丰富的市场资源，并将其在合作社中分享。例如与红玛瑙等多家企业签订枸杞收购合同，为农户争取到了较好的销售渠道，稳定和增加了农户出售枸杞的收入。

（二）价值观与社会关系网的重构

“社会网络”是指社会行动者及其间的关系集合，一个社会网络是由多个点（社会行动者）和各点间的连线（行动者之间的关系）组成的集合。“点”即社会网络中各个社会行动者，“边”即行动者之间的各种社会关系[①]。关系可有向也可无向，表现形式也多种多样，如亲友关系、组织成员沟通关系、国家贸易关系等。社会网络分析方法也是研究社会行动者之间关系的重要理论工具。

村民价值观的重塑与社会关系网的构建是合作社内部整合的重要内容，价值观念我们通常理解为对事物有无价值以及有什么样的价值的看法，或者说是人脑对现实生活的价值取向的反映，凡是有价值的事物都是满足了人们的某种需求且人们对这种价值能够加以利用的事物。农村社会目前正处在转型期，村民的价值观也处于动态变化中，但在某一时间里又处于一个相对稳定的平衡状态。本章提到的社会关系网，是指村民个人与他人以及乡村社会的互动关系。村民价值观重塑与社会关系网的构建主要从合作社成员的共同利益与社会关联的塑造这两个方面展开。

合作社社员的利益共识和社会关联的重塑，即制定、培育对社员发挥引导、串联及控制作用的制度、价值观念等各种规范。例如制定合作社规约制度，通过合作社成员全体遵循同样的规章制度约束和塑造成员行为，形成普遍认同和遵循的规范，以此培育合作社成员的共同价值观，构建成员普遍认可和信赖的人际关系，从而实现对合作社成员人际关系重组的目的。如合作社实行入股分红制度，农户资金入股合作社，合作社经营状况的好坏直接关系到农户股金的收益情况，通过合作社利益挂钩农户切身利益，建立合作社内部成员的共同利益。

实体的土地股份合作社一般会拥有种苗培育实验基地、生产基地和加工车间等，为农户提供了大量常年或季节性的就业机会，吸引本村外出务工的村民实现返乡就业，从而加强了外出务工村民与乡村社会的联系。村里大部分农户加入合作社，一方面成为合作社的股东成员；另一方面也身为合作社的务工人员，这种双重身份导致他们的日常生活在很大程度上与合作社绑定

① 朱庆华等：《社会网络分析法及其在情报学中的应用》，《情报理论与实践》2008 年第 2 期。

起来。以奇缘合作社为例，每到枸杞采摘季节，合作社大户成员就会从本村雇用枸杞采摘工人，采摘工人平均一年进行两到三次采摘工作，被雇用的工人中有 90% 以上是来自本村的农民，几乎每户的经济收入都来源于合作社。随着合作社业务规模的扩大，本村的劳动力被基本消化的同时还吸引了部分来自周边村子的劳动力，呈现出逆向打工潮的现象。夏秋两个枸杞采摘季累计近 5 个月时间，为村民提供了大量在家门口务工的机会。年轻力壮的采摘工人一天采摘枸杞 100 余斤，最多的一天可采摘 200 余斤，按一斤 1.5 元的劳务费算，一个青壮年采摘工人每月的劳务收入就超过了移民前全家全年的收入，即使是七十岁的老人或者十来岁的孩童，都能每天在采摘季挣到几十元、上百元不等。幸福村枸杞种植户大户田大虎说："最多时，我地里的采摘工有 270 个，光采摘费我就要付几万元。"而年轻有文化的村民，则可以直接进入枸杞生产管理和加工车间，成为产业技术工人。合作社社员及其雇用工人具有共同的利益取向、统一的行为规范和一致的职业价值观念，使得所在村庄社会人际关系结构转型，构建了与合作社相关的新型社会关系网络。

经济利益的关联性和乡村社会交往的密切性，促使社员协作互助、合作社民主决策以及合作社权威等资源整合的成长。第一，合作社是一个集体性组织，利益的相关和社会人际沟通交流帮助建构成员间的信任和合作关系，避免了部分"搭便车"现象。传统乡村社会的熟人机制和村庄舆论力量逐渐衰落，奇缘合作社的"风险共担、利益共享"机制，通过"服务 + 交易额返利 + 二次分配"使农户与合作社利益联结起来，按照股份进行年终分红，这种按股分红的利益分配机制以及相关的制约机制和激励机制，很大程度上解决了社员对土地入股经营模式的淡漠问题，并且推动成员之间合作互信。第二，农户以土地入股合作社成为合作社的股东，同时可能还是合作社的雇用工人，农户的切身利益会促使农户积极参与和决策合作社事务，从而提高成员的民主意识和权利意识。调研访谈过程中发现，关于合作社的重大决策活动，大多数核心成员会主动行使自己的建议权、监督权以及投票权等，部分社员会自荐或主动要求参与合作社日常事务，督促合作社运作透明化、规范化。从某种程度上讲，入股参与合作社经营是一个让村民参与民主权利实践和成长的过程，直接带动村民政治参与。第三，合作社的成功运作促使其成为乡村社会的新权威主体。主要表现在对合作社相关事务的处理和对合作社事务之外的村庄事务纠纷调解处理等方面，社员往往会先寻求合作社的帮助，或者会选择合作社的理事长以及村干部等人作为纠纷调解的首要人选。合作社整合资源的发展，塑造和形成合作社成员的归属感和向心力，促使传统乡村社会关系格局逐渐被新型经济利益关系构建起来的大型人际互动结构所取代，不仅有益于合作社的发展稳定、村庄的和谐稳定，而且有利于实现合作社的外部整合。

二　合作社的外部整合

在村庄整合的过程中，法定的以及传统的治理主体势必会与合作社这股新生力量主体产生冲突，冲突导致利益主体间的博弈。合作社在权威塑造中的博弈包括基层政府与合作社的利益博弈、普通农户与合作社的利益博弈等。另外，随着合作社的发展壮大，合作社的业务必然会扩大到村庄外界，与村庄周边也会形成更为密切的联系，最终逐渐形成广阔的村际经济社会共同格局。

（一）利益博弈

在人类生活中，理性经济人总以利益最大化作为追求，人们的生存博弈也会因为资源稀缺而造成社会分配不公平以及贫富分化。于是，作为社会稳定机制的道德博弈认为出现了可存在的“原初状态”，被认为“个人总试图为他们的行为找到道德的合理性”[①]，来消除社会不平等现象。或者说，博弈论就是强调以互惠策略促进各相关利益主体之间合作，形成基于个体理性的集体理性结局[②]。

合作社与各利益主体的博弈关系大致可分为合并、合作与斗争。奇缘合作社发展历程中各方力量博弈以合作社与非社员农户的博弈以及合作社与基层政府、村两委的博弈最为突出，对村庄重组和改造有着关键作用。

奇缘合作社与非社员农户的博弈最初表现在合作社负责人争取非社员农户入股权事件上。无疑，合作社想要生存就必然要吸纳各方资源和支持，其中非社员农户的资源包括土地资源、人力资源等都是一股不可忽视的力量支援，而争取非社员农户土地入股成为合作社获取非社员农户资源的突破口。

---

① 肯·宾默尔：《博弈论与社会契约》，李康译，上海人民出版社2003年版。

② 罗强强：《社会博弈：后单位制时代维权抗争的逻辑——基于一起破产企业的实证分析》，《理论月刊》2015年第8期。

为此，合作社以枸杞收购利益让渡来赢取非社员农户土地入股权，非社员农户在所能获取的利益上进行衡量并做出权力的让渡，以入股权换取更高的金钱利益，并且为本村村民带来了返乡就业的机会，通过双方以各自利益最大化进行博弈，最终实现利益的相对均衡，非社员农户与合作社达成协议。

在本章中，合作社与村委会、党支部的利益同样产生了一些冲突。合作社作为新生利益主体，在扩展自身利益的同时，必然会与村两委乃至基层的政府组织产生冲突博弈，但新生利益主体往往处于弱势的地位，为保障自身发展，势必会采取分割或出让部分利益并与村两委村庄治理目的保持一致的策略，来换取村两委乃至基层政府的支持和部分权力的让渡。而案例合作社中的利益主体的身份存在重合，在很大程度上使利益合一并协同化，从而也有利于合作社对村庄的整合，甚至单是其成立就意味着外部整合的初步形成。在田野调查过程中发现，合作社在实现可观盈利后，还和村委会共同承担乡村基础设施建设、奖励和支持农业发展，合作社对村公益建设的参与一方面增强了合作社生存发展的合法性和民意基础；另一方面，合作社在盈利后回馈村庄和村民的行为，不仅让村民和村两委以及基层政府收益，也获得了体制内精英的支持和认同，避免了合作社与村两委等传统政治力量之间可能出现的潜在冲突，有利于村两委、基层政府对乡村社会的治理。

（二）村际经济社会共同发展格局

伴随着合作社的发展壮大，其生产或者加工业务必定会超出一般自然村庄边界，这意味着村域合作社逐渐向跨村合作社转变。最能体现合作社跨村特征的是合作社以土地流转、技术合作和劳动力雇用等形式与周边个人或集体组织等合作。例如奇缘合作社为满足枸杞种植的需要，不仅在本村种植，还流转了邻村 500 亩土地用于枸杞产业的发展。奇缘合作社经过十多年的发展，无论在技术上还是管理上都形成了体系，也较为成熟，吸引了邻村甚至外地村庄争相模仿发展枸杞产业，进行技术学习与合作。每年采摘季节，团结村除了雇用当地村民，也吸纳外村劳动力进行劳作。

合作社实力的发展壮大，其业务将超出村庄自然边界，使得合作社与更多村庄的经济联系变得日益紧密，形塑出更广阔地域空间中的村际经济社会共同格局，从而实现合作社的外部整合实践。这一方面契合了村两委和基层政府的乡村善治期望；另一方面也使全体村民能从中享受合作社发展带来的效益，取得了体制内外共赢和社民关系和谐的效果。

当然，在村际经济社会共同格局的背后还隐含着一张由基层政府、合作社、农户以及相关企业利益共谋而编制的更大的利益关系网络，网络内各方彼此以自我利益为前提展开互动，网络外以集体利益即所在的整个地方社会的利益为前提与外界互动、博弈，这些都组成了社会关系网络的一部分，影响着整个村庄的改造重组。

第六节　结论与反思

一　研究结论

我国发展较成熟的土地股份合作社已经进入了稳中调整、提质转型的平台期。在农村农业现代化的进程中，村庄整合并非简单、偶发的自然过程，而是社会、经济及环境等多个层次的诸多要素互相作用的结果。合作社作为乡村社会中的新兴主体，通过其对乡村社会的改造与重组，发挥其良好的经济功能和社会服务功能，进而克服乡村转型过程中出现的社会危机。奇缘合作社是农民合作社中最普遍的典型机构之一，通过对其实践的调查研究，分析总结得出以下研究结论。

1. 土地股份合作社的成立是内外环境和多种因素共同作用的结果。一方面，乡村社会内部在市场经济的冲击下寻求生存和发展，乡村社会急于改变失落现状，促使其内部合作寻求发展路径；另一方面，国家为达到乡村治理的目的，促进乡村社会经济发展，积极探索治理发展的新方式。

2. 土地股份合作社对传统乡村社会资源的重组改造以及党支部组织的积极介入，形成了“村党支部 + 专业合作社 + 功能党小组 + 党员致富能手 + 农户”的组织体系和服务模式，通过将多股力量联结，进而赋予合作社以具体可行的组织模式，明确组织内各利益主体的权益、分工，为组织稳定发展贡献力量。统防统治的科学化管理模式还改变了以往小打小闹、自我管理的无序状态，使合作组织管理更加科学有序、高效化。同时，在组织结构的形塑过程中，干群关系更加亲密，增强了村际经济社会行为的协调一致性，为乡村善治提供便利。

3. 在土地股份合作社的发展过程中，地方政府、村庄精英、普通社员以及相关的合作企业等利益主体不断互动并进行利益博弈，从而形成了错综复杂的联结关系，维护着村庄的集体利益。然而，合作社的内部博弈从未停止，政府迫于上级行政措施的干预和压力，导致合作社转变为一项“政治任务”，普通农户则处于受制于人的被动状态，合作社本身存在的管理规范性问题、发展过于依赖政府政策项目等也对合作社发展造成了严峻的挑战。在外部环境收紧、内部建设加重的环境下，通过种植结构调整、产业升级等措施推动合作社转型发展，能够帮助土地股份合作社走向更规范、合理的发展道路。

4. 在农户经济成本和时间成本相对缺乏的条件下，兼具经济和社会双重功能属性的土地股份合作社，便能够通过经济功能提高农业效益、解决劳动力过剩问题，还能够通过社会功能，培养乡村社会利益共识、重构制度规范和社会关系网络，推动村庄结构和秩序的重塑。土地股份合作社作为促进村庄整合的核心力量，从内部和外部两个方面重塑了村庄的资本运作模式和社会网络结构。内部通过资源的集聚和再分配、价值观的重塑以及社会关系网的重塑形成依赖于合作社的多种网络关系，包括合作社组织成员间的正式关系以及合作组织延伸出的多种非正式关系，同时依附于合作经济组织存在并塑造了特定的“合作组织文化”，通过这些组织文化，合作社内部以合作社资源的贡献能力实现合作社内部权力的形塑。外部通过多股力量博弈以及合作社对乡村社会资源的控制来实现乡村社会整体权力的重塑，构建出以土地股份合作社为中介的新型“权力网络”，这种“权力的文化网络”以“资源的文化网络”为基础，对乡村社会权力结构产生影响，重组和改造乡村社会结构，身处网络中的任何组织和个人都存在联系和互动，共同维护所在乡村社会的稳定秩序和平衡状态。

二 反思：有待进一步研究的问题

合作社是在农业现代化这一时代大背景下兴起的全新组织形式。作为新生利益主体，合作社想要生存和发展，就必须构建一套有利于并且适用于自身的村庄秩序，而这一实践将会导致村庄整合的发生。当前我国传统乡村社会正面临着解体的现实境况，现代乡村社会关系尚未建立，这也是农村社会危机和村庄失序的重要原因。历史和现实告诉我们，一味地通过高位政策推动乡村发展以求实现善治是行不通的，必须借助于民间和地方性知识，运用民间智慧和创造力，才能实现国家、乡村社会和农民的有机统一。因此，合作社对村庄整合的意义不仅仅在于重塑村庄的利益主体之间以及村际的关系格局，更在于其成为推动村庄良性秩序和善治路径循环的村庄治理资源。

通过分析和反思上述案例合作社的发展历程和其对村庄整合的影响，本章认为，任何一种组织力量若能从不同维度认识与思考，都将有利于它的调整和优化完善。目前，土地股份合作社研究重点关注土地股份合作社的集约化和专业化功能，但是在一定程度上忽略了合作社在提升乡村社会的组织化和社会化方面的功能，笔者提炼并思考了如下几个重要的问题：

（一）合作社对村庄改造重组功能具有附属性

在早期的走访调查过程中，我们发现，一些地区仍有不少农民合作社是处于经营瘫痪或者亏损的状态，即我们所说的“皮包合作社”“空壳合作社”。这些合作社往往是村干部为应付政府摊派的指标或者套取财政补贴而注册的，这些合作社中的大多数可能只是一个简单的招牌和一间办公室。除此之外，它们没有任何实质性的运营，更谈不上对村庄有重组改造的作用。通过对正常运作和非正常运作的两类合作社进行对比，我们认为，合作社发挥其社会功能的前提是其经济功能得以正常运作，缺乏经济效益的合作社无法承载村庄改造的任务和发挥村庄重组功能。上述这些现实性问题也在警示我们，对村庄改造和重组进行研究，必须要以其经济功能为基础和前提，并且要清楚地把握合作社的经济主导功能以及社会效益的附属性。

（二）合作社弱势地位对村庄改造重组的制约性

尽管村两委职能的权威性在不断弱化，但在村庄资源的支配上，村两委依然处于主导地位，或者说对于合作社的整个成长和发展，村两委尚有相当的话语权。通过前期的走访调查，我们看到，合作社在影响力较弱之时，难以顺利发展（但是，上述的案例合作社却在村委会人员牵头的帮助下，增强了影响力，获得了较高的社会认同感），改变这一情况需要村两委和村干部在其中发挥重要作用，合作社与政府部门展开对话更是需要村干部这样的“媒介”来进行联络沟通。但是在实践中，大部分合作社为了能够顺利发展，会直接采取村干部领办或村委会庇护的方式来确保自身的生存和发展，否则合作社将难以拓展业务和扩大实力。另有部分地区，由于合作社负责人在村干部中缺乏“人脉关系”，村两委对合作社的建设和发展也不予以支持，甚至会在政府政策宣传、贷款申请或是土地入股合作的手续办理等方面不配合抑或是阻挠，导致合作社难以为继而夭折倒闭。除此之外，不仅是公共资源使用的矛盾，个别村干部的个人意志或是村两委的态度也会在很大程度上影响合作社的存在和发展。合作社负责人在与村两委的博弈中，合作社所在的村庄整合也会呈现出极大的波动性，表现为博弈双方“关系好”之时，村庄整合就顺利；“关系不好”之时，村庄整合就会困难重重。

（三）非实体合作社的村庄改造重组功能有限性

根据国家工商总局统计，截至2017年年底，我国农民专业合作社的数量已达到201.7万个，但在这庞大数量的合作社中难免鱼龙混杂，真正拥有实体经济的合作社又有多少却并未得到官方说明。在笔者前期走访调查的过程中发现，部分地区多半的合作社并没有经济实体，绝大多数的合作社只是负责农资统购、农产品代销、技术指导或是流转中介等单一性服务，更有甚者只是挂着合作社的牌子，但并未进行任何形式的经济活动或者社会服务，这样的合作社与农户没有太大的关联性和互动，对农户的经济、生活影响甚微，难以培育村庄整合的实质性资源。

三 结语：冀望

随着我国的农业制度改革不断深入，农民合作社发展越来越兴旺，农民合作社的内外效应都将充分释放，对乡村社会的治理和秩序重构都将起到一定作用。但合作社发展过程中产生的内部、外部问题也会影响合作社对村庄的整合以及整合的效果，反映出当下合作社经营主体还需继续发展和稳固，应当从民间认可、资金支持以及法律制度建设等多方面进行完善，对合作社未来的发展道路我们也应该予以美好的冀望。

首先，中国乡土社会土壤孕育下的合作社与经典合作社存在差异，前者的特色之一就是含有股份色彩，且较家庭农场和专业大户更具有组织性，和企业相比则更具有农民性，和社会组织相比又富有乡土性。因此，政府和社会各界应更加关注这种独特制度的优越性及其强大的发展空间，支持并协同发展，拓展更多有益的发展形式，释放合作社的活力。

其次，合作社应谋求联合发展的道路，摆脱恶性竞争和单打独斗的状况。合作社联合是其发展的必然趋势，未来必将出现生产规模大、加工能力强、品牌影响且运作正常、组织规范的大型合作联合组织，势单力薄的单一合作社要想生存就必然参与和融入其中，否则就会被市场淘汰。同时，合作社还需要建立更多的联合加工、联合物流仓储、联合农技服务、联合购销等平台服务，积极参与农村电子商务，通过更多的现代化渠道，加强多要素合作，为扩大经营规模、增强竞争力、抵御市场风险、摆脱一味依靠政府扶持发展路径。

最后，合作社应积极创新与社会组织以及政府部门合作的方式，如“村集体经济+合作社”“党支部+合作社”等，充分发挥其公共治理和社会服务功能。例如合作社在乡村振兴中扮演着越来越关键的角色，为国家扎实推进共同富裕提供了有效的实施路径。此外，集体经济的发展也越来越借助于合作社的发展，集体经济得到了充分发展，村庄的公共设施和服务水平也会随之提高，从而促进村庄整体经济、文化和社会生活水平的提升。

第三章 捆绑发展：项目制、资源输入与村民生计变迁

——基于宁夏红寺堡区高村的实地研究

第一节 绪论

一 选题的缘由及意义

（一）选题的缘由

2020 年“中央 1 号”文件指出：党的十九大以来，党中央围绕打赢脱贫攻坚战、实施乡村振兴战略作出一系列重大部署，出台了一系列政策和举措。中央财经领导小组办公室副主任韩俊提出“乡村振兴战略作为长远战略，没有真金白银的投资是干不出来的，而解决‘钱’的问题还是要在土地上做文章”。近年来，随着国家对农村投入的进一步加大，项目制作为一种新的国家治理体制，能够将国家内部从中央到地方的各层级关系以及社会各领域统合起来[①]。项目制以其强大的制度影响力和重大的现实意义成为学界研究的热点。在“项目治国”的话语体系下，研究普通农民是不是真的能在“项目制、资源输入”下脱贫致富显得十分迫切；当外出务工成为农民的主要收入来源，劳务工资性收入超过农业经营性收入成为事实，国家通过大量资金支持农业来增加农民收入的政策效果到底如何也是值得思考的问题。

2017 年的十一假期，研究组到贺兰县桂文村、兰星村、张亮村，青铜峡市峡口镇河滩村、海原县西安镇西安村进行了为期一周的田野调查。在调研过程中，笔者初步接触到土地流转，并且随着调研的不断深入开始对项目制

① 渠敬东：《项目制：一种新的国家治理体制》，《中国社会科学》2012 年第 5 期。

及其相关问题产生了浓厚的兴趣。调研结束后通过查阅大量的相关文献资料，以及后期进一步的深入调研发现，项目资源入村改变了村民的生计方式，在一定程度上导致了农民分化，加剧了乡村社会变迁，使得乡村社会治理陷入困局。事实证明：将普通村民意愿排除在外的捆绑式村庄发展，除了极大程度上造成资源与资金的浪费外，还会导致普通村民对“村治无感”，基层政权形成“资源依赖”。

（二）选题的意义

1. 理论意义

项目制是影响当前乡村社会变迁的重要因素。随着乡村社会资源输入规模的逐年加大，村庄内部环境更加复杂，趋向于“内卷化”，从而导致乡村社会治理难度加大和成本增加。在国家—社会理论视角下研究有关村级组织和普通农民在复杂的互动结构下博弈共生的主题，探讨和发现“入村项目”从申请、实施到验收过程中普通村民的应对逻辑，有利于厘清乡村治理领域的相关问题，为实现农业农村现代化提供理论补充。另一方面，当前农村发展面临新形势、新需求，这就意味着对基层社会治理研究提出更高、更迫切的要求，推进项目制背景下基层社会治理的理论研究，有利于实现乡村振兴的战略目标。

2. 现实意义

党的十八大以来，党中央坚持把解决好“三农”问题作为全党工作的重中之重，持续加大强农惠农富农政策力度，扎实推进农业现代化和新农村建设，全面深化农村改革。在此背景下研究国家大量资源输入对普通村民的影响及对于巩固脱贫攻坚和乡村振兴有效衔接具有重要的现实意义。2019 年 10 月，在大柳树区高村调研中①，笔者看到，原本以农耕村落形态存在的高村，在项目资源入村后发生了农民离开土地的现象。农民离开土地除了土地的经济效益低下而选择的自发撂荒外，最主要的原因在于农业产业结构转型而出现土地大规模种植项目经济作物失败，由此才导致农民迫于生计不得不弃农务工。基于上述村庄的真实变化，从普通农民的角度来研究“项目制资源输入”在农村的实践，将普通农民的切身利益考虑其中，“项目”资源下乡不是

① 本研究所涉地名、人名均按照学术惯例做了隐匿处理。

验收完就结束，而是真正“于民有利，助民脱贫，带民致富”才有意义。

二 相关概念的界定

（一）项目制

“项目制”是中国分税制改革的产物，是一种中央政府对地方政府或者上级政府对下级政府的财政资源分配方式，是国家财政转移支付依靠“条线”体制另行运作、灵活处理的一种形式，即国家财政以自上而下的专项资金形式进行转移支付，从而重新进行资源配置的方式①。项目制不单指某种项目的运行过程，也非单指项目管理的各类制度，而是一种能够将国家从中央到地方的各层级关系以及社会各领域统合起来的治理模式，是一种新的国家治理体制②。

（二）资源输入

税费改革以后，国家实施“城市支持乡村，工业反哺农业”的发展战略。国家与农民的关系也由“汲取型”转向“反哺型”，随之而来的是中央与各级政府通过财政转移支付等方式源源不断地向农村输入财政资源，这个过程被称为“资源输入”。“资源输入”在当前主要采用以下两种途径：国家直接分配给农民的转移支付资金和围绕农村社会发展的各种“专项资金”，也就是项目资金。

（三）生计变迁

社会变迁是社会结构发生变化的动态过程及其结果的范畴，分为广义和狭义。广义上的社会变迁是指一切社会现象的变化；狭义上的社会变迁则主要指社会结构的变化。社会变迁的过程及其结果一般是通过外在物质文化表现出来，其内容涵盖社会生产和生活的各个领域，比如人口状况的变化、社会经济情况的变化等。生计变迁是社会变迁的一个重要领域，是构建乡村社会结构和村落空间格局的主要影响因素。高村在移民搬迁的20年里，形成了与其自然环境、经济发展相适应的半耕半农的生计方式，本章主要研究项目资源入村推动下的农民生计变迁以及如何加剧农民分化，从而探讨项目资源

---

① 周飞舟：《财政资金的专项化及其问题 兼论“项目治国”》，《社会》2012年第32卷第1期。

② 渠敬东：《项目制：一种新的国家治理体制》，《中国社会科学》2012年第5期。

入村对基层治理机制产生的影响。

三 研究综述

（一）国外研究现状

美国学者詹姆斯·斯科特在《国家的视角》里通过对苏维埃集体化、坦桑尼亚的强制村庄化、巴西利亚新城建设等引以为豪但是最终走向失败并给人们带来巨大灾难的国家项目进行分析，发现这些项目在其运行过程中由于简单化操作而导致项目目标产生偏差，给当地群众的生活带来巨大的影响[①]。随后又在其《弱者的武器》一书里提出马来西亚农民利用心照不宣的理解和非正式的网络，以低姿态的反抗技术进行自卫性的消耗战，用坚定强韧的努力对抗无法抗拒的不平等，以此避免公开反抗的集体风险[②]。法国学者孟德拉斯在其《农民的终结》一书中以法国农村的现代化道路为背景分析了欧洲乡村社会第二次世界大战以后的变迁过程，并提出传统意义上自给自足的农民已经不存在，目前在农村从事家庭经营的是以营利和参与市场交换为生产目的的农业劳动者，这种家庭经营体从本质上说已属于一种“企业”，但较工业企业又有其自身的特点，传统意义上的农民正走向终结，即“小农的终结”[③]。美国学者杜赞奇通过对20世纪上半叶华北乡村社会的考察，围绕“国家政权建设”和“权力文化网络”展开论述，探讨国家权力的扩张与乡村社会之间的互动关系，提出“国家政权内卷化”[④]。

（二）国内研究现状

“项目制”是学界近几年的热门话题之一，已有研究成果颇丰，梳理分析后发现主要集中在以下几个方面：对“项目制”内涵概念界定及性质的研究、对“项目制”运作机制的研究、“项目制”治理主体间关系的研究以及“项目制”的推行实施对社会治理影响的研究。

1.“项目制”内涵概念界定的研究

“项目”一词，原本应该是属于管理学范畴，“根据国际项目管理协会的

---

① 参见［美］詹姆士·C. 斯科特《国家的视角》，王晓毅译，社会科学文献出版社2004年版。

② 参见［美］詹姆斯·C. 斯科特《弱者的武器》，郑广怀、张敏、何江穗译，译林出版社2007年版。

③ 参见［法］孟德拉斯《农民的终结》，李培林译，社科文献出版社2005年版。

④ 参见［美］杜赞奇《文化、权力与国家：1900—1942年的华北农村》，王福明译，江苏人民出版社2003年版。

界定，‘项目’是指一种事本主义的动员或组织方式，即从事情本身的内在逻辑出发，在限定时间和限定资源的约束条件下，利用特定的组织形式来完成一种具有明确预期目标（某一独特产品或服务）的一次性任务”①。一般认为，由此衍生出的“项目制”是中国分税制改革的产物，是一种中央政府对地方政府或者上级政府对下级政府的财政资源分配方式，是国家财政转移支付依靠“条线”体制另行运作、灵活处理的一种形式，即国家财政以自上而下的专项资金的形式进行转移支付，从而重新进行资源配置的方式②。项目制不单指某种项目的运行过程，也非单指项目管理的各类制度，而是一种能够将国家从中央到地方的各层级关系以及社会各领域统合起来的治理模式，是一种新的国家治理体制③。

2. 资源下乡背景下“项目制”研究

（1）对“项目制”运作机制的研究

项目的制定、申请、审核、分配、变通、转化、检查与应对等一系列的环节和过程，已经超出了单个项目所具有的事本主义的特性，而成为整个国家社会体制联动运行的机制。项目制是从中央到地方运作的分级逻辑，即国家部门的“发包”机制、地方政府的“打包”机制和村庄的“抓包”机制④。在项目制下，政府间权责关系的明晰化使下级政府可以通过倒逼机制影响上级部门的行为，维护地方政府利益。项目运作不仅增加了上级政府的控制权，提供了从上至下的控制渠道，也增生了由下至上的反控手段，上下级政府之间出现双方围绕权责关系展开互动博弈的新变化⑤。

（2）“项目制”治理主体间关系的研究

对“项目制”治理主体间关系的研究，首先是关注国家与农民之间的关系。税费改革之后，国家与农民间的关系由“汲取型”走向“反哺型”。以直控式、承包式、连带式为主要组织形式的项目制，在地方实际执行过程中会出现程序化执行、过度执行以及消极执行的现象而呈现不同形式的中央与

① 参见［美］项目管理协会《项目管理知识体系指南》，王勇、张斌译，电子工业出版社 2009 年版，第 199 页。

② 周飞舟：《财政资金的专项化及其问题 兼论“项目治国”》，《社会》2012 年第 32 卷第 1 期。

③ 渠敬东：《项目制：一种新的国家治理体制》，《中国社会科学》2012 年第 5 期。

④ 折晓叶等：《项目制的分级运作机制和治理逻辑——对“项目进村”案例的社会学分析》，《中国社会科学》2011 年第 4 期。

⑤ 参见曹龙虎《作为国家治理机制的“项目制”：一个文献评述》，《探索》2016 年第 1 期

地方之间的关系[①]。以这种“复杂政策”的治理模式有利于构建中央与地方之间的协作机制。一方面能够激发中央与地方的积极性；另一方面有利于弥合中央政府的总体权威与地方治理自由裁量之间的罅隙[②]。

其次是研究项目运作过程中各级政府之间的关系，尤其是县、乡政府之间的关系。项目制使得政府横向部门的竞争关系加剧，同时促使政府纵向部门间形成相互依赖的格局[③]。同时项目制使得基层政府、基层组织与贫困人口和社会力量之间的关系发生了变化，社会力量缺位和贫困人群主体性缺失导致基层项目治理陷入结构化困境[④]，基层政府的共谋行为已逐步演化为制度化的非正式行为，乡镇政府通过参与分利秩序的构建来应对上级政府的压力型体制，由此导致基层政权的乡土实践偏离国家制度文本的惠农初衷[⑤]，形成依靠资源的进一步输入来化解矛盾的“资源依赖”型治理格局，最终造成公共资源内卷化的治理结果[⑥]。

（3）“项目制”的实施对乡村社会治理影响的研究

取消农业税以来，国家一改过去对农村的汲取型状态，转而通过财政再分配对农村进行资源反哺。基层政府在资金使用和投放中对项目制的过度依赖以及项目包装行为，使项目资金使用过程被基层政府的行政意志主导，从而使得项目资金最终难以落实到乡村社会[⑦]。项目制超越了传统科层体制，在一定程度上克服了传统科层体制存在的问题，提高了基层政府的行政效率[⑧]。同时，项目制运作也改变了基层政府的行为逻辑，导致基层政府在公共物品供给中难以厘清组织层级关系和条块关系逻辑及其后果[⑨]。从项目制基层实践

---

① 参见原贺贺《产业扶贫普惠型奖励项目与基层治理逻辑》，《求实》2020 年第 1 期。

② 吕方等：《“复杂政策”与国家治理——基于国家连片开发扶贫项目的讨论》，《社会学研究》2017 年第 3 期。

③ 史普原：《政府组织间的权责配置——兼论“项目制”》，《社会学研究》2016 年第 2 期。

④ 马良灿等：《项目扶贫的基层遭遇：结构化困境与治理图景》，《中国农村观察》2017 年第 1 期。

⑤ 曾智洪：《乡镇分利秩序的乡土逻辑——基于西部 Y 县的调查》，《西南大学学报》（社会科学版）2017 年第 6 期。

⑥ 李祖佩等：《分级处理与资源依赖——项目制基层实践中矛盾调处与秩序维持》，《中国农村观察》2015 年第 2 期。

⑦ 周飞舟：《财政资金的专项化及其问题　兼论“项目治国”》，《社会》2012 年第 32 卷第 1 期。

⑧ 陈家建：《项目制与基层政府动员——对社会管理项目化运作的社会学考察》，《中国社会科学》2013 年第 2 期。

⑨ 桂华：《项目制与农村公共品供给体制分析——以农地整治为例》，《政治学研究》2014 年第 4 期。

的实际运作逻辑看，地方政治精英与经济精英联盟，形成共同主导项目制的基层实践过程[①]；项目资金的非均衡投放带来了不同村庄在项目享有上的分化，导致乡村治理结构重塑，村庄社会自主性缺失，农民负担增加。

“资本下乡”成为当前村庄发展的主流模式，不可控的“资本下乡”将带来村社利益格局的剧烈变动，对乡村治理造成危害，资源下乡伴随工商资本下乡种田，势必与农民争利。部分学者认为资本下乡可以给农业生产带来稀缺的资金和技术支撑，有利于实现农业生产经营带动小农生产的发展，最终促进农业现代化[②]。但是，另一部分学者发现资本下乡并未带动小农生产的发展，反而出现了“公司吃农户”的现象，从而削弱了小农生产积极性，并因为土地的“非粮化”而危及国家粮食安全。工商资本下乡并没有像预期那样给小农提供更多的就业机会，反而依靠自身的强势地位和资源禀赋不断排挤和盘剥处于弱势地位的小农，使其陷入无产或半无产的境地[③]。资本下乡流转土地势必会消解村庄的内生力量，使乡村的治理面临资本利益吸纳村庄治理、村庄治理依附化、村庄社区功能失调等挑战[④]。

3. 资源下乡背景下乡村社会变迁研究

费孝通通过对开弦弓村经济问题的研究，揭示了在村庄经历巨大变迁过程中乡村经济的动力和问题，强调传统经济背景的重要性以及新的经济动力对人民生活的作用[⑤]。中国社会正处于快速转型当中，农业与农村社会也不例外。自2000年以来，中国农村几乎同时在四个方面发生巨大变化：第一，2006年农业税的取消，导致了国家与农民的关系发生巨变。第二，在革命运动与市场经济的双重冲击下，乡村社会结构发生变化，乡村社会多元性、异质性增加。第三，农民价值观念发生变化，地方性共识逐步丧失，传统规范很难再约束村民的行为，现代社会关系还没有建立，导致村庄社会关联度低。第四，随着资本输入的力度逐年增大，村民对村庄的主体感逐渐丧失，村庄

① 黄宗智等：《“项目制”的运作机制和效果是“合理化”吗?》，《开放时代》2014年第5期。

② 陈航英：《干涸的机井：资本下乡与水资源攫取——以宁夏南部黄高县蔬菜产业为例》，《开放时代》2019年第3期。

③ 冯小：《资本下乡的策略选择与资源动用——基于湖北省S镇土地流转的个案分析》，《南京农业大学学报》（社会科学版）2014第1期。

④ 安永军等：《“中间结构”：资源下乡背景下国家与农民联结的新机制》，《农业经济问题》2019年第9期。

⑤ 参见费孝通《江村经济》，华东师范大学出版社2017年版。

越来越成为外在于村民的存在①。在当前的发展主义话语之下，农民、农村与土地的关联被重新塑造，土地“非农化”带来的农村社会与文化的变迁是前所未有的，乡村社会已经逐渐脱离费孝通“乡土中国”的范畴②。

（三）文献评述

已有的研究为本章提供了坚实的理论基础和丰富的经验素材，但仍然有很多方面值得进一步思考。通过对上述文献的梳理和分析，我们可以发现：从研究对象来看，多数研究致力于以乡镇或者村级政权在项目运作的规则和行为策略为分析切入点，来再现和理解现代乡镇治理背景下项目制运作的基本逻辑；或者致力于研究资源输入中“乡村精英”如何与村级组织实现“共谋”，而很少有研究从普通农民的视角来切入。事实上，基层社会作为项目的实施地，对普通农民的利益影响最为直接。

四　研究方法

笔者曾三次到大柳树区南河乡进行田野调查。第一次调研在 2018 年 8 月，历时近 20 天，以大柳树区南河乡土地流转为线索展开，这次调研接触了大柳树区农经站、南河乡乡政府、南河乡农业综合服务站、宁夏中部干旱带高效节水示范基地、农业工程有限公司、易村村两委、易村种植大户、普通村民等，搜集到一些省、市、区、乡镇关于农村发展的相关文件资料，了解了一些当地移民搬迁的历史，对南河乡土地流转相关情况有了比较完整的了解。通过这次实地调研，笔者开始对“项目制”“资源输入”对乡村社会的影响有了一些初步思考。调研结束后，查阅了项目制、资源下乡、乡村社会变迁相关文献 400 多篇，从中精选出 225 篇，反复研读，并在 2019 年 4 月撰写了文献综述。

第二次调研在 2019 年 10 月，历时半个月左右，此次调研以深度访谈和参与观察为主，对南河乡高村进行了正式调研。归功于之前的文献分析，初步确定了论文主题，并在此基础上拟定了访谈提纲。在之前调研的基础上，深度访谈了高村村干部 2 人、普通村民 10 人、贫困户 5 人、经济带头人 2 人，同时也在高村搜集到一些文本资料。通过参与观察的方法，对该村黄花地、

---

① 参见贺雪峰《新乡土中国》，北京大学出版社 2013 年版。

② 参见陈靖《土地的社会生命：农地制度变迁的文化动力》，社会科学文献出版社 2018 年版。

枸杞地进行调研，了解村民种植“项目作物”的具体过程，对高村村民的生活有了更进一步的了解，调研结束后整理访谈资料，着手撰写报告初稿。

第三次调研在2020年1月，受疫情影响，笔者在该村滞留2个月，实际调研时间为一个月左右。研究方法以半结构性访谈和参与观察为主，地点主要在高村设置的检疫站点。检疫站点实行轮班制，人员包括村干部、党员、村民小组成员、公益性岗位成员、村民志愿者等。春节期间，村里外出务工人员返乡，使得笔者能够有机会对前两次调研做充分的补充和对初稿里一些具体的问题进行深入调查，从而为分析项目制、资源输入对村民生计变迁的影响提供更全面的资料。完成调研后结合国家、宁夏回族自治区、大柳树区、南河乡相关政策资料，在老师的指导下撰写报告第二稿。

总的来说，参与观察、深度访谈、文献分析法是本章的主要研究方法，贯穿三次调研的全过程。当然调研中也存在许多困难和不足，涉及一些敏感话题，如经济收入、低保名额确定，如何“跑项目”等问题，很难得到详细而又可靠的信息，还有访谈技巧方面，也值得笔者在以后的学习中更努力地去习得。

第二节　高村概况

一　田野点行政区划及自然条件

大柳树区隶属宁夏回族自治区吴忠市，地处东经105°43′45″—106°42′50″，北纬37°28′08″—37°37′23″，是承接宁夏东西南北的地理中心，北临吴忠市利通区和青铜峡市、灵武市，南至同心县，东至盐池县，西北与中宁县接壤。它是全国最大的异地生态移民扶贫集中安置区，也是宁夏扶贫扬黄灌溉工程（“1236”工程）的“主战场”。自1998年开始，政府先后通过实施异地扶贫移民、异地生态移民和中南部生态移民等项目，主要搬迁西吉、海原、固原、隆德、泾源、彭阳、同心以及中宁8县生活在贫困带上的农民和退耕还林（草）区、封山育林区、水库淹没区的农户，累计搬迁移民23万人。行政区域2767平方公里，辖2镇3乡（大柳树镇、太阳山镇、南河乡、大河乡、柳泉乡）、1个街道办事处（新民街道办事处）、5个城镇社区（罗山、鹏胜、创业、振兴、东方社区）、64个行政村，累计开发水浇地75万亩。地势南高北低，平均海拔1240—1450米，属于典型的温带大陆性气候，常年干旱少雨，昼夜温差大，太阳能、风光资源，煤炭、白云岩、石灰石、石膏等矿产资源丰富。

南河乡坐落于罗山脚下，北与大柳树镇相连，南与同心县下马关镇接壤，东西分别与太阳山镇、大河乡为邻。1999 年南河乡由同心县划归大柳树开发区管辖，2001 年更名为前进乡，辖 8 个村民委员会，乡人民政府驻前进村；2005 年计划搬迁至西河村，更名为西河乡；2011 年更名为南河乡，乡政府驻地前进村距大柳树城区 5 公里，全乡现辖 14 个行政村，共有 11758 户 51280 人。

高村位于大柳树区 15 公里处在南河乡西北角，距南河乡人民政府 10 公里。2006 年，经历合村并组后，由四个自然村组成高村行政村。主要搬迁海原县、隆德县移民，全村共有 1345 户 6200 人，其中汉族 573 户 2294 人，回族 772 户 3906 人，指挥部分配土地 10664 亩，实际耕地 12951 亩。随着项目资源输入的逐年增加，高村基础设施不断完善，村庄面貌明显改善，支柱产业由种植玉米等粮食作物变为设施农业、劳务输出、交通运输业。

（一）村庄移民史

西海固地区由于自然条件和历史因素，一直是中国最贫困的地区之一，那里生态脆弱，干旱少雨，土壤贫瘠，资源匮乏，自然灾害频繁，水土流失严重。时至 20 世纪末，人多地少的矛盾与恶劣的生态环境使生活在这里的人们长期处于衣食无着、发展无望的艰难境地。20 世纪 80 年代初，中央政府着力于引导扶贫方式由救济式向开发式转变，宁夏回族自治区政府依照国务院“三西”扶贫方针尝试从西海固山区迁移部分人口到黄河两岸资源丰富地区开发荒地，从而达到解决温饱、改善生存条件的目标，在这样的背景下宁夏拉开了移民扶贫的序幕。1994 年，利用黄河两岸尚未开发的连片土地，扬黄河之水，使 100 万人脱贫、建设 200 万亩灌区、投资 30 亿、工期 6 年的“1236”工程正式开启。1998 年宁夏扶贫扬黄工程首次试水成功，有了水，就有了希望。同年开发 7 个村作为试点，取得成功后，1999 年大面积成建制的移民搬迁全面启动。

2000 年响应国家扶贫开发政策，11 个乡镇 58 个村的 1020 户村民陆续搬迁到高村。回首搬迁之路，移民们携妻带子，挥手告别祖祖辈辈们生存过的地方，在这片“一年一场风，从春刮到冬”的荒滩上艰辛创业，实属不易。村民李龙回忆自己的搬迁之路，连连摇头：

老家主要是干旱，靠天吃饭，有时候一年到头不下雨，颗粒无收。这都是人毁林毁草导致的，山上能用的树基本全部砍光了，生态破坏太严重，自然没办法良性循环，穷山恶水，人思想也闭塞，活不下去。1998 年搞试点的时候，我有个侄儿就搬迁到大河八村了，我老婆也想跟着搬，我没同意，我那时候想，那地方啥样子我都不知道，搬过去活不下去还不得灰溜溜地跑回来。1999 年我分家了，打算在祖宅旁边盖个小房子，去大庄集市上买砖的时候，遇上了我六叔的儿子（他大哥在隆德县指挥部工作），说大柳树又开始搬迁了，情况好，我就动了心思，回去和家里人商量了一下就到县上报了名，报名费一人交 100 元，我家本来有五口人，但是我只有400 元，就只报了 4 口人的户。打听到有的村是整村搬迁，有些是村上谁愿意搬迁谁就报名，我们那个村就属于自愿搬迁的，大庄乡高台村那个地方，特别贫困就整村搬迁。就算是整村搬迁，过来以后也都分到不同的村去，一个县大概要搬迁到 8 个左右的移民点。大概是春天报的名，秋天就上来盖房子，盖房子的时候真是吃尽了苦头，一个大荒滩，除了沙子啥也没有，上来盖房的人就挖地坑住在里面，也没有饮用水，就用大渠里的水沉淀一下烧开了喝。盖房期间村上有一对夫妻晚上地坑子用塑料纸遮得太严，煤烟子中毒而亡。盖房子一共花了 21 天时间，房子盖好就搬上去了。自愿搬迁的车都是自己找的，整村搬迁的搬迁车是统一的。刚开始搬迁上来了 377 户，1203 人，大家彼此都不认识，为了在这个地方扎根，对陌生人总是表现出最大的善意，渴求在自己困难的时候能有人帮一把。我搬上来后开了个小卖部，那时候太穷了，货非常少，各样就进 3—4 件，卖完就没了，邻居们一来买东西听说没货了，大家就凑钱让我去进货。那时候路还是沙砾路，也没个公交，镇上连个商店都没有。所谓进货就是走路到镇上在沿行公路两侧的卖百货的小商贩那儿买东西，然后再走回来，去一趟差不多需要一天的时间，苦是真苦，乡里乡亲也都是真好，大家做好饭，凑一起吃，一起去干活，热情得不得了。为啥说大柳树这个地方好呢，首先这个地方有水，土质也不差，这就能长庄稼，有了粮食，人就能活，比巢湖搬迁的好一些，巢湖那地方土壤碱大，不好长庄稼。大家从老根上就是个种地的，所以对这个长庄稼的土地是非常热爱也非常重视的。（村民李龙访谈资料）

高村移民开发之初，原始植被被破坏殆尽，森林覆盖率不足2%，几近不毛之地。虽然从干山枯岭进入平原地带后有了水浇地，但“天上无飞鸟，地上沙石跑”，一望无际的黄沙还是吓退了一批人，同时让留下来的人充满了忧虑。第一任党支部书记介绍道：

> 那时候听到要搬迁一户人一个庄台子交200块，有巢湖等地成功搬迁的经验带动，让我们觉得出去好，外面教育条件比老家好，搬迁出来的每家起码有一个大学生，老家的教育不行。还有就是这个地方四通八达，出路多，人的脑子也灵活，不像老家只能面朝黄土背朝天，靠天吃饭，不是旱灾就是冰雹，粮食产量低，山大沟深没出路，养不活人。就报名搬迁了，跟着指挥部上来的人一看都傻眼了，满地黄沙，都不知道这个地方咋活人呢。我记得按编号把院划了，又把地按肥沃程度依照灌溉支渠分为3等，2支，3支，4支，按实有人口每人1.98亩，抽签划分。那时候除了渠是建好的，路有个大样子，就只剩下满地黄沙，自然条件十分艰苦，风吹沙石跑，灌溉水渠被沙子掩埋填平，有一部分搬迁的人打了退堂鼓，又回去了。留下来的老百姓确实是吃尽了苦头，那时候主要是人心齐，大家都渴望能在这个地方落地生根，全村出动为了生存，男人用女人的纱巾把自己的头都包得严严实实，挖渠里的沙子，女人在上面用尼龙袋子把沙子吊上来倒出去，一旦开挖就不能停，停下来后，风沙会把挖开的渠迅速再次掩埋，必须一边挖一边用水冲，这样才可以挖开。只需要一晚上的时间，风沙就能把一切都埋平，我记得一觉睡起来，被窝里全是沙子，吃饭的时候，里面半碗沙子，这样的情况一直持续到2004年村里的树都长起来才有所改善。刚开始，饮用水也是个大问题，没水喝就把大渠里的灌溉用水放在桶子里沉淀一会儿就喝了。每家就住在自建的一个小炮窑式4＊4的小平房里，真的是苦啊。（第一任党支部书记访谈资料）

（二）高村的经济生活

高村作为一个移民村，起步晚，底子薄，一切都得从零开始。从社会结构上讲，移民搬迁时间短，主要以地缘结构为主，是原子化程度很高的分散型村庄；从生计方式来看，村民以粮食种植与外出务工为主要生计来源，且粮食种植收入比例自 2015 年开始降低，随着劳动力大量外流、劳务输出的增加，务工收入比例逐年增加。2000 年搬迁之初，高村农民人均纯收入低于 500 元，搬迁 3 年后达到 1300 元，2013 年上涨至 5305 元，2019 年农民人均纯收入达到 9764 元。村民受农耕文化的影响，对土地极其依赖，为了一点地界打架的事情时有发生。

> 那是 2002 年的事了，陈刚和老柳家的田连着交界，老柳还是老家那种老思想，把人留的走路的地界给削的就剩一只脚能放下的蚰蜒路了，这可惹火了陈刚媳妇，啥难听骂啥，骂老柳是老家那种缺德鬼，为了占地，都不让人走路了，还削的是公共地界。老柳也是个混账人，没理还要闹三分，三言两语就打了起来，没办法请了村干部来，大家一起才拉开，批评了老柳，最后老柳把地界恢复原样才罢休。（村民老庞访谈资料）

刚搬迁上来由于风沙导致玉米的成活率不高，但是农民依然对土地抱有很大的期望，辛勤地劳作在这片有灌溉水源的土地上，并积极参与治沙活动，一边植树造林，一边打工维持生计。村里的第一批移民张大爷回忆道：

> 治理风沙的唯一方法就是植树造林。那时候的口号就是“沙漠变绿洲”，从 2000 年开始到 2004 年，4 年时间咱们村栽了 20 万棵树，那时候风沙太大，粮食种上苗刚出来就被风沙打死了，只能种树种草、发展养殖业，但是有灌溉水源，刚开始那一两年灌溉用水是免费的，由指挥部统一支付，后来又涨到 5 元一亩，不限水量，被干旱搞得不得前去的农民见到了水就等于有了源源不断的希望。政府给村民的任务以压沙为主，田里种的是甘草、桑树、玉米，刚开始玉米亩产 200 多斤（现在亩产 1600—2000 斤）。地的收成不行，人们主要依靠务工维持生计，大工（会技术的男人）一天 30 元，小工（不会技术的男人或者妇女）一天 10 元（现在大工 200—300 元，小工 80—100 元），那时候周边都在建设，活儿也多，村民感觉比在老家好多了，家门口就可以挣来钱，大家开玩笑说一天能挣一袋面，饿不死喽（2001 年一袋面粉 30 元左右）。

人们的辛勤劳动终于有了成果，2004 年开始风沙变小了，村民植的 20 万棵树也长了起来，有树护着的土地，粮食产量上涨，村民几乎把所有的热情都投在了土地上。外加周边都在搞建设，会泥瓦活的村民很吃香，“钱眼里有火”，烧得那些不会泥瓦活的先干“小工”，干一段时间也“照猫画虎”地成了“大工”。土地带来的效益加上打工的收益，高村的老百姓觉得自己没有白走这一步，年收入比在老家翻了好几倍，实实在在地证明“人挪活”的道理。这个时候村民之间也没有形成明显的分化，都是半工半农，再养些牲畜。即便是村里跑运输的，也都刚起步，自己的地都守着认真地种着。

表 3－1 所示是高村普通村民家庭年收入的代表，半工半农是村民主要的生计方式。2015 年之前农业生产型收入主要受粮食价格影响。2015 年之后谢忠家八斗的地（4 亩）跟随村上种植项目作物，粮食作物面积减少，农业生产性收入减少。2017 年谢忠父亲病重，为了方便照顾父亲，只能在附近打打零工。2018 年 10 月谢忠父亲去世，全年基本无外出打工，非生产性收入大幅度下降。

表 3－1 谢忠家 2004—2019 年家庭收入一览表 单位：年、元

年份	家庭年收入	按收入性质划分				
		生产性收入			非生产性收入	
		农业生产	非农业生产	合计	打工	其他
2004	11707	2610	326	2936	7744	1027
2005	12855	5199	650	5849	4706	2300
2006	16349	7000	780	7780	8569	0
2007	24914	11245	730	11975	8769	4170
2008	16924	7000	0	7000	9384	540
2009	27867	8240	2680	10920	12198	4749
2010	50114	10118	11410	21528	16096	12490
2011	52477	12692	3560	16252	17585	18640
2012	57050	18810	0	18810	17770	20470
2013	50640	18260	0	18260	31280	1100
2014	58318	20620	1500	22120	10000	26198
2015	61756	11670	0	11670	19190	30896

续表

年份	家庭年收入	按收入性质划分				
		生产性收入			非生产性收入	
		农业生产	非农业生产	合计	打工	其他
2016	44032	10072	4600	14672	21200	8160
2017	27187	9857	4900	14757	12430	0
2018	20230	9600	8130	17730	2500	0
2019	17570	5870	0	5870	11700	0

早在2011年，在当地农牧局的支持下，高村搭建260座大拱棚用于辣椒种植，亩均实现收入2000元。2012年在历年大棚基础上新搭建了400多座，同年在政府的引导下成立了高村蔬菜专业合作社，并与武威盛扬种业责任有限公司签订协议，采取“公司+专业合作社+基地+农户”的番茄制种模式，由企业统一提供种子、统一提供技术服务、统一收购，全年亩均收入1.2万元。2014年，高村与武威安泰达种业责任有限公司合作以订单农业形式，集中发展甜瓜制种600亩，涉及135户农民，按照公司与合作社签订的合同提供种子，并明确市场保护价，对制出的种子全部回收，种植户消除了产品销售的后顾之忧，同时又有专业技术人员全程进行技术指导，提升了种植户的积极性，同时也提高了农民的收益。正是这两次成功经验的带动，2015年以后，高村开始扩大“项目作物”的种植面积。无奈的是，随后种植的辣椒、茭瓜、大枣以及黄花菜均以失败告终。一个项目失败后第二年又换新的项目，普通农民放弃土地，外出务工，是一种情非得已、无力挣扎后选择的“弱者的武器”。

事实上，虽然国家大力推进土地流转，提高种植规模，但由于制度和自然条件限制，我国农业生产细碎化的特征还没有根本改变，导致了农业经营收入占农民总收入比重逐步下降。外出打工已经成为农民主要的收入来源。2018年农村年人均可支配收入为14617元，工资性收入和经营性收入分别为5996元和5358元。工资性收入超过了经营性收入，这意味着，通过支持农业来增加农民收入的政策效果会非常有限①。农民是富起来了，但不是靠“务

① 于晓华：《2020年中央一号文件对实现乡村振兴起着承上启下作用》，2020年3月11日，http://nyncj.panjin.gov.cn/art/2020/3/11/art_550_529971.html，2022年4月17日。

农”富起来的，这种“富”是一种没有“后劲”的富，是一种为了生存所采取的权宜之计，“失地”农民抗风险的能力非常弱，任何一个来自外界的风险因素都可能让一个小康家庭返贫。

第三节 项目落地过程中的运作逻辑

一 涉农资金概况

自2002年税费改革以后，国家对“三农”问题空前重视，并将解决好“三农”问题作为全党工作的重中之重。随着我国整体经济实力的增强，“三农”投入力度逐渐加大，以工促农、以城带乡机制逐步形成。中央的政策初衷是通过“项目制”的形式界定并强化地方和基层政府在农村地区建设和发展中的角色和责任，引导和规范其在农村基础设施建设和公共服务方面的财政投入，更加有效而快速地改变广大乡村地区村庄基础设施薄弱和公共服务短缺的现状，推动城乡基本公共服务均等化战略的实施[①]，从而保障农产品供应、促进农民收入持续增收、加强农村基层治理以及强化农村补短板保障措施实现“农业强、农民富、农村美”的目标，建立基本制度框架和政策体系。

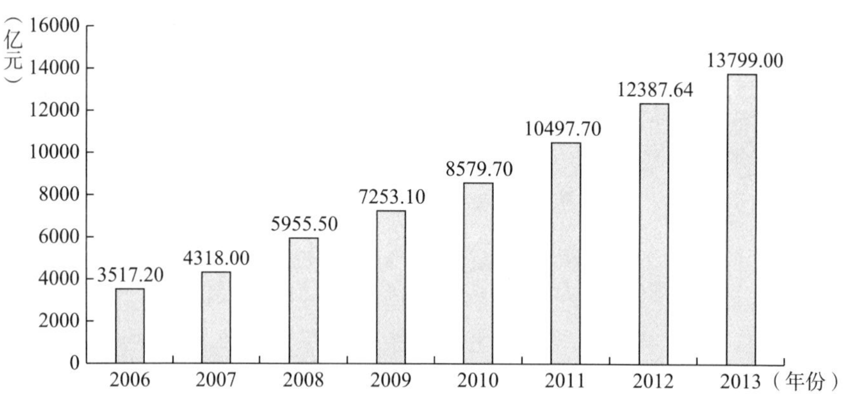

图3-1 2006—2013年中央财政对“三农”投入

（数据来源于中华人民共和国财政部网站）

① 袁方成等：《“项目进村”中的执行差距与组织自主性研究——基于全国40县面板数据的实证分析》，《华中师范大学学报》（人文社会科学版）2015年第6期。

为了响应中央对标全面建成小康社会，加快补上农村基础设施和公共服务短板的政策指示，近五年大柳树区涉农扶贫资金，从2015年的12110.6万元，逐年上涨至2018年的92081.61万元。资金主要用于脱贫攻坚产业发展（2019年脱贫攻坚项目库共规划项目919个，概算资金13.2亿元，2020年项目库共规划项目65个，概算资金40537万元）、农村基础设施建设、提高农村供水保障水平、农村人居环境整治以及提高农村教育、医疗水平等方面。同时致力于创新资金使用机制，充分发挥财政资金的引导作用和杠杆作用，采取政府和社会资本合作、贷款贴息、以奖代补、先建后补、设立产业发展担保基金和信贷风险补偿金等方式，撬动更多金融资本、社会帮扶资金参与脱贫攻坚，放大财政资金的使用效益。

表3-2 2015—2019大柳树区涉农、扶贫资金统计表 单位：万元

年份	种类	资金	备注
2015年	补贴类	4056	
	社会保障类	2859	
	产业扶持类	2605.6	
	扶贫类	2590	
合计		12110.6	
2016年	涉农资金	60846.84	
	扶贫资金	9223.57	
合计		70070.41	
2017年	涉农资金	59100.22	
	扶贫资金	28970	
合计		88070.22	
2018年	涉农资金	70944.61	
	扶贫资金	21137	
合计		92081.61	
2019年	涉农资金	34105.2	
	扶贫资金	47250	
合计		81355.2	
共计		343688.04	

（数据来源于调研资料整理）

2007年，按照宁夏“六个百万亩”和吴忠市“十大农业产业基地”的战略部署，大柳树区将“高效、节水、生态”农业作为战略性工程实施，不断调整产业结构，提出利用5年左右时间发展30万亩葡萄、20万亩经果林、10万亩设施农业、10万头黄牛的思路，实现“人均1.5亩葡萄、1亩经果林、0.5亩设施农业”的目标，力争把大柳树区建成全国最大的酿酒葡萄基地、宁夏最大的节水示范区和中部干旱带最大的生态区。2008年，大柳树区共整合各类项目资金4300余万元，进行融资扶持、政策补贴和激励优惠等制度支持。对于发展经果林的土地按照种植面积给予补贴，种植500亩以上，补贴苗木；种植1000亩以上，补贴机械和材料费。在招商引资方面，提出外来企业享受宁夏发展设施农业优惠政策，以最低优惠价提供设施农业建设用地，在养殖方面，实行以奖代补，滚动发展，1头母牛奖励500元，黄牛年存栏量1000头以上给予以奖代补50万元。

源源不断的资金通过各种项目渠道进入村庄，形成从中央到地方运作的分级逻辑，即国家部门的“发包”机制、地方政府的“打包”机制和村庄的“抓包”机制[①]。项目资金到达地方后，经过地方政府“打包”，打包后发给谁呢？村庄又怎样才能抓到“包”从而实现自身发展呢？

二 寻求发展机遇

由于项目资源无法实现均衡分配，在村庄分配的过程中往往容易出现分布不均的情况。如何跻身项目光顾的村庄成了村干部头痛的问题，村庄间项目竞争也逐渐拉大，“跑项目”就是“谋发展”更是村干部的信条，为了不在发展中掉队，村干部不得不把大量的时间用在项目资源的争取上。而项目资源在基层的分配则往往受到基层政府行政支配的影响。

项目制是一种以县为发包终端、绕开乡镇直接对接村庄或合作社等社会组织的资源配置机制。它以县级政府或县级部门的“块块”作为项目业主的载体，基本绕开了乡镇，以扁平化的组织策略直对村庄或社会组织进行发包。但是绕开了基层政权的项目实施不下去，于是把项目制的“条线关系”转化为县级行政的“块块关系”。将部门项目的实施加入到县委、县政府对乡镇的

① 折晓叶等：《项目制的分级运作机制和治理逻辑——对“项目进村”案例的社会学分析》，《中国社会科学》2011年第4期。

目标考核体系中去，把原本职能部门与上级对口部门的“条线关系”，转化为县域政治系统内“块块关系”[①]。在这种逻辑下，乡镇会被裹挟在科层制的考评体系中，会把项目实施作为重点任务来完成。基层政府积极推动资本下乡，而资本基于低价获取农村土地、赚取土地增值收益，也积极响应政府号召，资本与基层政府由此形成利益共谋关系。这一利益共谋建立在双方各自的利益诉求上，通过共谋形成利益共赢[②]。同时，乡级政府对村基层组织也进行一年两次的考核，考核内容主要包括党建、脱贫攻坚、重点项目及招商引资、新农村建设等方面。考核结果与村干部的工资、绩效奖励直接挂钩。对考核不过关的村庄，乡镇政府通常扣罚村干部的绩效奖金和工资。以往“悬浮型”的基层政权，在资源下乡过程中，利用可操作的灵活空间，培养听话、能干的村干部来动员和引导村民参与下乡项目，从而实现乡级的发展规划。调研发现，各个乡镇农业安排都是依据大柳树区的农业产业规划来进行的，这样才能获取配套项目资金支持，获得发展的机会。

我自 2007 年任职，干了 10 多年了，咱们村大多数路都是经我手上修的，渠也是，虽然我脾气大，没文化，但是大家都服我，知道我在干实事。我现在是村党支部书记兼任村主任，工资不高，一个月 2170 块钱，不过党支部书记给买养老保险和住房公积金，班子其他成员只有养老保险。我的绩效就和年终考核有关，党建、综合、基础设施、民生等，各个站点都来考核，考核合格的话绩效工资都给你，考核不及格就扣了，给考核成绩优异的奖励。比如党建这块提星级，第一要发展党员，第二要有村集体收入，第三要有带头人，即村党支部带头人和村民代表带头人，咱们村里的致富带头人 20 多个。我去年就评了个 4 星党支部，比别人多拿好几千块钱，咱们村在基础设施这块，就没差过。

每一个项目都是我去要的，人家发改局的就说，这个项目给谁都是给，就看你谁跑得紧。还有就是每次上面有个什么工作，我都是全力配合、积极完成。现在都是绩效制，一级推一级，我把工作完成得好，我的绩效就高，上面的人也就有面子、绩效高，证明他的工作能力强、领

---

① 张现洪：《项目治乡：项目制基层执行中“规则转化”与治理》，《天府新论》2017 年第 4 期。
② 卢青青：《资本下乡与乡村治理重构》，《华南农业大学学报》（社会科学版）2019 年第 5 期。

导下面人干得好，这自然就对咱们村有好处。修路、平地……各种惠农项目一一落地，老百姓看在眼里，自然也就觉得我靠谱，愿意配合我。基层工作要有基层的智慧，我虽然是个粗人，可是我踏踏实实地干事，人都现在看重这种能力。（村支书王亮访谈资料）

表3－3是高村2019年获批项目统计表，如表所示，获批项目主要集中在脱贫攻坚产业发展、农村基础设施建设、农村教育等方面，涉农资金投入非常大。按照受益人数的多寡可将上述项目分为普惠性项目和特惠性项目。普惠性项目的受益人是全体村民，比如田间生产路、农村人饮改造提升、幼儿园建设等，这部分项目一般投资额大、受欢迎程度高。虽然村干部只是负责监督项目实施，项目资金并不会通过他们发放，但是他们还是乐意争取，因为这类项目的实施结果直观地摆在老百姓面前，老百姓看得见，就会觉得村干部有作用，有利于基层政权树立威信和完成绩效。

表3－3　高村2019年获批项目统计表　　单位：万元

单位	项目名称	总投入	资金来源	备注
教育局	高村幼儿园	827.41	中央和自治区教育专项资金555万元，其余为当地政府配套资金	
民族宗教事务局	黄花菜晾晒场	104.16	中央专项扶贫资金	
农业农村局	西一支组盐渍化治理	221.4	2019年统筹整合财政涉农资金	
乡人民政府	渠系及附属设施维修改造	96	地方政府财政涉农整合资金	10村渠系共计96万元
乡人民政府	田间生产路	398.85	2019年第二批中央财政扶贫专项资	9村田间生产路
乡人民政府	行政村采暖及卫生间改造	165.15	地方政府财政资金	16村
水务局	农村人饮改造提升	187.18	财政统筹涉农整合资金	12村
公益性水利工程建设管理中心	西一支组水库移民美丽家园建设	118	水库移民专项资金	
乡人民政府	东川村等村庄绿化项目	379.83	政府财政统筹资金	5村

（数据来源于调研资料整理）

三　保证项目实施

（一）权力动员与政治精英

项目下乡背景下，乡镇基于项目实施有序和自身利益考虑，开始涉足村庄事务，其中主要方式是通过干涉村庄选举，选择适合政府需要的村民担任村干部，以实现自身意志的顺利贯彻①。因此，乡镇干部在日常的行政工作中主要不是依靠行政命令，而是以行政命令为底色，依靠面子与人情资源来推动行政运作。

（二）关系拉拢、利益许诺与经济精英

以致富带头人为代表的村庄经济精英，凭借较高的资源禀赋成为村庄政治精英拉拢的对象。入村的项目都有详细的流程和标准，也就是说，自身资源禀赋越高的经济精英，匹配到更大、更好项目的可能性就越大，经济精英为了实现自身利益的最大化，在入村资源里获取更大的份额，需要与村庄政治精英合作。

李林家里有 5 口人，27 亩地，2007 年从固原市原州区张易镇贺套村搬迁到高村，主营收入靠劳务输出，对村里人口流动比较了解，高村近两年夏秋季节每天平均有 1400 多人流出在附近打零工。他是村里劳务输出的代表，家里还有一个小卖部，每次有关劳务输出或者致富能人的采访，村干部都会带到他们家，树立“典型”。

在老家穷怕了，就举全家之力 2007 年从固原市搬迁到高村，那时候一院子地方才 1 万块钱，地是我后面以每亩 1 万元的价格买的。现在没人要地了，我那时候买贵了。17 亩地全部种了黄花，剩下的 10 亩种玉米，刚开始种黄花的时候每亩给了 800 元补贴，黄花苗子要钱，基本上把补贴的钱都花完了。不过这两年黄花市场都饱和了，前年黄花还 27—28 元一斤，今年 5—6 元还没人要，咱们村种的这个基本上已经失败。2018 年开始种的时候，村上说是政府立的项，销路他们保着呢，结果没搞好，现在我们种了 2 年了，倒赔了不少，水费 1000 多块，还要锄草，

① 李祖佩：《“资源消解自治”——项目下乡背景下的村治困境及其逻辑》，《学习与实践》2012 年第 11 期。

我今年这 17 亩黄花雇人锄草就花了 2000 多块，还有农药，起码亏了 5000 多块钱，黄花价太低了，都抵不过摘黄花的人工费，我就扔田里了，没管。还不如种玉米，我其他 10 亩地种的玉米，还有一点收益。不过这几年种地真的是没效益，只见水费、化肥这些种地的成本涨，不见粮食作物价格涨，如果我这 27 亩地都种玉米，还是可以的，我也爱种，不过这几年都是大集体种植的趋势，如果要流转也没有办法，总体来说打工效益好些。我 2008 年开始搞劳务输出，刚开始就是自己找地打工，后来介绍的人多，成了组长，主要是在大柳树周边，比如中宁、白马这一带，带动了大约 800 多人去枸杞地、西瓜地、葡萄基地、农资基地干活，每天 100—130 元不等，工资当天就结算，能见现钱大家也愿意干。干活的人大部分是家庭留守妇女，也有年轻一点的老年人和没有技术的男人。每年 3 月 15 日左右，这些基地就开始招人了，一直干到 10 月或者 11 月结束。2013 年我在村上开了个小商店，混一点零花钱，忙忙碌碌一年下来，也就是 10 万元左右。（村民李林访谈资料）

（三）补贴动员与“贫困精英”

贫困户在村庄中本来处于弱势群体，但他们有一个共同的特点：听话、人老实。这个特点让他们“入”了政治精英的眼，攀上了政治精英的“枝儿”，他们需要依赖政治精英获取国家扶贫资金补贴，如低保、建档立卡、危房改造等被政治精英掌握的项目分配名额。而政治精英需要他们给予好处的“贫困户”带头支持自己在村庄治理方面的各种决策，需要他们来维护自己的领导地位。两方一拍即合，各取所需。截至 2019 年，高村共有建档立卡户 347 户，1475 人，低保户 213 户，286 人，公益性岗位 15 人，村干部从这部分人中选出村民代表小组（70 多人）。这部分人都比较听话，对村里的决定坚决并积极地带头支持。除了上述“听话型”贫困户，还有一种“谋利型上访户”，这部分人因为村上“好处”没有他们的份而选择上访，精明地计算着乡政府以及基层组织想要“维稳”的心理。最终村干部为了维持表面的“稳定”会许以建档立卡、低保名额，好让他们在村里决策的时候不要捣乱，正是这部分人的支持，让普通村民“失了声”，让村里的决策在明面上符合规矩、成为民主决议的结果。

项目实施也有个流程，基本上是我们在乡上开完会，回来和村民代表开个会，还有村监会的，争取让他们带头支持，然后让他们给村民传达，这样再开村民大会，让村民在合同上签字。但是村民代表和村监会基本上都是建档立卡户或者低保户，有的两个补助都享受，有个啥事基本上就是一通知他们就知道咋办。就拿种黄花来说吧，村里村干部都不愿意签字，村监会的老李就带头签了，他家有8斗20多亩地，老李是村里的老领导，有威望，村民一看老李家的田都种了黄花，也就都签字了。（老李家既享受低保也是建档立卡户）

那些带头种的积极分子不是说看到种黄花能赚多少钱，只不过是害怕人家把低保和建档立卡取了。还有公益性岗位的，不要小看这一笔钱，建档立卡每年补5000元，130多户建档立卡户，吃低保的也上百人了，吃低保的有三个档，320元、280元、230元，春节还有冬令救助，咱们村有80—90户，每户800元，还有大病救助、学生的补助，李老三说他家的三个孩子40%靠国家培养着，老王家危房改造给30000元。低保平均每月300元，一年3600元，养老金每月200元，一年2400元，加上建档立卡户5000元，低保加建档立卡一年下来差不多20000元。比种地强多了。（村民孙柱访谈资料）

我们夫妻两个就在宁夏区内打工，我一般在建筑工地打工，一天260元左右，她在这附近打零工，一天100元左右。差不多一年能打6个月的工，从3月开始到10月左右结束。不打工没得生活，两个娃娃要上学，家里开支大，靠打工一年也就收入7万多元，这几年跟着村里种项目作物的那几亩地，没有什么收益。前几年我和村支书闹矛盾，村上的好处也没有我的份，我就不服气，就去乡上告状，告了好几次，最后我家低保也给了，建档立卡也给了，现在我媳妇还在村上公益性岗位，一个月工资1030元，现在我就挺满意，村上说啥我就干啥，我背后自然觉得种黄花不行，滴灌更是胡整，但面子上我都是维护村里，现在也不指望那些地赚钱，政策不变，就会一直这样种下去，没有收益也要种，谁让咱们说了不算呢。（村民魏虎访谈资料）

第四节 特惠性项目资源入村

按照资金的用途可将“入村资源”分为普惠性资源和特惠性资源。普惠性资源的资金分配有明确的标准，这类资金是国家财政直接分配给农民的一般性转移支付，具有普惠性，其分配对象无须选择，满足标准即可享受待遇，采用平均主义，主要集中在农村医疗、养老以及义务教育等方面。普惠性资源一般具有较为成熟的执行经验，并且在农村公共服务和基础设施建设上起到“筑底”的作用①。特惠性资源一般是专项资金，其分配标准较为模糊，主要用于扶持农村发展、为农民提供公共物品等，具有竞争性，并且特惠性资金都是通过“项目”的形式进行“资源输入”的，因此又称为“项目资源”②。对于普惠性项目，基层组织只具有极其有限的自由裁量权，这类“普惠式”福利性项目很难涉及产业转型与村庄发展，而且在支农项目体系中，特惠性资源比普惠性资源占有更大的比重。因此，本章主要研究特惠性“项目资源”对村民生计变迁的影响。

一 特惠性项目资源

政府财政资源有限，因此在特惠性项目实施对象的选择上具有竞争性，基层政府对特惠性项目从项目申报审批到项目对象的选取以及项目实施和验收过程中都具有很大的掌控权，乡镇政府为了将“特惠性项目资源”任务向下传递，通常以“普惠性资源”进行激励，从而支配基层组织。

原则上特惠型项目的申报流程是：村级申报、乡级进行初步审核、县级进行审定，最后进行公告公示。这个看上去十分科学而又民主的流程，在实际操作中只要对下“搞定”好说话的村里人，对上搞好关系，紧跟着上面农业规划走，一般都可以批下来。公示结束后，再按照项目建设管理的规定和程序组织项目实施。这些项目分为到户项目和到村项目两种，到户项目按照“先建后补、以奖代补”的原则，由贫困户自行实施；到村项目严格按照有关规定和程序组织实施。项目验收由发改、财政、扶贫等扶贫资金主管部门进

① 叶敏等：《“资源下乡、项目化与村庄间分化”》，《甘肃行政学院学报》2014 年第 2 期。

② 王海娟等：《资源下乡与分利秩序的形成》，《学习与探索》2015 年第 2 期。

行抽验，主要包括对项目建设、项目资金使用、项目效益等方面的验收，按照“谁审批、谁主管、谁负责”的原则，有一套详细而周密的验收标准。

> 拿种黄花菜来说吧，这几年黄花菜的面积逐年增加，从2016年的1万亩到2019年的6万余亩，已经成为大柳树的特色产业之一，大柳树区的黄花菜主要集中在太阳山镇。2018年，村上要进行产业结构调整，采取走出去和引进来相结合的方式，于是就带领种植大户去太阳山镇兴民村进行调研和观摩学习种植黄花菜。人家产业推广办公室人员说，种植黄花菜成本低，效益高，每亩毛利润在1万元左右，我们就觉得种黄花菜应该比种玉米收成好一些，再加上有农牧局派技术员进行技术指导，不怕种不好，咱们这个只要你种上，政府就管，就给你立项，还有每亩800元的补贴，也就说苗子不用花钱，政府补给农户。高效节水示范区黄花菜种植项目经村委会和乡农业站联合验收，共计种植2600多亩。（村干部老马访谈资料）

（一）围绕土地做文章的特惠性项目

特惠性项目几乎都是围绕土地做文章，村委会决定以土地流转为抓手推动村庄产业转型。为吸引各类资本进入项目区，大柳树区政府出台了一系列配套的扶持和鼓励政策，积极为“资本下乡”铺路。一方面要求村委会动员农民进行土地流转，让土地集中连片，方便规模化种植；另一方面通过涉农项目完善村庄的基础设施，比如建蓄水池、改渠修路、平整土地等。同时给予资金补贴和贷款扶持，对流转农户承包土地1000亩以上，用于发展葡萄、枸杞、优质牧草产业的企业，按照100元/亩的标准进行补贴；用于发展高效节水示范区黄花菜种植项目的企业，按照500元/亩的标准进行补贴；用于发展其他特色产业的企业，按照50元/亩的标准进行补贴（补贴面积5万亩，补助资金250万元）。高额的补贴和倾斜政策的确吸引来了大批的企业进行土地流转，但是结果都不是很理想。大部分工商资本进入农业领域圈地，本来就不是为了种粮食，而是要种高价经济作物。种植经济作物，不仅投入大，市场风险更大，很多企业因为经营不善，或者纯粹是为了“套取”政府的补贴资金而“跑路”，这就导致村民与村干部以及乡政府关系尤为紧张。

> 附近几个村这几年土地流转都烂尾了，流转费2年了都没落实，种的葡萄也卖不出去，村民天天上访。把地流转给外面的人，一亩给上500元还不保险，既然如此，还不如咱们成立合作社自己干。2019年，咱们村自己决定把300多亩流转给镇上一个合作社种植西葫芦，销路快得很，主要是销往内蒙、甘肃武威这一带，湿的一斤8.5元，效益很好。咱们有的是资源，今年打算发动老百姓自种，下来分红，老百姓虽然是自种，但是村上合作社给你付工资，这个是有账算的，比如种植几个工、锄草几个工、灌水几个工，收割几个工，这都是统一管理的。咱们是没有钱，但是咱们有土地资源和人力资源，还有咱们这个高效节水，条件已经成熟了，大水漫灌种西葫芦就会烂，滴灌就不会。（村支书王亮访谈资料）

围绕“土地”开展的项目不仅在分配、实施环节问题频出，项目的验收也流于形式。村干部带着相关验收人员，走走看看，大家相互配合“走个过场”，往往只是按照项目管理有关规定收集、整理、归档项目资料，核对资金是否与预算相符，核对种植面积等，而对于项目实施后的实际效果则心照不宣地闭口不谈。村民只看到一个又一个的项目落地，这个项目失败下个项目覆盖，总之村干部有事干，乡政府也忙碌。

（二）低保、建档立卡等特惠性项目

凡收入低于国家扶贫标准且未实现“两不愁三保障”的农村户籍常住人口，原则上按“户申请、两评议、一比对、两公示、一公告”识别程序，对符合条件的贫困人口整户进行识别建档。高村有低保户213户，共计286人；建档立卡户347户，共1457人。低保有240元、280元、350元三个档，按人均收入，低于4000元（当时标准）的就算边缘户，属于扶贫范围。建档立卡户，有搞养殖的每年都给巩固发展资金，不搞养殖的一年就没补贴。学生补钱，大专高职生一年补3000元，本科生一年补7000元，上幼儿园的补1200元。考驾照也有补贴，C照补2400元，B照补4000元。还有危房补贴，低保户、建档立卡户补30000元，不属于以上情况的危房补贴15000元。还有临时救助，比如家庭有突发重大变故的补500—1000元。然而在低保、建档立卡户等评定过程中，村干部具有极大的话语权，直接决定了这种资源的分配方式。虽然国家对这部分资源的监控也非常严格，五类人员享受低保会被核销，

但是“上有政策、下有对策”，人情低保、关系建档立卡户屡见不鲜。

2016 年，那是第一年评建档立卡户，村干部不知道这是个什么东西，就把村上 8 斗种温棚项目人的名单报了上去，这几年不符合标准的人渐渐地都被换了下去。虽然如此，建档立卡也成了笔糊涂补助。老王家是支书的大爹家，家里有小汽车，日子过得不错，但人家又吃低保又建档立卡，人家懂政策，早早和儿子分了户，现在户上就是人家老两口，家里的车也挂在别的亲戚名下，上面咋查也没用，村里多数吃低保的都和村干部家关系好，要不就沾亲带故的，村支书家的田里有指甲盖大的一点农活，这些人就给抢着干了，有个啥好处，自然也就落在这些人头上，其他人压根沾不上。（村民高大爷访谈资料）

二　分利格局的形成

翟学伟在《中国人行动的逻辑》里提到，“土政策”是指地方或者组织根据上级的方针性政策或者自己的需要，结合本地区或组织的实际状况和利益而制定的一套灵活、可变、可操作的社会资源再控制与再分配准则[①]。在“土政策”的作用下，“资源下乡”没有组织和动员农民参与到公共事业建设中，反而将社会中的强势群体调动起来争夺公共资源，形成了国家与农民“隔离地带”，使得大部分国家公共资源难以直接、有效地下达到农村社会，国家通过项目资源所要实现的农村现代化变迁难以与农民结合起来[②]。国家向农村输入的资源越多，围绕项目资源产生的分利秩序就越稳定。权力主导型的分配逻辑极大地损害了普通村民的利益，国家资源增多并没有相应地提高基层治理能力和政治合法性，反而因为分配不公平以及农民需求无法得到满足而弱化了政治合法性，乡村社会面临以“去治理化”为主要表征的系统化危机[③]。

高村在国家资源输入的过程中村民围绕“入村资源”分化为政治精英、经济精英、贫困精英以及普通村民。正如前文所述，在项目资源巨大的利益

① 参见翟学伟《中国人行动的逻辑》，生活·读书·新知三联书店 2017 年版。
② 王海娟等：《资源下乡与分利秩序的形成》，《学习与探索》2015 年第 2 期。
③ 王海娟等：《资源下乡与分利秩序的形成》，《学习与探索》2015 年第 2 期。

驱动下，三种村庄精英较之于普通村民拥有更早的讯息、更强的经济实力和更透彻的政策理解力，面对不同的入村项目资源，他们精明地盘算着，从而采取不同的态度。

在进行土地流转之前，首先是国家进行土地确权，村里基本上家家户户都或多或少地开了点荒，摸透政策的村干部在此时放出风去，说土地确权就是为了收回开的荒地，村民一听这么个事，于是把自家实有土地面积按当初分地的时候划的上报了，尽可能地少报。事实上，村里实际耕地面积较搬迁之初是扩大的，村干部就把农民少报的地加在了自己名下，在自己抢占土地的同时，把消息透露给维护他的那一帮人，现在村里大部分人土地证上都少地，咱们对于政策反应不灵敏，村里有些人虽然自己反应不灵敏，但人家会搞关系，这样反应灵敏的人有好事了带带他，也能沾上政策的光。再一个，就是村上的项目，有补贴、给化肥的这一种就是围绕村干部家的地展开的，你家地有幸挨着村干部的，那就也能沾上光，一般这政策不可能只选一两亩地，都是按片划分的，有好处的就是以村干部的地为圆心向外扩散到项目的标准范围内。（村民老姜访谈资料）

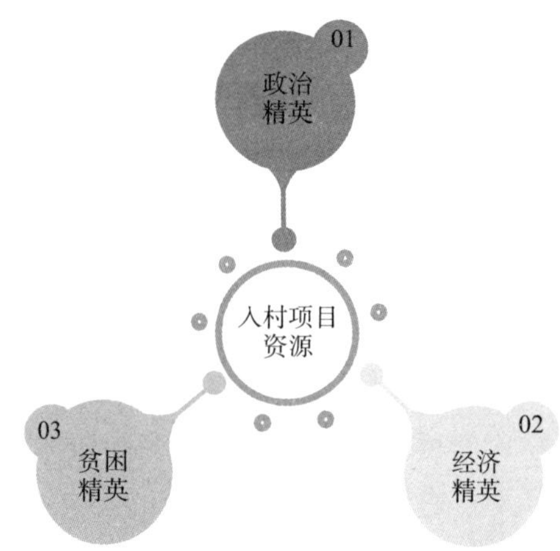

图 3－2　项目制、资源进村形成的权力利益网络

以 2018 年高村黄花菜项目为例，为了落实大柳树区发展节水农业的政策规划，获取相应配套项目资金，近年来X乡致力于调整产业结构，发展高效节水设施农业。按照“政府引导、市场运作、整合项目、资金捆绑、效益驱动、乡镇牵头、部门联动”的原则，X乡在其所辖的村里挑选合适的村庄进行“包装”，指点村干部进行“项目申报”。村庄政治精英得到乡镇的指示，开始准备项目申报资料，为了增加项目申请的成功率，乡镇往往需要动用关系与县级部门进行沟通，村级组织也需要经常去管钱的部门混个“脸熟”。然后县、乡、村在项目申报过程中达成共识，乡镇政府按照项目要求帮助村庄满足申报条件，当项目申报成功后，村级组织率领经济精英和贫困精英去黄花菜种植基地进行学习，学习完毕，给普通村民开始讲解种植黄花菜的好处，发展节水农业的利处，并在召开村民大会的时候带头支持，取得大部分村民的同意。此时，村干部再出面，利用行政权威，用灌溉水源胁迫坚决不同意的村民，在三种精英的合谋下，项目终于在村庄落地实施。等到了项目验收环节，只是相关部门下来量一下种植面积是不是和项目申报环节标注的相符，成活率有没有达到验收标准。达标后，对县级政府来说，终于把钱在点子上花出去了，有功劳、有绩效，对于乡级政府来说，政绩上又添了一笔种植多少亩黄花菜，发展多少亩节水农业，带领多少人民脱贫致富。而村委会，让县乡都满意了，以后有别的项目就好“张口”了。普通村民由于滴管供水不足导致黄花菜长势不好，外加黄花菜市场饱和，销售成为难题，怨声载道。面对村民的怨言，村干部凭借自己的强势地位和“装糊涂”的技能，一笔带过，重新思考下一年应该发展什么产业。

三 普通村民的选择

（一）沉默的大多数

普通村民由于本身资源禀赋的原因，在权力角逐过程中只能处于劣势。他们无法整合碎片化利益诉求，很难形成利益共同体，也挤不进利益分割的核心队伍，对于资源输入政策几乎都因为信息不对称而过于麻木，他们要么只能依附于村庄精英，要么尾随其后采取集体行动搭便车策略，这部分农民被迫选择政治疏离或政治冷漠，成为“沉默的大多数”[1]。

---

① 曾智洪：《乡镇分利秩序的乡土逻辑——基于西部Y县的调查》，《西南大学学报》（社会科学版）2017年第6期。

> 村民群里通知，要求4支有地的在村委会开会，开啥会，其实就去签个字，支书就明说着呢，今年统一种黄花，你种其他的就不给你给水，灌不上水就是白种，有本事的都出去打工了，在镇上买了房子，剩下些老实的，村上说啥就是啥，还有些厉害的，人家根本就不种田，田都是给别人代种，你让人家签字人家也就签了，但是人家根本就不种地，人家跑公交、搞劳务输出，一年赚上二三十万，也不和你村上撕破脸，人家就不在乎，说白了就是把些实实在在想种田的老百姓坑了，你犟也犟不过村上、告也告不响。村上说这是响应国家的政策，你看大杨村（隔壁村）这几年种葡萄也种烂包了，老板跑了，流转费都没有，村上人去告，还被乡上的抓进了公安局，老百姓能干啥，啥都干不了，这几年自己的两亩地上种啥都由不得自己了。8斗的地已经被祸害得年年不见收益，今年又说要流转2支的，我家养了8头牛，在大家都种玉米的时候，根本不愁牛草，这两年我年年在外地拉草，再这样下去，牛也没办法养了，年龄又大，没办法打工，不知道靠什么生活。我们也不是说不支持国家的项目，你修路、改渠实实在在地为老百姓办事，老百姓心里头都是高兴的，你嘴上说带大家种经济作物致富，一年又一年下来不见收益，这不是坑害人嘛。（村民高翠翠访谈资料）

在项目分配过程中，基层政府具有相当大的决定权。为了追求绩效或者获得升迁机会，项目分配在一定程度上带有个人意愿，往往与招商引资等地方发展目标挂钩，却没有考虑村民真实的发展需求，只是一味地将普通村民裹挟在“项目治国”的发展逻辑中。逐渐失去土地的农民、没有办法决定自己土地上种什么的农民，变成了“无产”的农民，只能背井离乡，流落城市。而他们中只有极少一部分能够有机会在城市扎根，其他大部分人每年像候鸟一样，在城市与农村间迁移，正如贺雪峰描述的那样，形成了“留不下的城市、回不去的农村”。

> 凡是不在土里刨食能过活的，就这二亩地，一撇（扔），也不看你村上的脸色，镇上楼房住上要多美有多美。凡是能咽得下这口气，把脸拉下给人提鞋的，人家一年贫困户的补助吃上和种地收益没差，最心酸的还是我们这些人，我们这些人占村庄的大多数，兜里没钱，手上没技术，

除了种田，再没出路，打工也就是在周边干下苦（苦力活）的零工，这种收益也没有保障，年龄越来越大，渐渐不能去打工，又没有到吃养老金，农民真的是难。（村民杨玲访谈资料）

（二）可嫌可叹的“贫困户”

“上面检查来了，老白。”刘勇冲着老白喊了一句。只见原本在地里锄草的老白，锄头一扔，骑着电车车就朝侄子家赶，旁边锄草的人见状都笑了。原来老白家是建档立卡户，之前养过羊，家里有个羊圈，听说现在建档立卡户养10只以上羊，政府每只补500元的养殖经费，10只就要补5000元，这么大一笔钱在眼前，老白领不到干着急，于是就动了别的心思。他侄子家养了13只羊，但不是建档立卡户，所以享受不上这个政策，于是他就和侄子商量，将侄子家的10只羊借给他用来骗取国家的补贴。熟人好说话，还沾亲带故的，外加老白许诺拿到补贴后给侄子1000元作为回报，侄子便欣然同意借羊。每当上面来检查，就会出现上面描述的一幕，老白会急急忙忙地去侄子家把羊赶过来。

类似老白家借羊的故事在高村屡见不鲜，有的是养的羊数量不够10只就找邻居借，还有借牛的，更有建档立卡户把政府发的牛私下卖掉，乡里乡亲的农民在这件事上态度异常一致：反正套的是国家的钱，不要白不要。村干部也是很头疼，大喇叭上说了好几次，也没人听，到时候该借还得借。在穷人的思维里，这笔养殖经费是一笔意外之财，而不是一次摆脱贫困的机会。村干部介绍建档立卡户养2头牛，每年补5000元钱；养10只羊，也补5000元；非建档立卡搞养殖的享受“见犊补母”政策补贴，生一头小牛犊给1000元补贴，生一只小羊补500元；为了鼓励农民发展养殖业，种植青杆也有补贴。国家实施一系列的惠民政策，提供大量的扶贫资金的初衷是想通过产业扶贫来帮助和引导贫困人口自力更生，从而达到脱贫致富的目的。但这些扶贫政策在实际落实的过程中，往往让别有用心的人钻了空子，“贫困户”用自己的“小精明”来“哄”国家的补助款，这证明摆脱贫困不单单是指物质上的摆脱，思想上的进步也十分必要。

第五节　生计方式变迁与农民分化

一　外部环境优化

2000年以来，随着经济发展和农民流动的增加，村庄正在发生巨大的变化，农民就业多元化，收入已经发生分化。大量农民进城务工经商，收入一半以上来自村庄以外，传统相对封闭的村庄结构解体，村庄边界日渐模糊，村庄社会出现了多元化和异质性①。同时国家通过资源输入的方式，在农田水利设施建设、现代农业生产发展、农业技术推广与服务、农村危房改造、大中型灌区续建配套和节水改造等方面投入大量资金，改变了村庄基础设施薄弱和公共服务短缺的现状，推动城乡基本公共服务均等化战略的实施，使得农民生存环境优化，让农民享受到改革发展的成果。

2000年，从“苦瘠甲天下”的西海固搬迁到高村的人们，在这片土地上已经生活了20年。在离开那个常年缺水、缺电、缺粮、缺钱，尽管辛苦劳作却收成无几的老家后，这些曾经思想麻木、意识封闭、精神颓废的人发生了翻天覆地的变化。“千军万马”四处“掘金”的现象非常普遍，受市场经济浪潮的的冲击，之前深居在穷乡僻壤的农民长期受信息闭塞的限制，而在新环境里，外部信息的对称给了他们更多致富的机会。他们敏锐地发现在新灌区固守几亩土地虽然可以解决温饱但很难摆脱贫困，于是发挥自己的优势去干事创业，这在移民村掀起了热潮。想法更多，活路更多，这是四通八达的地域外部信息对称带给村民的便利。

由“白草黄沙、飞鸿过断”的旱塬到人进沙退、树绿花红的福地，大柳树在1999—2009年，累计投入15925.5万元，先后实施了“三北”防护林工程、天然林保护工程、绿色通道工程等生态环境保护工程，完成人工造林126万亩。一道道严阵以待的防护林守护着移民的庄稼，风沙逐年减少，粮食产量逐年增加，生态环境的改善既提升了农民的幸福感，也富了他们的口袋。

近几年高村最明显的变化便是村里的路，不只主干道，各支道、田间路都硬化了，在大沟上架桥，村民骑着自己的“电车车”就可以去田里劳作，

① 参见贺雪峰《新乡土中国》，北京大学出版社2013年版。

不用在路上耽误过多的时间和体力。同样有明显变化的是村里的医疗卫生方面，2018 年，乡政府的项目给村民家门口铺设面包砖，清除门口违规建筑，同时有公益性岗位的人负责路面清洁，生活垃圾也有指定的投放场地，村庄一改之前脏乱的面貌而变得整洁。第三个明显变化的是，高村的娱乐设施明显增多了，2012 年财政局“一事一议”项目，给高村建了戏楼，来自隆德的移民对秦腔有一种独特的偏爱，老一辈的顺口就能唱几句，不仅爱听，还喜欢唱，每年春节期间，村里民间组织的戏班子就会在这里表演。村里还有爱心书屋、老年人活动场所等。

> “2019 年咱们修村庄巷道硬化 3.9 公里，是交通局的项目；田间生产道路 22 公里，是发改局的项目；村上铺面包砖是财政局给的。“一事一议”项目的资金不过村上，都是招标，哪个单位给钱哪个单位验收，还有就是发改局、审计局、国土局、农牧局的核实一下数据，看是不是符合招标时候的数据，村上就是起个监督作用，咱们老百姓既是受益方也是监督方。（村干部马勇访谈资料）

二 内部项目捆绑

> 咱们村主导产业以黄花为主，种植面积 2600 多亩，在 4 支、1 支，今年计划要在 2 支种 1300 多亩西葫芦，种子都订好了（农民却不知道），直接流转给高村村集体合作社，采用“支部 + 合作社 + 农户”模式，这是现在国家农村发展的一个模式。老百姓拿土地入股，一亩地算一股，一股下来流转费就是 500 元一亩，也就是保底 500 元。年底下来收入好了就可以给老百姓分红，假如挣 100 元，60 元用以合作社继续巩固发展，20 元用以给老百姓分红，20 元用以建设村上的基础设施，单双老户以及单亲家庭，3 支是统一种玉米，采用现代化的机械统一收玉米、砍玉米秆。（村干部吴芳访谈资料）

“项目”落实的最终目的是改善乡村基础设施条件，让广大农民群众享受国家改革发展成果，有一些项目确实落到了实处，在很大程度上改善了乡村的生活环境。然而还有一些项目在实施过程中并没有发挥预期的作用，这种项目建设只是扮演了验收的“道具”，不但违背了政策制定的初衷，同时也造成极大的资源浪费。在实际的项目实施过程中往往倾向于只要项目验收通过，项目的目的就达到了，项目运行的实际效果则往往被忽略，普通村民的意见也没有办法表达出来，从而导致围绕“入村项目”形成分利格局，乡村社会的分化和利益纠纷激增①。这种流于形式的项目没有办法满足村庄发展的需要，反而加剧乡村社会分化。

大柳树区地处宁夏中部干旱带，地理位置导致其面临水资源严重短缺的问题。扬黄水全部用于农业灌溉，但由于节水工程配套不齐全，节水措施没有全面推广等原因，宁夏水利厅每年分配给大柳树区的1.5亿立方米灌溉用水只能用于种植30万亩传统作物，水资源供需矛盾日益突出。为了解决这一矛盾，大柳树区开始全面统筹规划走节水发展之路，以发展高效节水农业为核心，提出《大柳树区节水型社会建设实施方案》《大柳树区高效节水灌溉五年规划》，加大节水灌溉工程的推广示范，建立健全节水技术管理体系，以节水挖潜为中心，强化工程节水措施。将50多万亩耕地中的15万亩用于玉米套种小麦，15万亩用于种植葡萄和发展特色经果林，10万亩土地用于发展土豆和油料作物，5万亩发展中草药和牧草，5万亩发展设施农业以发展高效节水现代农业为主攻方向，按照以上耕地占比实施“33211”的种植模式。根据节水农业的发展规划，大柳树区开始进行以“压减玉米等高耗水低产出作物面积”为思路的产业结构转变。在调整种植作物的同时，致力于转变灌溉方式，由原来的大水漫灌改为滴管、管道灌等方式。2017年以来，为了促进高效节水农业的发展，大柳树区引进专业技术公司建设高效节水农业示范区，目的是改变老百姓以往大水漫灌“不见明水心不安”的灌溉习惯，推动区内节水农业的发展。

政府部门致力于发展节水农业并缓解灌溉压力的初衷是值得肯定的，也取得了很大的成绩，但在实际操作的过程中存在的问题也不容忽视。乡镇把发展高效节水农业作为“硬项目”，串联在普惠性项目中，并与村干部绩效挂钩，说服农民种植节水的“项目作物”的任务最后落在了村干部的肩上。村干部的动员工作或是掺杂着国家政策话语的说服，或是以灌溉水源为威胁的

① 刘成良：《“项目进村”实践效果差异性的乡土逻辑》，《华南农业大学学报》（社会科学版）2015年第3期。

强制，或是带村民参观学习，追求“过程”合理，将村民“分类击破”捆绑在入村项目里，裹挟在“项目治村”的逻辑中。调研发现，高村2支的滴管管道形同虚设，一次都没有滴过，在项目验收完毕后都被农民拆除“卖了破烂”，而村里种植的黄花，由于市场饱和也销售不出去，最后成了农民的负担。项目还没结束，农民也不敢种别的，除了撂荒，别无选择。正如在本章开头村干部小吴兴致勃勃的描述一样，高村的土地来年种什么，村委会都已经规划好了，村民愿意也好，不愿意也罢，跟上种就行。

4支八斗的地刚开始被称为“天心地胆”，是最肥沃的土地，这几年年年搞项目，种西红柿、辣椒、茭瓜、大枣，年年折腾，地也亏了，农民没见到几个钱。去年整了2600多亩黄花，水费都没收回来，我这25亩黄花去年卖了700多元，今年卖了480元，这两年给这些黄花砸了五六万块了，村上去年开始建了个黄花晾晒场，也是国家的项目，我也出去学习过，那些教授说，全国很多地方都种黄花菜，就宁夏100多万亩，现在已经饱和了，卖不出去。现在种地都是附带着种，年轻人都打工去了，留下50—60岁的老年人种地，主要种植玉米和小麦。这两年改渠、拉管子，搞节水灌溉，四个片区国家投了3127.08万元，咱们高村就是其中一个片区，还是什么也没干成。2支、3支铺的滴管管道一次都没有投入使用就拆掉了，白白把钱花了，4支的好歹还滴了2次，直接不适用，沙土蒸发得快，大水漫灌4个小时都湿不了几天，滴灌一直滴也许还有用，滴那么几个小时不管用，这滴1个小时要30块钱，比大水漫灌贵得多，我都不知道就说已经滴过了，收了我700元，滴得也不均匀，低洼的滴得多，高出压力不够的滴不到。科学来讲打开一次滴200亩就可以了，咱们这打开800—900亩地一起灌，能灌个啥？节水灌溉一点效益也没有，也已经失败了。(村民张前进访谈资料)

村上刚开始动员农民种的时候，承诺得特别好，账也算得特别好，说黄花一斤80元，销路他保，结果除了刚开始种的时候每亩补800元，人家把苗子拉来后，又要求我们把苗子钱打过去，其实就是补贴了个黄花苗子钱，再啥都没见。农牧局派的推广技术员指导我们种植，行距、株距都有要求，2018年上春种好后，秋天过来量了一下亩数，看了一下出苗率。黄花主要是需要锄草，锄草费劳力，半个月就需要锄一次草，又没有特效的杀草农药，只能人工锄。虽然没有啥收益，老百姓也不敢拆，这是区上的项目，就只能把地扔下等着。从去年开始黄花的价格就下来了，以前就咱们私人卖，一斤都要卖30块钱左右呢，到咱们手里干的一斤5块都卖不上，这个东西这两年种得都饱和了，面积太大，没有销路。大柳树全区种了黄花6万多亩，这个东西和粮食不一样，种得多了就没人要了。今年咱们村上的黄花是第三年，到了盛产期，就说黄花都开了，你雇人摘，现在的黄花价，你连工价都顶不平，谁会去摘，还不是扔在地里。我去年还去陕西榆林参观了人家的黄花基地，人家专家就说现在问题就是种得面积太大了，市场的用量就这么多，找不到别的渠道，价格就只能下降了。（村民李得龙访谈资料）

三 村庄农民分化

村委会本应该在保障项目落地、反映农民需求方面发挥作用，但是乡镇总体发展规划的要求和自身绩效发展的需要使得村委会不得不通过各种正式或者非正式的手段，把村民强行捆绑在发展型项目之上。移民村庄血缘和地缘认同感比较弱，村民更加重视个体的经济发展，对于基层组织的关注度不高，至于村干部们“费尽心思”争取到的项目，只要不涉及个人利益，村民也都“冷眼旁观”。在“项目治村”的大背景下，极小部分农民欣喜若狂地举双手赞成，他们的生计早已经脱离了农村，或在城里买了房，或退休后返乡，并不依赖土地生活，村里土地流转或者统一种植项目作物与他们关系不大，因为土地流转反而可以获得额外的流转收益，同时也不用担心家里闲置的土地长久撂荒，所以他们是十分情愿的。大部分村民是半信半疑的，他们观望着大多数人的态度，农业收入也并不是他们唯一的收入来源。经过村干部们政策宣传和游说，这部分人小心翼翼、恋恋不舍而又充满对未来担忧地将土地流转给村委会。还有一部分村民，出于照顾年迈父母等原因，没有办法离开农村，离开土地谋生。这部分人在项目进村之前，可以以极低的成本甚至依靠人情关系承包20—50亩的土地，获取来自土地的收入。正如费孝通在《乡土中国》里描述的一样：直接靠农业来谋生的人是粘在土地上的，“土”是他们的命根[①]。这

① 参见费孝通《乡土中国》，北京大学出版社2012年版。

部分人对入村的项目反应最为强烈，他们是排斥的、狂怒的、心有不甘的。

（一）小农种植户

村民孙立家里有5口人，儿子和媳妇在吴忠上班，一共10亩地，4支有6亩多，2支3亩多。2014年开始跟上村上种植项目作物，种植过西瓜、辣椒、西红柿、黄花等作物，除了种植西红柿那年有武威老板承包外，其他项目基本没有什么收入，也没见补贴。无力改变现状，选择听从村上的安排，积极配合，争取低保补助。

> 2018—2019年种植黄花，开始种的时候说每亩补贴800元，但是黄花苗子要钱，一亩种下来苗子钱又给了村上600元。我种得稠密，基本上全买了苗子了，等于没有什么补助。种了两年，第一年种了3亩，第二年又种了3亩多，第一年直接没有收益，第二年收黄花的贩子按每公斤2元收了，6亩多的黄花一共收入了1000元，之前村上说统一收，结果人家来看了我们的黄花说个头太小，有弯曲，人家不要，就只能低价卖给私人收的，基本上忙忙碌碌，一年下来没见钱。去年滴灌村上说灌了5—6次，啥时候灌的也不知道。我这3亩地滴灌下来水费花了将近400元钱，肥料开始说要溶化到蓄水池里，可能是因为种植面积过大，蓄水池的也不够用，就没实行。还是自己上肥料，我上肥料花了300多元，加上村上刚开始种的时候发了点肥料，一共水费加肥料投入了700多元。滴灌的蓄水池2018年用了一年，效果不行，2019年滴灌实行不下去，改为大水漫灌了，而且很多人的黄花都因为没人收扔地里了，2020年是个什么情况还不知道，现在主要收益就是靠2支种点玉米，日子越发难过了。（村民孙立访谈资料）

（二）传统型半工半农

鲁小兵家4口人，10亩地，八斗有2亩地，其他地在2支、3支。这几年因为村上搞项目，要求种经济作物，外加平田整地运动，粮食作物的收益逐年下降，现在主要收入来源是务工收入。考虑村上今年要流转2支土地，搞“支部+合作社+农户”模式，他表示会直接撂荒，夫妻俩共同打工，挣现钱比挣工分有保障得多。夫妻俩这几年一直边打工边种地，每天工资合计340

元，从每年的3月一直工作到11月，打工收入81600元，每年除去吃穿用度等生活成本、子女教育等花费外纯收入达四万余元。

表3-4 鲁小兵家外出务工收入一览表

大工（技工）	240元/天	7200元/月	
小工（妇女）	100元/天	3000元/月	
合计	340元/天	10200元/月	81600元/年

2014年以来一直跟村里种植项目作物，听起来美得很，实际上啥也不是，种得好了，没人收，烂在田里；种得不好，直接干死在田里，我已经放弃4支那点地了。这两年2支、3支因为平田整地项目，把地全都推平了，肥力不行，连着两年减产，一亩也就收入1000元左右。那时候是村上想把土地流转出去，来的老板看了地都说地块太小了，没有集中连片，给的流转费太低，于是村上2016年就借着项目平整了，头几年大家都特别爱种地，自从八斗开始折腾，年年种年年什么都不得见，再加上这两年2支、3支也开始折腾，地肥力下降，水费从搬迁到现在涨了3—4次，化肥价格也上涨了，基本上种地没什么效益了，人就觉得打工好，没有技术只会下苦的就去周边打打零工，一天男的200多元，女的100多元，有技术的直接去银川等远处打长工，同在一个村一年四季都见不上。（村民鲁小兵访谈资料）

（三）种植养殖大户

高贵家5口人，13亩地，项目入村之前，依靠人情关系或者以每亩100元的价格承包了50亩“成色好的”土地用于种植玉米，同时搞规模养殖业，养牛35头，摇身一变成了高村的种植大户。种植的玉米60%作为牛的饲料，40%进行变卖，玉米秸秆可用作牛草，牛粪又可以给玉米地增肥，形成一个良性的产业循环，年收入30余万元。项目入村以后，他竞争不过村委会，获得“闲余”土地，没有成规模的土地，种植玉米就意味着牛的草料没了着落，只能将大部分牛变卖，一下子损失了大半的经济来源。对类似高贵这样的村民来说，每年一亩地500多元的流转费自然不是他们的最佳选择，用灌溉水源胁迫他们跟着村上种植“项目作物”也让他们苦不堪言。

我家种了50亩玉米，一般一年亩产1800斤左右，现在玉米价格一般，最高一斤8毛左右。水费、化肥、农药这些杂七杂八下来成本也有35000元，这样种植玉米一年能收入5万多元。再加上养了大小牛共35头，实际一年也就30多万元。但是村上搞这个项目，我这些牛没草料就得卖掉，换谁怕是都不愿意，不愿意也没办法，上访过一回，乡上说这是国家的政策，要按大趋势来，但这是有账算的，国家政策也得让人活不是？（村民高贵访谈资料）

表3-5 “项目进村”前高贵家种养殖收入

项目	数量	总量	单价	成本	净收入
玉米	1800（斤/亩）	50（亩）	0.8/斤	35000元	55000元
牛	35（头）	35（头）	16000/头	315000元	245000元
合计				350000元	300000元

比高贵家规模小但情况类似的还有杨金家，2001年搬迁至高村，家里4口人，10亩地——2支8亩，4支2亩。4支2亩2018年开始种黄花，苗子国家补了，但是其他的水费、肥料自己承担，种了两年等于白种，滴灌都已经失败，管子在地里乱扔，2019年黄花还生了虫病，没有收益，种的人基本都扔下不管。8亩玉米收益尚可，家里养了7头牛，属建档立卡户。

主要收入就是靠种植、养殖，我身体不好，也不能打工，没有其他收入，现在牛也不好养了，种地的人一年比一年少，牛的草不好寻。八斗、4支这一带基本上都荒了，种的黄花、大枣这些东西几乎就是白忙活，能出去的都出去打工了，出不去的就种2、3支的地，养些牛啊，羊啊维持生计。我那年跟村上在4支种了枣树，枣树长大了，村上又说要统一种黄花，就把我家的枣树强制挖了，大家的都被挖了，有啥办法，挖了我80棵枣树。现在3支还建了个黄花晾晒场，感觉好像要大干一场了，实际上根本没有收益，加上水费这几年单价虽然没涨，但是水量小了，灌的时间长了，还不是变相涨了，老农民早都不想种了。我这个建档立卡属于穷得不行，村上怕我拉扶贫验收的后腿才给的，一年给5000元补贴，说是国家给的是巩固发展资金，生一头小牛犊给1000元补贴，以前生了小牛犊就给村上说一声，村上联系畜牧站上的人，给牛犊起名字、上户口、打耳牌子，然后就补1000元，咱们乡搞养殖的有一个群，叫“见犊补母”，现在生了小牛犊直接在群里联系打耳牌子的人就行，羊听说是一只补500元。(村民杨金访谈资料)

(四) 无田可种的“农民工”

农村的问题没有解决，转嫁到城市就会变成“农民工”问题。而进城务工的农民也分为了两类。一类以青年人为代表，他们对土地没有依赖之情，对农村的家园也是毫无眷恋，一旦有机会在城市扎根，他们会毫不犹豫地舍弃农村，农村的家园对他们来说只不过是个逢年过节回去“转转”的老家而已。徐有亮家6口人，12亩地，8斗有两亩，剩下的在2、3支，村上平整土地后将土地撂荒，以外出务工为主要生计方式。

刚开始也跟村里种项目作物，结果一年不如一年，尤其是种黄花，简直就是让人家当了试验品。刚开始是滴灌，灌不好，缺水又缺肥，实行不下去，又改成漫灌，漫灌水量大，滴灌人太多轮不过来，种的面积太大了。种的时候说一斤5块收，后来收黄花的时候变成了一公斤5块，再后来一公斤5块也没人收，就扔在地里了。这几年种的项目没有一个成功的，那年种了些辣椒，长势太好了，最后没人要，还不是烂在地里了，开始让种的时候答应得挺好的，种上就没人管了。我这几年跑车，对种地也不报啥期望，没有效益。老百姓就想种玉米，多少还能见一点回报，种小麦也行。我那年种了小麦，小麦收完又种了荞麦，收了两茬，80多袋小麦，20多袋荞麦，我全卖了。村上不要胡整了，让我们踏踏实实种，还是能种下去的，这些经济作物根本就种不成，种好了也没人收。何况是搞的这个滴灌，水跟不上、肥也跟不上，老板来收的时候，人家看不上咱们这黄花，说不合格，不合格咋办？没办法，在这块种这个浪费时间，还不如去打工，落个自在。(村民徐有亮访谈资料)

第六节 生计变迁与乡村社会治理的思考

一 资源消解自治

“资源输入”是当前乡村发展的主流模式，伴随“资源输入”，乡村社会在方方面面都发生了明显的变化。这些变化首先体现在生计方式上的变迁，由经济上的变化从而又引发了其他方面的变化。仔细观察高村的发展会发现，从2000年移民此地至今，村民的收入翻了大约20倍之多。了解其成因和发展动力，可以总结为三个方面：第一，移民搬迁之初太过贫困，底子薄，因此找到合适的致富路子后收入上涨的空间大。第二，移入地是一张白纸，需要从头建设，为移民提供了发展机遇。第三，国家整体经济形势利好的带动，市场经济的渗透以及农民大规模向城市流动，从而获取更多的致富渠道。以上三点高村收入翻倍的原因，都是从非农领域寻求的致富途径，而与调整农业产业结构关系不大。村庄在“资源输入”下，内部变得越来越复杂，村庄治理也陷入了困境。在村庄政治生活中，村庄精英得到乡镇政府的行政支持，通过“抓包”“承办”等形式垄断项目资源，村庄权力结构一元独大，大多数村民在村庄公共生活中的话语空间被压缩，村民自治流于形式[①]。

村干部利用低保、建档立卡、公益性岗位、项目补贴、政策性贷款等入村资源，巧妙地结合“土政策”，牢牢地控制住了一部分村民，把他们培养成积极配合、十分听话的伙伴，然后安排到村民小组、村监会、党员群体中去。这部分村庄“精英”在有需要村民表决的事宜上，积极表现，带头配合，从而给村干部的工作披上合理合法、民主公平的正当外衣。事实上，虽然如今的乡村社会已经逐渐脱离费孝通“乡土中国”的范畴，但中国人“好面子、随大流”的行事逻辑依然没有改变，那种“别人能行我也能行”（别人同意我也同意）的固有观念导致普通村民在他们生存的村庄中的话语权被极大压缩，村民自治流于形式也成为司空见惯的现象。在市场经济的冲击下，原有的价值观念逐渐解体，“金钱”成为衡量成功与否的决定性因素。在此背景下“致富能人”成为村民们羡慕追捧的对象，对于“搞得来钱，路子多、有本事

---

① 李祖佩：《“资源消解自治”——项目下乡背景下的村治困境及其逻辑》，《学习与实践》2012年第11期。

的村民”，其他普通村民包容度非常高，而“来钱”的门路正当与否则不是普通村民关心的话题。村庄精英们掌握了大部分的资源，村庄往往形成紧紧团结并以村支书为核心的分利团体，每当有能见好处的特惠性项目时，30%发放给确实满足条件的村民，70%以村干部为圆心，以与村干部关系亲疏为半径向外辐射，这样的执行效果，上面挑不出错。虽然国家想尽了办法监管项目以及资源输入的落实情况，但是下面的对策总是多于上面的政策。以低保为例，国家对“五类人员”进行低保核销，但政策似乎只对不了解它的人适用。

> 村支书的表哥，家里有两辆车，又吃低保又是建档立卡的，人家的车没在自己家名下，都是用别的亲戚的名义买的，上面核销只是把普通人的核销掉了，最后国家养的全是有权人，不是老百姓，也告不响。如果上蹿下跳地下狠心闹，那也是可以解决的，但一个村住着，都是熟人，撕不开这个脸。(村民蒙军访谈资料)

二 “资源依赖”与“村社理性”

村民对“村治冷漠”的主要原因是入村项目在实施过程中让村民觉得和自己没什么关系，决策是村干部的事儿，普通村民只是处于配合的弱势地位，无论是否有利于自身利益，都需要配合的话，那“村上决定了就行”。从乡村的实际情况来看，普通村民对于和个体利益无关的入村项目，往往是在项目落实过程中扮演“旁观者”的角色。项目资源的输入并没有像设计之初计划的那样能够增强乡村社会维持自身秩序的能力，实则导致乡村社会对国家形成高度的“资源依赖”。国家的资源输入，一方面使得国家与农民的关系发生了变化，由“汲取型”转向“反哺型”；另一方面也使得基层治理机制发生了变化，围绕“入村项目”而产生的乡村分利格局，使得项目资金使用重复甚至无效，“项目款到了，合理花出去”就行了。国家资源输入的不断增加，既没有拉近国家与农民之间的关系、没有继续提升基层政权的合法性，也没有增强基层政权自身处理和化解问题的能力，更没有增强基层社会的活力，反而出现了基层秩序维持对资源输入的高度依赖。一旦国家减少或取消资源反哺，基层社会问题就会因为缺少有效化解机制而不断喷涌，从而增加国家的治理风险和成本①。

如果把50—80后算作移民一代的话，90后和00后就属于移民二代了，这代人比自己的父辈们文化程度高，如果没有考上大学，就会去上技术类学校，总之会有一技之长，他们渴望脱离乡村社会，努力在城市扎根，即便没有扎根，他们也会选择一直待在城市，直到没有办法生存才会考虑返乡。因此，移民的后代并不会去珍惜他们的父辈苦苦建立的农村家园，自然对于乡村的社会治理无感。留下来的人望穿秋水，离开的人归期不定，随着村庄土地流转规模的逐年扩大，那些原本依附在土地上的人也不得不为了生计而离开土地。

今年村上把2支的地流转了，统一种西葫芦，一亩给500元流转费，说年底按照村上合作社的经营情况分红再给100元，就算村上的分红能到位，也就是一亩600元，2支4亩地，一共也就2400元。这下4支种黄花菜、2支种西葫芦，我家就剩3支2亩地，要供2个大学生，你算算够用吗？所以我们两口子就出来打工了，媳妇在银川当保洁，我在甘肃干砖瓦活，家里剩的那2亩地，就交给老人种（父母63岁），种不动也没办法。好在现在基本上机械化，叫个机子连耕带种，收玉米也一样，就是平时灌水累，黑天半夜轮到了就得去。没流转之前农忙时田里忙，农闲了一直在附近打打零工，现在没地了，也没心劲种了，不种地出来打工，单从收入来说，肯定比一边种地一边打工高，但是我们没多少文化，干的也是体力活，只能干一天算一天，年龄大了，一来干不动，二来人家单位不要，还是得回来种地，打工没保障。再就是一年到头地在外面下苦，一家子人东一个、西一个地见不上几面，心里想着，也就再坚持这几年，娃娃们都毕业了，也就没有这么辛苦了，到时候看情况，有地了就继续种，没地了再想别的办法，现在都是统一规划种植，谁也没办法，只能去改变自己的情况，适应这些变化。（村民韩川访谈资料）

① 李祖佩等：《分级处理与资源依赖——项目制基层实践中矛盾调处与秩序维持》，《中国农村观察》2015年第2期。

这里只是讨论当下生活在乡村的普通农民，他们在村庄越来越公司化的过程中如何生存。如果乡村社会秩序的维持只能依靠国家资源的持续反哺才能维系，而村庄内生的关系、秩序都已经被打破，那么乡村治理的风险和成本将会非常大，这也就是为什么要探讨“村社理性”的原因。“村社理性”是指通过组织与动员重构村社内部化机制，减轻与吸纳发展的成本问题①。重申“村社理性”，是希望在工商资本下乡愈演愈烈的背景下，以村庄各组织来形成“保护型经纪”，从而降低或者尽可能地避免工商资本将农民的土地流转发展规模性种植业失败后资本跑路，造成农民利益受损和国家项目资金的失效与浪费。比起纯粹的“资源依赖”和依靠外部“资本输入”，村庄结合自身大量的土地资源、人力资源进行自主发展可能是出路之一。近些年，村集体成立合作社的不在少数，有一些合作社仅仅是“空壳”对村庄发展无益。村庄需要探求真正能因地制宜的发展思路，就需要充分考虑其内在的资源禀赋，但随着城镇化进程的推进，村庄的年轻人、劳动力、村庄的智力和潜力都在逐渐流失，随之而来的“留守”人员问题日益凸显，孤独的老人、缺乏陪伴与教育的孩子，让我们在为了脱贫摘帽欣喜之余，对于市场经济外部性导致的农业困境也应该予以重视。发展综合性乡村合作社，合理有效地利用村庄的人力、土地资源，盘活以农民为主体的乡村经济可能是未来乡村发展的有效途径之一。

第七节　结论

“项目资源输入”是我们考察乡村社会变迁、讨论乡村社会治理的重要背景。通过对高村的实地调研，了解到自 2000 年从西海固地区移民搬迁至高村以来，受自然条件的影响，村民的主要生计方式是半工半农。随着项目资源入村的力度不断加大，基层政府为了实现乡村发展、脱贫致富的政治目标，利用正式或非正式的手段动员村民参与入村“项目”，从而推动农民生计变迁和加剧农民分化，进而对基层治理机制产生影响。

“项目资源”入村一方面改善了村庄的基础设施，优化了村民生存的外部

① 陈靖：《村社理性：资本下乡与村庄发展——基于皖北 T 镇两个村庄的对比》，《中国农业大学学报》（社会科学版）2013 年第 3 期。

环境；另一方面又使得村民在内部项目捆绑下离开土地，生计方式变迁从而致使村民分化，从而使得国家想要通过大量农业投入来使农民的增收效果弱化。在“项目治村”的话语体系下，村民生计变迁、村民分化对于乡村治理的影响，会导致“资源消解自治”，同时村民对村治无感表现出“村治冷漠”，而村委会对入村资源的依赖越来越强。

第四章 “土地流转”与多民族村落有效治理

——基于宁夏青铜峡市河滩村的实地研究

第一节 绪论

一 选题缘由及意义

（一）选题缘由

2016 年 7 月，笔者随同大量民族学研究者到达吴忠市青铜峡市峡口镇河滩村进行田野调查。在峡口镇河滩村进行调研的过程中，调查者发现河滩村的一个新现象——土地流转。当时河滩村土地流转正处于起步阶段，在流转过程中出现的诸多问题既有普遍性又有特殊性。通过搜集网上资料和阅读大量关于土地流转的相关文献材料，发现现有的关于土地流转的研究大多是从宏观的角度出发研究土地流转的现状、问题和方式，缺乏对土地流转过程的研究。正因如此，笔者想将研究范围缩小在一个村落，通过扎实的田野调查进行土地流转的过程研究，深入了解土地流转如何在一个村落得以开展。土地流转对于村庄内部结构带来了哪些方面的变化。土地制度的变革对于乡村治理带来了哪些影响。

（二）选题意义

1. 理论意义

第一，从历史的角度考察农村土地产权制度的变迁，分析我国农村集体土地产权制度变迁的需求动因和供给可能，有助于加深对制度变迁理论的认识；第二，将农地流转和乡村治理相结合进行分析，提出土地流转对乡村社会结构、经济结构、组织体系和社会稳定等产生的重大影响。随着土地流转的推进，乡村社会的边界走向开放，在此基础上解释了土地流转与乡村治理变迁的内在逻辑，揭示了国家、土地和农民的关系。

2. 现实意义

本研究主要以河滩村为田野点进行实地调查着重于河滩村土地流转的过程研究，分析土地流转中乡村制度下权力的非正式运作这一特点。随着土地流转的推进，“资本”进入乡村后如何更好地兼顾多方利益等一系列问题。本研究通过对该地农村土地流转实践以及对乡村治理产生的新问题进行了深入的分析，探讨“乡村振兴”背景下如何实现乡村的有效治理。这些对于改善当地乡村基层治理，实现乡村善治有着现实意义。

二 研究综述

（一）国外研究现状

国外关于土地流转问题的研究比较丰富，比如马克思、亚当斯密等著名的政治学家和经济学家从不同的理论和视角对土地的产权和土地流转问题进行研究。除此之外，也有许多西方学者从经济刺激作用、市场隐私和农户自身的因素来分析农地流转的动因。国外关于土地流转的研究主要是建立在资本主义土地私有制基础上，由于根本制度和经济社会发展上的差别，国外的学者更多是立足于产权理论展开研究。

1. 关于农村土地产权问题的研究

理查德·A. 波斯纳在《法律经济分析》指出，当资源配置无法达到最优状态时，补救的做法就是明确产权，进而引入市场机制，通过谈判达成协议，从而恢复资源的最优模式。只有土地产权明晰化才能使土地自由买卖、交换、抵押等，进而使土地资源能够得到优化配置[①]。美国经济学家 R. H. 科斯从产权理论的角度出发分析了明确界定农村土地产权的重要性。他在《社会费用问题》中用例证来说明只要将农地产权明确界定为私有，不论是分成合约、固定租约还是土地所有者自己耕种，都能够实现土地资源的最优化配置[②]。

日本的经济学家早见雄次郎对农地产权制度和农业生产效率做了研究，

---

① 曾妮：《农村土地确权流转下的乡村治理转型研究》，硕士学位论文，浙江财经大学，2015年，第3页。

② 曾妮：《农村土地确权流转下的乡村治理转型研究》，硕士学位论文，浙江财经大学，2015年，第4页。

他认为二者之间有着紧密的联系，拥有土地所有权和使用权的自耕农农业生产效率更高。美国的经济学家 M. P. 托达罗则认为第三世界国家农民贫困的原因是土地所有权的不平等，他在《经济发展与第三世界》中研究了亚洲部分国家农村的发展现状，他发现农村大部分的土地被富人和地方权势的人所瓜分，很多普通的农民很少有土地甚至没有土地。土地所有的不平等最终造成农村经济发展的落后。他在书中这样写道："在大多数国家里，土地所有权不平等的结构可能是农村收入和财富分配极不平等存在的唯一最重要的决定因素。"①

2. 农村土地流转问题的研究

Basu Arnab K 对土地利用方式进行了一些列研究，得出土地租赁是比较常见的土地流转形式。他认为在一些发展中国家，农村经济发展落后，金融市场未形成，基本社会保障制度不完善，造成大多数贫苦农民在土地市场交易的过程中没有办法享受到土地买卖带来的经济收益，相反这些会让他们逐渐失去土地的所有权②。Terry Van Dijk 对农村土地利用碎片化和土地流转的关系进行研究，他通过分析欧洲中部一些国家在土地个体私营过程中出现的土地碎片化现象，分析出土地碎片化发展所带来的利与弊。他认为土地小规模细碎化经营可以有效控制旱涝、病虫害等自然灾害，但却不利于在农业生产上进行规模化经营和提高农地生产率。他认为破解土地碎片化经营难题的关键就是土地流转③。

3. 乡村社区治理的研究

"治理"一词最早源于西方发达国家，与治理相关的理论体系也是在西方国家的实践中逐步形成的。工业革命最早源于西方国家，其工农业发展水平和城镇化水平都比较高，农村的社区建设也比较完善，所以在国外乡村治理多是侧重于基层的社区研究。美国学者理查德·C. 博克斯认为社区公民对社区的发展具有较强的决定作用，在此基础上他提出了社区治理模式，即公民治理下的社区治理模式。他认为社区的治理会受到社区的规模、民主程度、

① 参见托达罗：《经济发展与第三世界》，中国经济出版社 1992 年版，第 292 页。

② Basu Arnab K, "*Oligopsonistic Landlords, Segmented Labour Markets, and the Persistence of Tier-labour Contracts*" American Agricultural economies Association, No. 2, 2002.

③ Terry Van Dijk, "*Scenarios of Central European Land Fragmentation*" Land Use Policy, No. 20, 2003.

责任意识等多种因素的影响。社区决策者的决策导向和对社区发展方向是决定一个社区选择何种治理模式的关键因素[①]。英国的格里·斯托克认为，新地方主义作为新兴的治理原则，其要求不是简单将权力下放给地方政府，而是在社区的治理中将居民积极纳入其中[②]。他通过对战后、新公共管理时期、网络化社区治理时期治理体系的关键、主导意识形态和与上层政府的关系等诸多因素进行比较分析得出，在新地方主义的网络化社区治理下，一些松散的组织会相互依赖并逐渐联合起来共同应对新时代的挑战，通过网络化互动机制的构建会使民主与管理相互结合。

（二）国内研究现状

国内关于土地流转的研究较多，一些专家和学者都对该问题进行过系统的理论研究。基于不同的视角，主要从土地流转的现状与动因、影响因素、土地流转模式、土地流转的效应与效率与农村土地流转市场的形成等方面开展研究。

1. 土地流转的现状与问题

根据我国宪法修正案的规定：农村土地所有权的主体归集体所有，土地流转转让的仅仅只是使用权[③]。这也是不断完善我国家庭联产承包责任制度的客观要求。

李小群、许跃辉（2006）对安徽省农村土地流转进行调研，发现以往大量存在的土地抛荒现象已经被杜绝了，但土地重新抛荒的可能依然存在。在第二轮的土地承包中，在公平被注重的同时，土地流转的效率也受到了制约。其次，土地流转合同期限短和流转手续中存在的不规范因素都对土地流转造成了一定的影响[④]。张富杰（2009）以贵州省平坝县为例，发现土地流转行为不规范，由此提出要完善并创新农村土地的金融制度，建立统筹城乡发展的社会保障制度，从而加快农村土地流转[⑤]。刘敏华、李锡英、宋占新

---

① 参见理查德·C. 博克斯：《公民治理：引领21世纪的美国社区》，中国人民大学出版社2005年版。

② 格里·斯托克：《新地方主义、参与及网络化社区治理》，《国家行政学院学报》2006年第3期。

③ 肖文韬：《交易封闭性、资产专用性与农村土地流转》，《学术月刊》2004年第4期。

④ 李小群等：《安徽省农村土地流转的现状、问题及政策建议》，《农村展望》2006年第2期。

⑤ 张富杰：《少数民族地区县域农村剩余劳动力转移背景下的土地流转研究以平坝县为例》，《贵州民族研究》2009年第4期。

（2010）对河北省的农村展开抽样调查，对选取的35个民族村进行研究，研究过程中发现民族村只增人不增地，人多地少的矛盾逐渐突出[①]。李忠斌、饶胤（2011）以贵州省黔南布依族苗族自治州为例，研究发现民族地区在农地流转过程中存在诸多问题，比如农村土地产权关系不明晰、流转行为不规范、土地流转机制不健全、土地撂荒日益严重、民族地区基础条件落后，企业投资意愿不强等诸多问题[②]。代贞贞、崔瑛、张倩（2014）以土地流转为背景，分析了西部少数民族地区土地流转的现状与问题，认为农村土地流转的实施较为复杂，涉及政府、农民和中介等群体的利益问题，从而会制约土地流转的发展。他建议创新机制，建立新型的农村土地流转制度，规范土地流转市场，推进农民承包地在不改变承包用途和使用性质的前提下采取转包、出租、农村土地互换和土地合租入股等多种形式的土地流转[③]。刘璐琳（2010）认为当前民族地区在土地流转过程中存在着诸多问题，比如，土地细碎化，农业生产经营中人均耕地面积较少的情况下把土地分为不同的地块。从而呈现出“零散化经营”的态势，不利于农业现代化的发展。因此土地承包经营权的转让将成为民族地区农村土地制度改革的一条主线[④]。孙岿、刘明（2011）对边疆少数民族地区农村地区土地流转机制进行分析发现，边疆民族地区主要以农户间自发土地流转（出租、转包、互换）等为主，该地区农村呈现出高土地流转率与高贫困发生率重合的特征，主要与少数民族的经营能力、文化适应和人口结构这三重弱势有关。仅仅依靠土地出租的方式往往会产生社会权利贫困、能力贫困和社会资源贫困，从而会加深少数民族的边缘化程度。赵其卓、唐忠（2008）以四川省绵竹市为例，通过分层随机抽样调查发现，随着农村劳动力的转移，参与农村土地流转的土地将会增加，随着农村土地流转市场的初步形成，亲缘和地缘对于农村土地流转的影响将会减小，租金水平的影响将变大[⑤]。张寒阳（2015）以湖南省湘西自治州为例展开研究，他

① 刘敏华等：《河北省少数民族聚居村土地流转问题研究》，《河北学刊》2010年第11期。

② 李忠斌等：《民族地区农村土地流转现状及对策——以贵州省黔南布依族苗族自治州为例》，《民族研究》2011年第2期。

③ 代贞贞等：《浅析西部少数民族地区土地流转背景下农民养老保障问题》，《当代经济》2014年第3期。

④ 刘璐琳：《进一步完善民族地区土地流转的思考》，《探讨与研究》2010年第7期。

⑤ 赵其卓等：《农用土地流转现状与农户土地流转合约选择的实证研究》，《中国农村观察》2008年第3期。

发现农民的观念保守，对于土地流转了解不够且缺乏信任；农村土地流转机制不健全，土地纠纷问题较多，除此之外受到地理条件的限制，土地流转难以有效地推进。针对以上存在问题，他提出应当培育土地流转市场，政府应该加强对市场的监管力度，扩大土地流转的经营规模，拓宽土地流转的渠道等措施[①]。

2. 土地流转的制约因素

关于土地流转的制约因素，学者们从不同的层面和角度进行了分析。从土地制度角度出发，林浩滨、何亦名（2003）认为在农民的土地承包经营权中缺乏土地的租赁权、抵押权和收益权，产权制度不完整。黎霆、赵阳、辛贤（2009）认为地权的稳定性影响农村土地流转，地区内的稳定性预期和劳动能力是农户是否参与农村土地流转的一个重要影响因素[②]。从政策环境的角度出发，马晓河、崔红志（2002）认为农村社会保障体制不健全，不利于农村土地流转的推进。其次是土地流转过程中缺乏市场中介，从而导致土地流转机制的不完善[③]。从供求关系角度出发，邓大才（2000）认为有三个主要因素制约农村的土地流转，第一，土地的保障性功能是农民不愿流转的根本因素；第二，购买土地没有理想的收益；第三，缺乏载体，交易成本过高，对于买卖双方都不划算。由此可以看出，农村土地流转受到供给与需求两方因素的共同制约[④]。

3. 农村土地流转方式

根据不同的标准，学术界对农村土地流转方式的研究各有不同，钱良信（2002）将农村土地流转方式分为六类，包括转包、反租倒包、股份合作制、土地置换和土地信托，而傅晨、刘梦琴（2007）则认为土地置换不应该纳入土地流转的范围内[⑤]。胡亦琴（2003）将土地流转方式分为有偿转包或转让、信托服务、反租倒包、投资入股和土地置换五种类型[⑥]。杨国玉、靳国峰

① 张寒阳：《民族地区农村土地流转中存在的问题与对策研究——以湘西自治州为例》，《湖北经济学院学报》（人文社会科学版）2015 年第 1 期。

② 黎霆等：《当前农地流转的基本特征及影响因素分析》，《中国农村经济》2009 年第 10 期。

③ 马晓河等：《建立土地流转制度，促进区域农业生产规模化经营》，《管理世界》2002 年第 11 期。

④ 邓大才：《农村土地使用权流动的障碍：内生机制不完备》，《扬州大学学报》（人文社科版）2000 年第 4 期。

⑤ 傅晨等：《农村承包经营权流转不足的经济分析》，《调研世界》2007 年第 1 期。

⑥ 胡亦琴：《我国农村土地流转制度创新与绩效分析》，《经济学动态》2003 年第 3 期。

(2003)认为转包、出租、转让、互换和抵押属于“自由流转”方式，同时还包括“反租倒包”、土地经营权入股模式、集体农场等方式[①]。丁关良(2003)从国家正式的法律制度的角度出发，认为农村土地流转应当分为九大类，包括转包、出租、转让、互换、抵押、继承、入股、代耕和准占用[②]。常金海、刘建军(2005)以实践创造为角度，总结了国内自发流转土地的经验，认为其方式应该包括“两田制”、“土地信托”和“土地股份合作”等[③]。杨德才(2005)通过研究指出，农村土地流转包括股份合作制、反租倒包、股田制、转让、出租、转包、互换、代耕等[④]。随着农村土地流转市场的逐渐形成，农村土地流转的方式也不断地多元化，相比过去土地流转的方式也在逐渐增加。傅晓(2008)认为应该将自主转包、出租、委托转包等纳入到“自由流转”的类型中，将土地信托、两田制、入股等纳入到“集体主导”的类型中[⑤]。邹伟、吴群(2006)从土地流转中的承包方与受让方之间是否有“中间人”的角度出发，将农村土地流转分为“直流式”(农地承包人直接把土地流转给受让方)和“间流式”(农村土地承包人通过“中间人”把土地流转给受让方)两类流转方式[⑥]。随着我国土地流转规模的不断扩大，农村土地流转交易使市场逐渐完善，土地流转方式也呈现多元化的特征。

4. 农村土地流转的效应和效率

罗必良(2008)指出，在三类农村土地流转中，交易效率最高的是农村土地流出户，农村土地流入户次之，最后是没有发生农地流转的农户[⑦]。贺振华(2003)认为只有当新的生产要素或者是原有生产要素发生质的飞跃以后才会提升农村土地的生产效率，反之则不会提升土地的生产效率[⑧]。曹建华(2007)认为土地流转是否有效取决于土地流转制度是否规范，以及农地流转

---

① 杨国玉等:《对农村土地使用权流转理论与实践的思考》,《经济问题》2003 年第 11 期。

② 丁关良:《农村土地承包经营权流转的法律思考》,《中国农村经济》2003 年第 10 期。

③ 常金海等:《当前农地流转中存在的主要问题及成因分析——以潍坊市为例》,《理论学刊》2005 年第 1 期。

④ 杨德才:《论我国农村土地流转模式及其选择》,《当代经济研究》2005 年第 12 期。

⑤ 傅晓:《我国农村土地承包经营权流转的现状、难点和建议》,《广东土地科学》2008 年第 2 期。

⑥ 邹伟等:《基于交易成本分析的农用地内部流转对策研究》,《农村经济》2006 年第 12 期。

⑦ 罗必良等:《交易效率:农地承包经营权流转的新视角——基于广东个案研究》,《农业技术经济》2008 年第 2 期。

⑧ 贺振华:《农村土地流转的效率分析》,《改革》2003 年第 3 期。

交易市场机制是否能有效运转[①]。

无论是基于何种研究视角，学界关于土地流转的研究成果以及理论方法，都对本研究的选题和研究具有重要的借鉴意义。但学界对多民族村落土地流转的研究还存在一些盲点，现有的研究多是从宏观的角度出发分析土地流转的现状、问题和方式，缺乏对土地流转过程的深入探讨。本研究主要围绕上述学者存在的不足，并准备从以下五个角度对土地流转进行更深入的探索。第一，土地流转如何在村落展开，村庄如何“接应”土地流转政策，在很大程度上决定了土地流转的执行力度和效果，乡村正式制度下权力如何在村内运作。这需要深入考察土地流转在村庄的运行过程，尤其是村委会和承包方以及村民三者的互动过程。第二，土地流转在解放劳动力的前提下，也会加速村庄内部结构的分化，对于传统的乡村治理结构会带来什么样的挑战。第三，土地流转背景下，承包方作为资本进入村庄成为乡村治理中又一新的主体，而随着外出务工人数的增多，乡村治理主体缺失对乡村治理带来什么样的挑战。第四，土地制度变革下的乡村治理结构会呈现出“三元协同”的模式，国家、承包方（合作社）和农民在这样一个关系模式中各自扮演着什么样的角色以及三者之间的关系，同样值得深入研究。第五，如何在乡村振兴的新形势下保障农民的权益，促进农村产业化发展，实现乡村有效治理。基于此，本研究选择以宁夏青铜峡市峡口镇河滩村为田野调查点，进行了期一个月的田野调查，深入分析河滩村土地流转的过程并试图回答上述问题。

三 研究方法

（一）个案访谈

为了获取研究所需要的第一手资料，笔者于 2016 年 7 月起，在河滩村进行了为期一个月的田野调查，笔者主要以面对面聊天的形式与村干部、峡口镇政府农经站工作人员、青铜峡市农村合作经济经营管理站的工作人员进行个案访谈。在河滩村调研期间在村书记和其他村干部的介绍下，笔者进入普通村民中进行访谈。笔者的访谈对象主要分为 8 类：第一类访谈对象为村干部，第二类访谈对象为党员，第三类访谈对象为 45 岁左右的中年人，第四类

① 曹建华等：《农村土地流转的供求意愿及其流转效率的评价研究》，《中国土地科学》2007 年第 5 期。

访谈对象为村内的空巢老人，第五类访谈对象为外出务工的年轻人，第六类访谈对象为村内的养殖户，第七类访谈对象为村内个体户，第八类访谈对象为峡口镇和青铜峡市农村合作经济经营管理站工作人员。力求从不同的角度入手获取全方位的访谈资料。通过深入访谈，笔者搜集到了比较丰富和全面的田野资料，为后续研究的开展奠定基础。

（二）参与观察

在已搜集到的各种材料和访谈的基础上，笔者运用参与观察的方法来搜集更为客观和全面的材料。笔者于 2016 年 7 月到河滩村，主要对河滩村下辖的 13 个生产队的地理位置、民生文化、家庭结构、建筑风格、生产生活方式等进行了观察，跟随访谈者深入他们劳动和务工场所，包括村内的养殖户、个体户，村外的峡口镇雄鹰皮草公司、繁殖场、千亩种植园。对被访者的生计生活方式进行观察，能够更加客观、全面地了解村民土地流转后的真实生活。由于 2016 年是河滩村开展土地流转的第一年，因而搜集的资料不太全面，于是笔者在 2017 年和 2018 年又先后到河滩村进行回访，为接下来完善研究内容提供了很多有价值的材料。

（三）文献研究

在研究的初期，笔者整理了《吴忠市志》、《青铜峡市志上》、《青铜峡市志下》、《青铜峡年鉴》、《走进青铜峡——塞北江南的发源地》、青铜峡市农村合作经济经营管理站关于土地流转的相关文件以及峡口镇历年土地流转情况和土地流转合同等相关资料，对河滩村的建制沿革、地理环境、文化环境、民族概况、经济状况等作了全面的了解。最后，笔者通过走访村委会、峡口镇政府、镇农经站、青铜峡市农村合作经济经营管理站等地搜集到了丰富的资料，为本研究奠定了基础。

第二节 走进河滩村

一 荒芜的碱滩

河滩村隶属于青铜峡市峡口镇，位于青铜峡市东南 30 公里，西临黄河东岸，与青铜峡镇相连，南依牛首山，北靠利通区秦渠乡，东临利通区马家湖乡，全镇总面积 360 平方公里，全镇总人口 25660 人，其中回族 15423 人占总人口的60%，全镇耕地面积1626.7公顷，人均耕地面积0.067公顷。

“滩”字是指河湖江海边沙石淤积形成的平地，可以随着水位涨落淹没或出露。《说文·水部》称：“滩，水濡而干也”，可见滩字是一个随水伴水的地方。1950年属金积县四区十八乡，1955年属汉渠乡，1958年属于上游公社，又称双闸公社，辖东门、西门、沙渠、马家湖、田桥、秦坝关谭家桥、峡口大队等。1960年划归青铜峡市峡口公社。1961年成立河滩生产大队。1966年改称向阳（东塔）生产大队。1972年复称河滩生产大队。1984年改称河滩村民委员会。

据当地村民回忆，他们初到河滩村时荒无人烟，到处遍布的是盐碱滩，这里夏炎冬寒，蚊虫叮咬，春季常常遭遇大风天气，每逢下雨地面泥泞，给村民们的出行带来严重的不便。村民们曾绝望地望着白茫茫的盐碱滩，因为他们面对这荒芜的碱滩看不到希望，也不知在这片碱滩上如何生存下去。随着定居到河滩村的居民越来越多，人们似乎在绝望中看到了希望。逐渐定居在河滩村的村民开始安下心来，共同谋划如何改变现状。每逢天亮，荒芜的碱滩上便会出现热气腾腾的景象，开垦农田，深挖排水沟，修水渠，修电站，群众的汗水洒在了这片盐碱滩上。

二 落地生根

村庄作为生活方式的基础，它的形成过程中蕴含着人类文化的信息。来到这里之前，笔者一直在想“河滩村”这个名字有何独特的寓意，从这个名字中我能否了解到它背后的历史，这让我满怀好奇地来到这个地方。在那些往往看似普通的背后总有着我们想不到的故事。比如它的名字，不同的地方，不同的地名它都是人们对特定方位、范围、形态特征的地理实体所给予的约定俗成的语言文字代号，它是地域文化的载体，承载着一个地方独特的文化。在它的背后记载的是民族的兴替或者是文化的变迁。

天下黄河富宁夏，黄河从青藏高原奔腾而下，穿过蕴藏深厚的黄土高原，它的川流不息塑造着流经地区的地面形态，创造了宁夏平原。河滩村的先辈们最早傍河而居，繁衍生息。村庄能够体现当下的村民对其生存状态的认识，它引导我们走进村庄，了解村庄生活。历史在更大程度上是留存在现时人们的记忆中。

据居住在8队的回族谭大爷所述，解放之前，回族主要居住在现在的谭桥村一带，当时的军阀马鸿魁抓回民当兵，回民纷纷逃走，近的逃到了同心、固原，远的逃到了云南，甚至还有逃到俄罗斯的。国家局势稳定后，当初为了躲避战乱逃出去的回民，想要寻根，就回到了老地方。老一辈的人们凭借儿时的印象又回到了他们日思夜想的故乡。但是，当他们回到这个地方以后，曾经居住过的地方早已被占据，没有其他地方可以居住，于是他们就在一片盐碱滩上开始重建家园。人们通过铺沙改造盐碱滩，再修建水渠引水灌溉农作物，丰富的水资源给他们提供了灌溉条件，他们日出而作日落而息培养着后代的人。慢慢地这里人越来越多也就形成了今天的河滩村。谭大爷凭借着自己老一辈的印象不断传递着这个地方的历史。从老人的话语中我们可以感受到村民们对于河滩村依然有着强烈的认同感和归属感。

三　河滩人家

（一）居住分布

河滩村位于峡口镇西南边，辖 8 个村民小组，共 1105 户，总人口 3873 人，详见下表 4 - 1。河滩村耕地面积共 4024 亩，河滩村人均占有土地面积一亩，该村一共分为 13 个队，每两个队为一个组，分别由组长管理日常事务。当地用地类型主要有农业耕地和居住用地，居住用地分别集中沿着东西走向分布于团结路两侧，13 个队分布于东南方并靠近北养殖区和南园区。该村的农业用地主要分为三段，分别是中段、北段和南段，分布于居住区两侧。南段农田是盐碱低洼地，土质较差，北段土质最好其次是中段。农田分布相对较为分散。村里农田由秦渠和汉渠相连接，也是当地农业的主干渠。属于河东灌区，河东灌区南起牛首山，北达明长城，东靠鄂尔多斯台地，西临黄河。总面积 874 平方米，灌溉区土质肥沃，宜于农作物的种植。

表 4 - 1　2016 年河滩村人口普查统计表

	期末情况		本期人口变动			
	总人口		出生人数	死亡人数	迁入人数	迁出人数
	期初	期末				
总计	3817	3873	46	9	37	18
少数民族	3110	3141	39	6	13	15
汉族	707	732	7	3	24	3

村委会坐落在村子的中央地带，村委会一共有 8 名成员，其中汉民 2 名，回民 6 名。村干部是通过选举上来的，在这个回族占大多数的村子里，回族村干部相对汉族村干部多一些。在一些汉族村民眼中，回族是通过拉票担任村干部的，因为回民占大多数，一名汉族大叔曾不服气地说道：“在河滩村这样一个回汉杂居的村落里，给村委会的工作增加了一些与众不同的要素，同时也给村子里的事务增添了活力。无论回族还是汉族担任村干部，身居其职，那就必须要为河滩村全体百姓着想，在这里没有民族界限，只有同是河滩村村民这样一个共同的身份。”

河滩村实际是回族居多汉族较少的杂居分布的一个回汉村。青马公路横穿河滩村，村民们沿着道路南北两侧居住，村子西边主要是回族居住，东边主要是汉族居住，但是无论是东边还是西边，都有回汉混居的情况，居住分界还是较为明显。如图 4－1，河滩村回、汉居民的居住格局主要是 81% 的回族民居住在 9、10、11、12 队，剩下 19% 的汉族则零散居住在 2、5、6、7 队。在河滩村生活着的汉民们，或是土生土长的老户，或为外迁而来的移民，因缘际会下定居于此繁衍生息。随着历史的变迁与发展，最终形成了如今的回汉杂居格局。

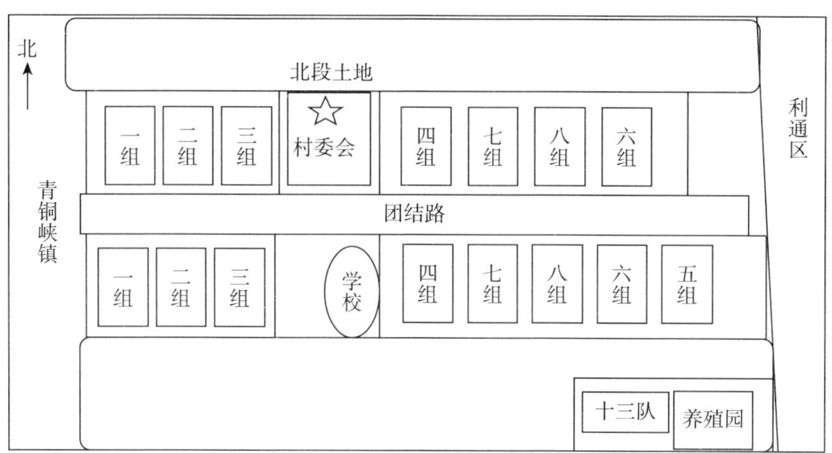

图 4－1　河滩村居住分布图

（二）古稀老人的记忆

11 队的汉族老人王建忠生于 1943 年，几十年来走南闯北，也是见识了不少地方。他回忆道：1958 年之前，峡口镇叫作峡口乡，河滩村也只是一个普通的小村子。村里只有几百户人家，那时候还没这么多回民，村里的汉民占大多数。1958 年成立了宁夏回族自治区，当时国家颁布了移民政策，从江苏、浙江等地方迁了好些南方人到宁夏进行建设。他有一个老伙计就来自江苏，但是思乡心切，这些年便又迁回了老家。还有几户汉民便是响应当时的政策来到了宁夏，后来在河滩村定居，这些外来的汉民也是现在河滩村汉民的组成部分之一。

现住在河滩村 1 队的马奶奶是土生土长的回民，今年已经 77 岁。据她回忆，小时候，她家附近也就几户人家，周围是大片的荒滩。她结婚后好多年，家这边儿还是荒滩。那时候因为人口少，只有峡口乡河滩大队。直至 1958 年以后，她才感觉周边的人慢慢地多起来了，因为好些回民都迁过来了。人多了之后分为了两个村子。近些年两个村子又合并为一个河滩大村。年轻时候，她常和汉民们在一块儿干活，比如挖西干渠。当时建铁桥，听说苏联人来了，她还特地去围观了一下建设现场。现在 1 队这边都是回民传代的住一块儿，周围也没汉民住着。马奶奶岁数大了，住的地方离汉民也远，当初那些一起干活的汉民如今都已经七八十了。虽然大伙儿都快走不动路了，但是彼此之间还是会有来往。

老人们各自叙述着这些年村子里的变化，历史不断地变迁，村子也在不停地发展，河滩村的汉族和回族们的情谊却不变。不过现在的年轻人忙着打工挣钱贴补家用，虽然都是一个村，但是除了相邻的回、汉村民之间会打交道外，相隔较远的回民与汉民之间则鲜有交际。

第三节 世纪之交的纠结：土地何去何从

一 农民翻身做田人

1978 年十一届三中全会召开，中国社会进入了一个非常重要的转折时期。为打破高度集中的计划经济的束缚，党和国家决定将农村改革作为一个突破口，赋予农民有效的土地经营权，从而开启了以农村家庭联产承包责任制为核心的改革。1979 年 9 月 28 日，中共十一届四中全会第四次全体会议通过了《中共中央关于加快农业发展若干问题的决定》允许在部分交通不便的偏远山村实行家庭联产承包责任制，将部分土地承包给农民自己耕种，赋予农民农地承包经营的自主权，强调按劳分配原则，除去需要缴纳的部分粮食税，剩余都归农民所有。用农民们自己话就是“交够国家的，留够集体的，剩下的都是自己的”。换言之，家庭联产承包责任制赋予了农民“剩余索取权”与“经营自主权”，这在很大程度上调动了贫困农民的生产积极性。

表 4－2 1978 年河滩村前后农作物种植面积比例

种植面积（%） 农作物	土地承包前	土地承包后
小麦	40%	45%
水稻	40%	40%
杂粮	16%	10%
瓜菜	4%	5%

《青铜峡市志》记载，1978 年 12 月，党的十一届三中全会召开以后，县委和县人民政府在农村开始实行“五定”（定人员、产值、费用、报酬、奖惩）生产责任制。由此，开展了家庭联产承包责任制调动了农民生产积极性。土地承包之前，河滩村所属的峡口镇农作物种植主要以小麦和水稻为主，小麦和水稻各占种植面积的 40%；杂粮占 16%，瓜菜占 4%。土地承包之后，小麦占种植面积的 45%，水稻占 40%，经济作物占 10%，瓜菜占 5%。与此同时，小麦套种玉米和大豆，一年两茬每公斤收 1. 125 万公斤。实行土地承包当年（1982 年）小麦加套种每公顷收原粮 1. 14 万公顷，水稻为 7425 公斤，比承包前 1981 年分别增长原粮 2745 公斤和 1650 公斤①。承包前经济作物卖钱难，分钱更难。承包后，不仅种粮，也种植蔬菜瓜果经济作物。农民们乐哈地说道：现在随时有菜吃，有钱花，有存款，如今就是“翻身做有田人，有好光景过”。

河滩村是这个大的时代背景下的一个缩影，怀着对这段过往的好奇我开始寻找这段故事里的访谈人。对于河滩村的村民而言我是既陌生又好奇，对我而言想要真正走进村子也离不开一个贯穿于始终且对村子非常了解的访谈人，这个人就是任彩虹。

初次访问妇联主任任彩虹，那是一个下午，下着小雨，天气闷热有点压

① 参见青铜峡市志编纂委员会：《青铜峡市志》上册，方志出版社 2004 年版，第 465－466 页。

抑，让人的心情变得烦躁不安，走了一段路便到村妇联门口，刚一进门就看到了一个善良朴实模样的农村妇女，她笑起来的时候很祥和很温暖，有丝烦躁的心情也开始平静下来，这个中年妇女就是任彩虹。任彩虹见到我便招呼我坐下，对我说道："你就是从城里来的大学生吧，听说你要访问我，我有什么故事呀，都是一些鸡毛蒜皮的事。"说完后便咯咯地笑起来了。任彩虹最初在河滩村担任过副书记，又在河滩村小学当过几年的老师，之后便是村上的妇联主任，一干就是 20 年，对于村里的人与事都非常了解，可谓女版的"百晓生"，是家喻户晓的人物。随后说到想要找咱们村里的老年人了解那个时代的故事，任彩虹随后便骑着电动车载我到马志军大爷家，一进门就闻到了饭香味，马大爷热情地招待我们，进到屋子里，站在一旁的是马大爷的老伴儿，正在做晚饭。任阿姨给马大爷介绍了我的来意后便开始了我的访谈。访谈开始我便直奔主题让马大爷回忆大集体到家庭联产承包责任制这个阶段上他们在土地上的故事。说起这事，老人有些激动，而这段故事对于老人而言依旧是记忆犹新。

家庭联产承包责任制时候分的五分田，大集体没有承包给私人（包干到户），生产队按当时的地根据人口平分土地，出生孩子不能超过四口人才能分上田，生在界限内能分上田，过了这个时间点就分不上田。他家里一个儿子和三个女儿都幸运地分上了田。边聊的过程中马大爷开始回忆起大集体的那段过往。马志军摇着头说：

> "大集体，劳动一年到底还是欠人家的，粮食还要用秤细细地称，一个人最好不超过 414 斤粮食，这是最高的，一般情况下一家一年一个人分个二三百斤。大集体时候，"三家四口倒了锅灶"，劳动的人少，全是娃娃，残疾人啥都没有，工费也没有，一年到头种点粮食，光给集体交粮，公粮和统购，交了剩下的才给大家伙分呢，有的年底留下粮食，有的年底就没有了，没有的你还得去生产队借留下的机动粮，不借就没办法生活，等到麦子下来别再往回扣。那时候（大集体）的光阴说不成。"

从老人家的说话语气中似乎隐约能感受到那时生活的艰辛与无奈。被问道分田以后的日子，马大爷似乎从刚才的状态中一下转变了过来，笑着说：

“分田了以后好得不能提了，我们队有的人一人分 8 分地，就是打麦子呢还 560 斤呢，还不说带玉米，超过那时候两三倍呢。土地刚分给老百姓，都种的玉米和麦子，那个时候就麦子一亩就能打 600 斤，玉米 1000 斤过一点。那时候吃的有保障了，吃了还要卖，放在大集体的时候根本不够吃都不够吃。那时候一斤玉米 2.7 角钱，麦子一斤 5 角钱最多，一亩地套种单独打一千多斤，一生（全种）玉米能打两千斤。那时候田分给农户，比大集体轻松多了，这个活你干完就好了，那时候么事。那时候我和老伴儿去卖米，一斤米卖了 2.7 角钱，一车米卖了几百块钱。别人拉了一车羊羔子，一个二十多块钱。那时候经济困难，但是粮食打下了，粮食不值钱但是钱值钱。现在经营好，那时候大集体技术也不行，打上 200 斤麦子拉倒了。”

马志军和老伴儿在家庭联产承包责任制开始到现在，一直没有放弃“土地里刨食”这个理儿。但他的儿女们已经在渐渐地脱离土地开始他们各自的新生活。马志军的儿子读完书便学了门技术在城里开了个家电修理的铺子，长期地定居在城里。一个女儿嫁到了灵武，还有一个女儿就嫁到了自家的路对面。随着城镇化的推进，年轻人逐渐走出农村在城里打工，土地在他们心中的地位远远不如父辈们看得那么重要。站在一旁的老伴儿说道：“丫头在队上对门住着呢，家里公公完掉了，婆婆嫁掉了，别也不种田都走了城里，丫头在城里卖化妆品，女婿出去打工，她的 4 亩田都让我种，义务工，水费我都担着。”

从马志军的亲身经历可以看到家庭联产承包责任制使得农民在土地产权关系中获得了直接的权利，从而确立了农民家庭在集体经济中的主体地位。最主要的在于与土地经营权最为密切的土地收益权归农民自己所有，这在很大程度上激励了广大农民投身于农业生产的积极性。无论大家在进入村子有着怎样的经历，是回族也好，汉族也罢，在家庭联产承包责任制以后，分得了土地，大家的日子从那以后就走上了正轨。

住在 10 队的王志东爷爷，出生于 1937 年，祖上来自山西洪洞县。当笔者询问他有关过去的事情时，他喝了一口茶后娓娓道来。当年他的太爷因为旱灾逃到宁夏，留在这儿当了长工。挣来的第一笔钱便买了土地用来种植枸杞，因为当时的枸杞十分值钱。通过卖枸杞、买土地、种枸杞这样的循环生产，太爷便拥有了三十多亩土地，成功摆脱了长工的身份，在当地立足。后来他的爷爷被土匪抓走，交了赎金却被撕票，奶奶将近四十便守了寡，辛辛苦苦地养大了父亲和叔叔。再后来父亲被抓去当了兵，之后就不知音讯了。父亲离家的那一年他才七八岁，但他始终记得父亲给他启蒙的《百家姓》，那也是他第一本会背的书。成年后，他因为识得一些字，便在村里的小学负责教学工作。当时的河滩村叫峡口乡河滩大队，一个月的工资只有四五块钱，但也够家人们吃穿了。大集体时期，村民们无论回汉都在一起吃大锅饭，一起干活。吃饭的时候通常会照顾回民的习俗，厨子由回民担当，做的都是清真大锅饭。大集体散了以后，土地由个人承包，各家就守着自个儿的土地进行生产。后来的日子也就这么过来了，几十年如一日，当年的伙伴们都成了“老家伙”，回民汉民各自过着自己的日子，经常见面打声招呼，呈现着回汉和谐的景象。

从国家的层面出发，家庭联产承包责任制使得中国农村土地制度从“集体所有一统一经营”的模式转向“集体所有—家庭经营”的农地经营权和所有权分开的模式转变。它在不动摇我国社会主义公有制路线的基础上又将土地这种最为重要的生产资料与农民经济收益紧密地相结合，赋予了农民在土地上的生产经营权和土地产出的“剩余索取权”。农民可以通过自己从事农业生产活动直接地获得经济收益，并且农民家庭作为基本单位在国家与集体之间进行利益的分配；家庭联产承包责任制使得国家、集体和农民之间形成了新的利益，在制度上保障了农民农业生产经营活动中农民家庭利益的优先地位。

二　孔雀东南飞

河滩村像全国大多数农村一样，它的发展变化都会从某些方面折射出我国现如今农村社会的发展和蜕变，然而背后所折射出的是我国社会经济结构的变迁。家庭联产承包责任制的推行给农村带来了前所未有的巨大变化。随着改革开放，市场经济体制的确立，传统的农村被卷入社会大的分工中。农村剩余年轻的劳动力开始外出务工，离开土地，在农业外去寻求新的生活。

河滩村在1980年代以后就陆续有村民外出务工。从图4－2中可以看出，宁夏从1978—2015年，第一产业人员就业比重呈下降趋势，相反第二和第三产业就业人数逐年增长，这也意味着外出务工收入逐渐成为农民家庭收入的主要来源，在家庭收入的比重中不断上升。虽然外出务工人数增多了，但大多数农民依然是“兼业农民”，为了安全起见他们没有放弃在农村的土地承包经营权，所以土地依然是他们生活最基本的保障。

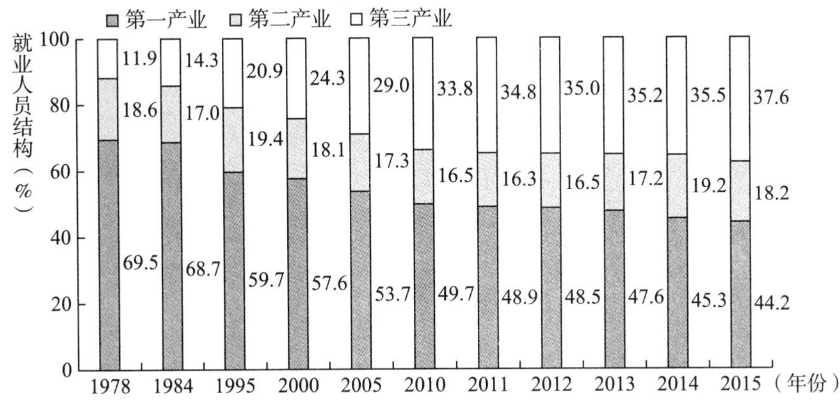

图4－2 1978—2015年宁夏就业人员结构图①

在河滩村纯依靠土地为生的的农户不多，村内更多的是兼业农民。按照对土地依赖程度划分，可以将村里的人划分为不同的等级：

第一，外出经商，做小生意的，他们有着农村户籍，但却远离农村，他们习惯于城市之间的忙碌，而不再依赖土地，他们对于土地的归属感已经逐渐淡化了。

第二，农村兼业者，这类人群一般在固定的时间段外出打工，也会在农忙时节回家务农，由于外出打工具有不稳定性，外加市场不稳定，很多人没有外出打工而在家从事农业劳作。对于这些人而言，土地依旧是重要的收入来源。他们更希望自己留有几亩土地，而不是全部流转出去。1980年代的峡口镇运营的厂子多达十几个，造纸厂、橡胶厂、铝厂等，这些厂子聘用的员工都是周边村庄的年轻劳动力。马义国是村上村委会的委员，和他聊天仿佛让我们看到那个热火朝天的年代。马义国说道：

“在1980年代的时候，峡口一个镇就有十几个工厂，大企业都用的是附近村民。厂子会过段时间就到村中吆喝招人，那时候厂子都是连轴

① 宁夏回族自治区人民政府门户网站，http://www.nx.gov.cn.

转，需要的人特别多。我曾在造纸厂打工，每天三班倒，分别是早上八点到下午四点，四点到十二点，晚上十二点到早上八点。上早班的时候赶七点左右起床吃饭，然后骑自行车去上班。在工厂里的主要工作是扎草或者操作机子，没有专业性的工作，基本熟悉几天就可以自己上手。工资按每天两块七算，一个月有时候算上奖金能拿接近100块。在八几年女人还在家种地，等到九几年时，女人也开始外出打工，每逢农忙时节回家务农。每亩地产稻子1000斤左右，打出七八百斤大米，一斤大米3毛钱。但是提留要交300多块钱，再交公粮，义务工税费100块左右，肥料钱等。种地的高投入低收入导致除去老人还固守在土地上，而年轻人已不再将土地收入作为家里的主要收入来源。"

还有一种就是河滩村最普遍的：老人和孩子，老人在家务农带孩子。河滩村一直以农业种植为主，所以农民靠着仅有的土地也只是维持着基本的生活。随着市场经济的发展，如今的土地已不再是过去的土地，农民即使守着土地依然改变不了贫穷的现状。在人多地少的现实情况下，农民想靠土地改变生活异常辛苦，土地被视为"命根子"。但是随着农村流动性的增加，非农就业机会也增加了，外出务工成为家庭的主要收入来源。农民的土地观念也随之发生了变化。劳动力外出务工，村内仅剩老人、妇女和孩子，每逢农忙时节也是外出务工人员返乡之时。村里大多数的年轻人对土地没有深厚的情感，也不愿意经营老一辈留下的土地，无论撂荒还是将土地租给别人对他们都没有任何影响。比起土地上获取收入他们更愿意外出打工挣钱。

三　土地是保障还是包袱

河滩村所在乡镇以农业种植为主，人均耕地面积接近于2亩，由于两次土地调整，土地细碎化比较严重，河滩村土地虽多但优势一直没有发挥出来，只能解决农民的温饱问题，并没有将土地资源转化为实际的财富。面临着地多却也仅仅是维持温饱的水平，一年到头手里还是没有钱花的现状，土地再多也不过是束缚农民发展的包袱而不是财富。

土地作为农民最主要的生产资料。村民们争相议论道："离开土地不种田的农民是农民吗?"面临土地分散化的现状和常年的温饱水平，土地该何去何从成为农民们心里的一道坎。村民们都知道人多地少的现状，依靠种地获取收益在如今越加困难。对于部分缺乏非农就业的农民，只能采取“过密化”的方式在土地上劳作从而寻求最大的产出。与此同时，他们会忽略自己作为劳动力在农田上投入。

随着农村生产力的发展，农村社会呈现新的开放式局面，非农就业机会增多，开始出现农村剩余劳动力转移的问题。外出务工作为农民新的收入来源且所占家庭收入比重渐渐上升。非农就业大大改变了农村人地关系在河滩村可以看到的一幕景象就是老人、妇女和儿童居多，多数青壮年的劳动力外出打工，每逢农忙时节返乡帮助家里务农。土地似乎成为农民的一种包袱，自己耕种土地没什么收益，“富不起来饿不死”，不种又可惜，世代耕种土地，内心还是有不舍。当然这是对多数中老年人而言。而多数年轻人并不这么想，年轻人对于土地的感情没有父辈们那么深厚，况且多数年轻人也不会种田，他们有个大胆的想法，就是把农田租出去或者交给亲戚耕种。种田的低收入严重挫伤了年轻人的积极性，甚至有人宁愿撂荒土地也不愿自己打理。最理想的办法就是可以将土地租出去，一方面解决了土地没人种的困扰，又有租金可收。另一方面，自己也可以安心外出打工挣钱。这样一个两全其美的办法是很多年轻人希望的。

土地的重要性或者说对农民的意义随着时代的发展和外出务工人员的增多逐渐开始下降。过去那种种田观念也正在被这样的一种局势所打破。相比种田，打工的收入是种田一年收入的几倍，“种田划不来的说法”渐渐成为村民们的口头禅。非农就业机会的增加逐渐改变着农民们的认知，也为今后的土地流转提供了可能。

四 理性选择下的自发流转

较高的外出务工收入与较低的务农收入形成了鲜明对比，农民们不再满意于传统的农业生产，而是将更多的时间用于外出务工，并选择将土地流转给村里人耕种。

在调研过程中，村里的于文河家是较早将土地承包给村里人的其中一户，于文河今年 70 岁了，家中老老小小有 14 口人，有两个儿子一个女儿。一家人开始以务农为主，随着第一批外出务工人员陆续走出去，不久他们也成为了其中的一员。于文河说道：

家里人都出去打工了，大儿子有自己工作，有个牛场养牛呢，二儿子主要是干工程的。他们收入也挺乐观的，比种田收入高，索性就把田承包出去。不然哪头都没法顾，自己以前有10亩土地，都分给儿子了，结果儿子也不种田，人家都有自己的事干。最后地没人种就让亲戚种了。

随着外出务工人数的增多和收入的增加，土地对于村民们生活保障的功能在逐渐减弱，“即使农民们有劲也不太愿意往地里使了”。这也是日后农民们愿意将土地流转出去的一个重要原因。

在当时，由于粮食价格较低，税费较重，种地不划算，所以一些外出务工的村民会将土地承包出去，也有将土地直接免费交由亲朋好友耕种。每亩土地交去各项费用后实际上也所剩无几，这也更加坚定了外出务工者将土地流转给他人耕种的想法，这样自己也可以安心务工。

虽然有了土地流转，但土地的实际用途并未发生改变，农户之间只是你家将土地流转给我家，土地仍被用来种植粮食，不过是对以前耕作方式的复制和规模上的放大。实际土地上的产出与种植结构并没有较之前有实质性的改善，更别说提升土地的价值。在当时的环境下，土地流转的农户并不是很多，而选择流转土地的农户，其土地也是被分散在各处，没有办法做到连片种植和经营，最终还是没有改变分散化生产的状况。想要实现土地的规模化经营，仅靠农户之间的自发流转是很难实现的。即使那时有种植大户愿意集中承包土地耕种，这也需要与农户协商交易，况且土地很难连成片经营，大型的机械设备的应用依然是一种奢望。

因此，处于世纪之交的农户们之间的自发流转，并没有在实质上改变土地经营效率低下的状况，只是将部分劳动力从农田之中转移到农田之外，虽然外出务工的农户收入增加了，但是从事农业的农户却没有实现收入的明显改善。

第四节　黄土地上的新探索

党的十七届三中全会曾提出：“建立健全土地承包经营权流转市场，按照依法资源有偿原则，允许农民以转包、出租、互换、转让、股份合作等形式流转土地承包经营权，发展多种形式的适度规模经营。”2013年，国家强调发展多种形式的土地适度规模化经营，支持并鼓励农村土地向家庭农场和合作社以及专业大户流转。2014 年，中央一号文件中提出要“落实农村集体土地所有权的基础上，稳定农户承包权和放活经营权”并提出“三权分置”。2015 年，习近平总书记对我国农村土地流转做出指示并强调：“土地流转和多种形式的规模化经营是我国发展现代农业的必由之路，也是农村改革的方向。”2016 年国家提出要深化农村集体产权制度的改革，稳定农村土地承包关系，落实集体所有权，稳定农户承包权，放活土地经营权，完善“三权分置”办法，依法推进土地经营权有序流转，鼓励和引导农户自愿互换承包地块实现连片耕种。此后，我国农村土地制度以农村土地流转为轴心开启了新一轮的改革与创新。

一 村里来了个“外乡人”

一个偶然的机会，笔者遇到了种植大户马宏忠，通过了解得知他并不是本村人，家住高闸朱渠村，至于自己为什么要承包土地还要从他的经历说起。自己最早从事养殖业，主要是养牛，养殖业经营几年以后，他开始转行给别人打工，当时是在马五奶牛养殖公司干了 7 年，主要是负责管理。在马宏忠的观念中，商人哪有什么稳定的行业，哪个能挣钱就干哪个。随后又转行开始卖出租车，干了两年以后，他发现现在做的这些和最初养牛相比收益远不如以前，毕竟自己在奶牛养殖公司干过这么多年，也积攒了一些经验。干老本行更得心应手。随后又重返家中开始了奶牛养殖，在之前的经验积累和资金积累的基础上，他买了 100 多头牛。牛多了就要解决牛的草料问题，之后的几年里自己年年贩卖青贮。因为需求量大，马宏忠经常喜欢找这个大面积种植玉米的地方，可以保障青贮的质量统一，还有就是省掉了去多个地方的运费成本。马宏忠的外甥当时在水管所，当时他就推荐自己舅舅去河滩村看青贮，机缘巧合下来到河滩村就开始收购青贮。马宏忠说：

“2014 年在河滩村收了几次了，这边主要都种玉米，也集中，好收也好拉。去的次数多了，也就熟悉了。2015 年的时候，我就想自己找片土地，自己种，自己提供青贮。自己家虽然有田，但是自己家的地面积少得很，田的各方面条件不如这边好，上面到下面落差大得很，机械化不好操作，水也不好淌，正好有人承包土地，就把家里的 6 亩地给流转了，我们那儿的流转费是800块钱。利通区的牧场我认识的老板多，我也有这个稳定的销售渠道。2015年就想流转河滩村的地，河滩村这边的田（中段）都是整档子，土壤质量好，机械操作也方便。本来以前来过这收青贮，也都熟悉。当时就和村上商量，当时村委会、队长都给力，村上有给的也有不给的，村上的领导做工作，尽量是流转掉，流转了对老百姓好处最多。老百姓自己种一亩也挣不上八百多，自己种也就五六百。承包田还有农用机械补贴，还有就是土地流转补贴，当时说的一亩50块钱，就是至今这个钱一直没有补贴下来。”

根据马宏忠的介绍，在承包土地时他们成立了农业合作社。合作社有四个小股东，自己是最大的股东。自己在金积和马桥村还承包了400多亩田。通过村民的介绍，笔者找到了合作社里面的股东马宏伟。在被问到承包土地的初衷时，马宏伟说道：

“土地流转是我和我哥集体承包的，我们一开始在别人牧场租用场地，交一定的场地费，奶牛产的奶交给牧场。其次，与牧场签订合同，为牧场定期做清除，牧场每年需要一定的清除，根据牧场需要与牧场达成承包协议，定期为牧场提供青贮。之前我们哥俩养了300多头牛，14年冬天把所有的牛卖了转行开始进行土地承包，原本2014年冬天就开始想流转河滩村的土地但没成功，15年又紧接着着手流转。由于14年，有的农户愿意流转，有的农户不愿意，村里工作做不下去，导致农田不集中，机械化无法作业。

当初转行一方面是国家有这项政策，为响应国家政策；一方面，在前期养牛过程中，自己具备这样的经济实力；于2016年2月24日，出资280万，成立了青铜峡市龙骏农作物种植专业合作社。前期过程中，做青贮多是集中在河滩村，对这个地方比较熟悉，买玉米的时候看上了这片土地，随后有了这个念头要流转土地就找了当地的书记商量，看他们有没有流转土地的意愿，因为国家有这项政策，书记一方面也是响应国家政策的号召，一方面他也支持土地流转。对于土地流转，村上是同意的，但是往下做工作很困难，有好多村民不同意，领导苦口婆心地劝说。目前土地承包主要种植玉米，其间我们与2个牧场进行合作，分别是马立锋和万财牧场合作社，玉米用来向其提供青贮。主要我们还是有这个销售渠道。”

表 4-3 龙骏农作物种植专业合作社入股比例

股东	出资比例	出资（万元）
MHZ	50%	140 万
DHT	17.86%	50 万
MHW	17.86%	50 万
YC	7.14%	20 万
JLJ	7.14%	20 万

二 土地流转有“媒人”

说到河滩村的土地流转就要提起一个“媒人”，那就是于兴义，在水利上干了 25 年，又是队长，也是河滩村的老人了。现在的承包方也是通过于兴义的引荐才来到河滩村承包土地的。在和承包方的交流中，他说：“土地流转还要问咱们这个‘媒人’呢。”这里说的媒人也就是于兴义，经过村民的介绍笔者找到了这位传说中的“媒人”。于兴义家里的土地也流转了出去。对于为什么引荐这个承包方到河滩村，于兴义有自己的想法：

“我自己在水电局干了 20 多年，认识的人多，自己一开始认识承包方。他的外甥也在水管所，经常说别这个姑舅（承包方）。通过他的外甥认识到承包方，当时承包方来河滩村收青贮，给牛场做青贮。后来看上咱们这个田，就有了这个想法。

承包方爷父四个还有叔叔一共固定资金有个 400 万，包我们地的时候就有两圈牛，两圈牛就卖了 200 多万。人家资金宽裕，国家资金一分都不贷。跟前有一个人家里没资金，今年包了那个村上的田，盈利了就种，亏了人就跑了。我们村上这个承包方来包田，就机械设备（播种机、旋耕机、拖拉机）都有，都是自己买的。

第一年有两个承包商竞争呢，刚来时商量的价格 900 块，但是另一个也是 900 元，最后撬着都没办成，有些死钻牛脚尖的人就是不愿意流转土地。一档子田中间就有人不愿意流转，不给腾田。后来书记又找到我，说让之前那个承包方来承包土地，我说这次土地800块没事（不行），今年玉米行情不行。我当时先和村委会商量，看能不能包，村上同意了才行。同意了以后开村委会商量以后开队长会，说我们现在这个田流转呢，大家说同意呢，那各个队长就回去动员每个队上的人，随后签订合同。当时群众认识不到位，根据中央文件流转给大户种植，现在农民种一半撂一半。当时包土地农民不愿意，但是农民种的土地是归国家的，农民只有使用权。

土地流转发钱都有时间，发钱两次，种田和收割的时候两给，这个承包方还要听我的话，我说一亩田800块，给400块再欠400块，400块干啥也不行，我说你就一次性打清，4月一次打清，社员领回去看干个啥。人家这个资金充足着呢。其他处土地流转要贷款，这个承包方不贷款，资金都是自己的，不用担心租金的问题。承包方给多少，老百姓拿多少，租金也根据行情走，还有700块的，也有850块的，根据田的土质走，比如有的碱土没人包，一开始说850块，结果850块不行。承包方承包第一年不行，当时地不平，一共签了5年的合同，第一年还好挣了几个呢。今年第三年，第三年有15%的增长。”

在被问土地流转刚开始的困难时，于兴义说道：“刚引进来有人骂我们，因为土地打仗的有，骂仗的也有。”外乡人的进入对于开始不了解情况的村民来说难免会触动他们敏锐的神经。即使土地上的收入已不再是大多数农民家庭的唯一或者主要的收入来源，但是对于曾经靠着土地为生的农民，即使土地收益不乐观，但有地在就意味着温饱有保障。面对突如其来的土地流转，他们的观念一时难以转变，而在这个过程中，即使土地流转了，流转给这个承包方自己有没有风险，以后自己的生活保障依靠什么，种种问题让村民们徘徊在土地流转的边缘。

三　一肩挑两头的村委会

2017年，宁夏回族自治区农牧厅《关于印发〈关于进一步加强全区农村土地规范流转工作十条措施〉的通知》（宁农（经）发〔2017〕6号）文件指出，要加大农村土地规范流转工作的宣传力度，让广大农民认识到通过土地流转实现规模经营的好处，消除农民对土地流转的顾虑，调动他们参与土地流转的积极性。推进土地流转要坚持依法、自愿、有偿的原则，依法维护农民土地承包经营权，尊重农民的土地流转主体地位、流转形式、期限和收益由流转双方自助协商确定，农民的组织和个人不得以任何形式侵占、截留、扣缴农户土地承包经营权流转收益，切实维护农民的合法权益。为消除村民的顾虑，河滩村村委会在土地流转的工作中可谓是一肩挑两头，一方是承包方的利益，一方是农户的利益，如何能更好地协调让利益最大化，村委会自有他的新办法。

（一）动员与说服

1. 村干部口中一笔账

土地流转在河滩村能否顺利推行离不开村委会的宣传与动员。在走访过程中笔者找到了村书记，2015 年 9 月，村上在每个队集中派 5 个人，里面包括党员和群众，集中将村民带到河西叶盛、中卫、吴忠参观交流，这些地方都是土地已经流转出去，而且取得了较好成效，到了那里去听别人讲土地流转的经过与取得的实惠，通过这样试图可以转变老百姓的观念。

在决定流转土地之前，丁书记也考察了承包方的经济实力，了解他的能力和经济实力以及信用程度。马兴财说道：

“他当时在别处也承包了，我就过去打听，以前他是养牛大户，和养殖场都有合作，我也过去打听。刚开始 15% 的老百姓不愿意流转，当时考虑生存问题，慢慢老百姓自己也算账，一亩田投下来青贮卖的 1200 块钱，成本刨掉落的也就 400 块钱。土地的租金根据行情趋势，再少包不了，人家以前收过青贮，没有盈利为啥给你掏 800 块钱。

种一亩田除了水费，义务工费，化肥，人工费，机械费能落下 400 块。一亩田一年的收入，流转土地任何成本都没有，净拿 800 块钱。一天出去挣 80 块，一个月还有 2400 块的收入。一亩田最高 1400 块，一亩田义务工 160 块，一亩田肥料 360 块，一亩田水费 77 块，犁田一次 50 块，磨平 50 块，开春犁田 50 块。玉米种子一亩田一百二三块，人工投入一亩四百块。每年测产局下来测产，我都了解这些。农民从来不考虑自己的投入。我们把田包给承包方再给承包方打工，又有一份收入。农村说啥话的人都有，其实你办的是好事，有的人误解认为我们不知道荷包闹了多少钱，最后由不理解转为理解。不流转的就兑换在一起，村上出面给调解。”

土地流转使承包方作为“资本”势力进入农村，无形中已经成为河滩村乡村治理中的一部分，而成为这种关系的纽带就是“义务工”，土地流转以前，只要拥有土地的村民都需要承担义务工，当土地流转出去时，义务工也就随之转移到承包方身上。这也是农民们愿意流转土地的一个重要因素。对于承包方应当承担的义务工，村上有明确的规定：

“义务工方面，他干不过来就掏钱，秋季农建项目他把资金掏了。需要多大工量，我们把工一估，他把钱拿来，我们老百姓上工，然后给老百姓现金。秋季农建有要求，多宽多深按照土方量算出来，这条田流转了义务工都是老板的，当时我们和老板之间的协调，义务工老板必须在乡农经站压押金，你干我们一分钱不动你的，你不干我们按照这个协议，那这个钱雇人干。今年他动用了 1 万块钱，条子一打，手续一做，一道渠子 500 块，一条沟 1500 块。承包出去小渠两个人干两天 500 块钱，大沟 1500 块，按我们要求，达不到标准干好为目的。”

义务工的转移减轻了农民的负担，农民的观念随着村上工作的深入也在逐渐地发生转变，但土地的流转依然困难重重。

2. 村内乡贤的动员

中国传统社会的治理架构里，“长老秩序”和“礼治秩序”一直存在于其中。市场经济体制确立后，我国农村社会的秩序也在逐渐的重构，乡村治理主体的多元化是较为明显的特征。在这样的社会背景下，乡贤作为治理主体之一，对于乡村的治理有着举足轻重的作用。所谓“乡贤”泛指乡村中的贤德之人，乡里的能人或者有威望的人，他们不仅成长于乡土更奉献于乡里，在乡村社会中具有较高的威望。在河滩村也有一个乡贤——于文兵。

初到河滩村，我们见到的第一个人就是于文兵，于文兵的家也是我们接下来为期一个月田野调查的驻扎地。于文兵在河滩村可谓家喻户晓。在访谈中我对他进行了详细的了解。1964 年他出生于宁夏青铜峡市峡口镇，2001 年出国学习，期满归国后便定居在河滩村。在村民们看来他学识渊博，村民们对这位“文人”很是尊敬。有时村中邻里有了矛盾也会找他去调解，最后调解的结果都会让双方满意。有一次，有一户人家找到于文兵咨询，说到彩礼要得有点高，咱们这里普遍都是一两万，亲家要五万，您帮我们调解调解，于文兵便把两家人都叫来进行了协调，最后两家人达成了一致意见两万元。在河滩村的土地流转过程中难免会有村民对于这项政策不了解，村民们对于土地依然持有保守的观念。于文兵在了解国家关于土地流转的政策后，便积极给村民们讲解，便于村民们正确认识国家关于土地流转的政策。在访谈中于文兵说道：

> “国家现在倡导土地流转，现在村里要进行土地流转，但是有的村民对于土地流转了解不是很清楚，还是过去那种保守的观念。为让村民能够了解这项政策，当村民比较集中的时候，我就会对村民进行集中的讲解。也便于咱们村民对国家政策的了解。当时我给咱们村民讲土地流转也是社会进步的产物，三十年河东三十年河西，以前将地收来集体种，种的效果不太好。责任制以后随着社会发展又出了一些问题，第一个问题就是出现‘弃地而走’的问题，进城有能力的人不愿意种地。第二种情况就是‘事半功倍’，就是种这点地起不了什么作用。种地对于家庭的贡献太小了，只能解决家庭的口粮，打一个月的工下来一年的粮都吃不完。第三个问题就是‘部分人进城了还牵扯这些土地’，不种是东西，种了还有问题，有些打工的出去了还想着家里的田咋办。就只能把女人留下来种田去，留守妇女。其次，就是农田需要集体种，私人种的话就那点田农机都转不过来，既浪费人力又浪费物力。所以土地流转也是一个必然的趋势。土地流转了也把人都解放出来。”

于文兵的讲解也让村民们更深刻地了解了土地流转的政策，村内乡贤对村民而言具有一定的威信，村民在村委会和乡贤之间更倾向于乡贤的意见与看法，乡贤的话对于村民而言是具有比较高的可信度。村内乡贤在土地流转中发挥着重要作用，减少了动员村民的工作量。

3. 工作深入百姓家

土地流转对于世代种田的老百姓而言既新鲜又陌生，能够动员老百姓将土地流转出去对于村委会而言可谓是耗时耗力，但仍然需要耐心地去做村民的思想工作。对于村内多数外出打工的年轻人而言，土地流转就是劳动力的解放。但是并不是所有人都可以在不种地的情况下有一份工作和乐观的收入。村委会在召集村民大会后将工作进一步分配给村内各个队长负责每队村民的说服动员工作。当大部分的村民愿意流转土地时，少部分不愿流转土地的村民就成为动员说服工作的重中之重。这时候就需要村委会继续做好协调工作。

马德仁："村上乡上来人做工作，一个队假如有50口人，其中10个人比较复杂点，先把这10个人按住给点好处，看是给项目还是给义务工呢，自己队里找了5个人，给这几个人给了好处，这些人一不喊叫，其他人一看都不闹了还是算了，自己也就跟着流转了。"

农村向来都是个是个熟人社会，"随大流"是农村一个常有的现象，对于村民而言，谁都不想成为焦点，当被视为焦点的人在这个过程中最终妥协，对于多数的人而言抱着"多一事不如少一事"的心态就会从众。

（二）合同的签订

按照承包方对土地质量和数量的要求，村委会会视情况选择土地然后动员村民将土地承包给承包方。村委会负责动员与说服，向村民说明土地承包的具体情况，包括租金、地段、面积和期限。谈判工作结束后由村委会出面负责与种植大户签订合同，合同签订一式四份，出租方和承租方各执一份，发包方、乡（镇）农村土地承包管理部门各备案一份；合同内容主要有土地出租期限、土地用途、出租价格及支付方式、双方权利和义务等。合同一经签订不得违反。

调研中从承包方提供的《宁夏农村土地承包经营权出租合同》中了解到出租方（河滩村村民委员会）与承租方马宏忠的合同内容。合同内容中规定出租土地的基本情况，流转河滩村中段土地1585亩，中段土地主要位于谭桥村以东，一支渠以北了，林带以北，沃沙村以西，河滩村以北。规定土地流转的期限为5年，承租的土地上从事农作物种植的生产经营。土地的支付方式为每年每亩800元人民币，共计1268000元，在物价因素的基础之上土地流转按照每三年一递增，每轮每亩递增15%。土地租金在合同签订生效之日起90日内付清当年的出租费，在每年9月10日之前一次性付清当年的出租费，未按照约定支付租金达 30 日以上，河滩村村委会有权收回出租土地经营权。在有关的政策补贴方面，在承租期内，依照出租土地面积计发的各种政府补贴直接归农户所有。在违约责任部分对于违约赔偿金额没有做详细规定。

在合同最后一项“其他条款”中，以上合同未尽事宜，可经出租房和承租方共同协商一致后签订书面补充协议，补充的协议与以上合同具有同等的法律效力。在村书记提供的土地流转合同中规定了土地出租方和承租方的权利与义务、义务工责任、水费的缴纳。

根据合同约定，承包方在土地流转期间，必须承担土地流转区域内所发生的一切义务工，必须按照市、镇秋季农田水利建设标准。流转土地的水费在每年 4 月前，一次性按照河滩村内用水协会当年计划的预收费交给村用水协会，水费按照当年渠道实用水量结算，长退短补。水利维修属于正常损坏的渠道，水利建筑物由河滩村维修，机械使用不当的由承包方负责维修，承包方在生产经营中，在同等工资条件下，优先使用河滩村农民工，这也为土地流转后村内的剩余劳动力提供了就业机会。

作为合同的甲方河滩村村委会，有义务协助承包方按照合同行使土地经营权，帮助调解承包方和承包户（村民）之间发生的用水、用电等方面的纠纷。河滩村村委会保证在承包方流转土地区域内，还未流转少数土地遵守承包方种植统一，承包方用水优先，其他农户未经许可淌水给承包方造成损失的，由河滩村村委会赔偿。合同一经签订，双方需共同遵守，不得在合同期内违反，如果违反将会根据合同约定受到相应的处罚。

第五节 村民的多重选择

关于土地流转，村民的选择往往会面临几种情况：首先是乐意配合的农户，村干部动员解说后，农户自己决定，几番衡量下来认为将土地流转出去所获得的收益最大，所以愿意流转土地。这部分主要以外出务工农户为主，对他们而言这是两全其美的事情。其次是不愿意流转土地的农户。这类农户多数是村里年龄较大，没办法外出务工，仅仅靠种田获取收益居多。针对这些农户，村干部首先是动员说服，说服无果的情况下会建议他们置换土地。最后就是我们通常所说的“钉子户”，他们不想流转土地，也不赞成村干部建议的与其他农户进行置换土地，最后只能尊重他们的意愿。

一 土地是“留”还是“流”

（一）同意流转的年轻人

在河滩村的田野调查中能看到最普遍的的一个现象就是年轻人很少，到处可见的不是老人就是孩子。刚到村子的那几天，所能找到的访谈人也只有老人，好奇怎么见不着个年轻人。到了社区以后，村干部马义国笑着说：“你们起来都几点了，估计都是七八点了，那时候哪有人，我每天六点钟开车拉这些年轻媳妇子去打工。45 岁以下的年轻人一般都是出去打工了，没几个留在家里种田的。”根据村书记的介绍，村内 45 岁以下的年轻人有 2200 多人，这些年轻人多都集中在奶站、工地、皮革厂和临近村子的小型企业，在 2016 年我来到位于峡口镇的雄鹰皮草公司，找到了公司的总经理，通过他的介绍了解到当时在公司打工的河滩村村民就有将近 200 人，他们多数都是拿着一个月 3000 元左右的工资，外出打工的收益让他们在土地流转的形势下毅然选择流转土地，安心外出打工。

> 村内多数的年轻人在外打工，有的就近定居在吴忠和周边的城市。在调研中，经过我的访谈人的介绍我来到了王大叔家，访谈人之所以让我来他家是因为他家是村里最早翻新盖房子的，房子设计很漂亮。任阿姨说村里就在规划呢，以后房子就建成这样的，这样一来住农村和城里楼房也没啥区别。来到王大叔家确实眼前一亮，房子无论外观还是内在设计都很好看。王大叔 57 岁了，根据王大叔的介绍，他家里以前有 6 亩田，过去儿子一人两分田现在儿子不种田就都留给了自己，他们都出去打工了，老大开装载机，老二当瓦工干活，孙子都要上学开支大，现在都还在外面租的房子住呢。王大叔说道：“现在年轻人有几个种田的，粮食价格又低，一年到头不赔钱就不错了。还要顾着孩子教育，现在年轻人都是想着给自己娃娃弄个条件好的学习，周末又给报培训班啥的，都想去城里打工，没人想留在农村种田，关键就是种田，现在的年轻人有几个是会种田的，放到农村就是有这个想法也没这个平台。所以我也支持他们的选择，娃娃们自己也算账呢，肯定打工挣钱比种田要好点吧。孩子自己的生活开支大，我也不能指望问孩子要钱，他们自己都顾不住。

我当时土地流转了两亩田，沙湾的盐碱地种玉米种麦子都死了。好的地流转了，不好的没人要，农田没收入。自己老伴还有病在身，医药开支大。依靠剩余的土地也不能维持家里的生活。自己还不如出去打工，后来找了个看工地的活，一年三到四个月打工，一个月也就四五千块钱，还有土地租金800块钱和粮食补贴，总之挣的钱是比种田强吧。”

表4-4 河滩村从事农业人口数量统计

类别 性别	乡村人口数	乡村从事农业人员数
男	2039	1054
女	2033	988
总人数	4072	1054

王大叔介绍，自己儿子在工地打工，大儿子开装载机，一个月下来也有个6000块钱，大儿媳在商场里面给卖衣服，一个月也就2000块钱。老二当瓦工，挣的钱不如老大，也就5000左右，小儿媳的孩子小目前没有打工，就在家带个孩子。孩子们开销大，自己平时也不问他们要钱。自从土地流转出去以后，王大叔也能安心出去打工，王大叔说自己在城里的一个工地给人家看门，一个月也能挣个4000块钱。以前种田一亩能余下1000算不错的，现在自己打工，还有一份土地流转的收入。在外面打工也不用再承担市场风险。向往王大叔这样的家庭在河滩村还有很多。

走在河滩村的大小巷子里能看到的多数景象就是带着锁子紧闭的大门。在二轮土地调整中分得土地的年轻人中，有80%都是将土地交给父辈们耕种，而自己选择外出打工。对于在外上学的年轻人，学业有成后几乎也不会再选择回来种地。所以土地流转对于年轻人而言更多的就是解脱。

（二）心存顾虑的老年人

在村干部充分做好村民基础动员工作后，村民将委托村委会作为中介进行土地流转，村委会代表村民们与承包方签订一份大的合同，村民与村委会之间单独会签订一份合同。土地承包合同内的期限为5年，每年的粮食直补和农资良种补贴归村民所有，规定承包方在签订合同的90日内一次性付清承包当年所有费用。且应于每年9月10日之前一次性付清当年的租金。

1. 难以承担的风险

就宁夏土地流转而言，承包方毁约的情况时有发生，这让种了大半辈子田的老人们心存顾虑，他们担心如果承包方这一年方损了，付不起自己的租金就跑了怎么办，租金向谁要，一年的土地就等于毫无所获。谭大爷是河滩村的老人了，对于土地流转他有自己的看法：

“国家在制定政策时的弊端，让下面的老百姓瞎撞，成功与失败都是承包方。我认为这是国家对下面老百姓不负责任的态度，拿百姓来做实验品。土地流转有10年了，但是全国没有成功的范例，土地流转渊源还是国家政策上的问题。前些年国家政策不稳定，粮食价格也不稳定，乡镇企业兴起，外出打工的人多了，农村大片土地撂荒了。土地荒了以后一个领导写了对联：粮食降价我不卖，农产品涨价我不买，横批：够吃就行。国家宏观上那时候没有注意到这些。随后国家提倡土地流转，但是流转至今没有好的配套措施。至今依旧是，承包商包地的时候，尤其种蔬菜的，例如种番茄的，年初估价一斤7毛，卖价批发一毛多钱，种的时候按照7毛钱投入，收的时候是1毛钱。承包商假如3年，一年就亏本了，撂荒就不种了，承包商经济损失了。对于农民而言，流转土地后，土地机械没用了，买的时候是成品，卖的时候只能当废铁卖，这对农民有损失。承包商不种田，政府反过来又要给农民做工作，重新让农民种这些撂荒的土地，农民种田又要购置这些机械设施。其次，土地流转了，有些人把家里的房子放弃了，等着回来的时候房子都倒塌了，住都成了问题。给农民带来生活上的压力。咱们村民土地没有全部流转完，剩下一部分农田留着自己种这些老年人他们也不是精耕细作，只是为了以后生活有个保障。村上土地南片土地不好，盐碱地没人要，剩下的土地多是南段的土地。”

2. 靠“田”吃饭的老年人

土地是农民生活的最后一道保障，用村民自己的话讲，家庭好了，遇到好儿女了还能多给自己点，儿女条件差了连自己都养活不住，现在的物价高，年轻人的压力也大。从父母的角度出发，都不愿意因为自己加重儿女的负担，儿女过得好了，对于他们已经是最大的满足。随着年轻人不断得走出去，村内的老年人成为村子主要人群，这部分老年人生活的主要来源是依靠仅有的那一亩三分地，种田是他们这代人赖以生存的基础和保障，有田就不恐慌，种田的收益即使不好也能在经济条件不好的时候保障一家人的口粮问题，土地是他们这代人生活中不能逾越的红线。

马金兰：“没干的，流转了干啥去呢，像我们这样的流转给别人，自己家还喂的鸡喂的羊，买呢没钱买，睡到家里给的800块钱顶啥呢，种着田了，当紧种点粮食还能闹点吃的，包给别人了，你挣呢挣不来，吃呢没吃的，种点田还要生活呢。”

ZH：“土地集中是好着呢，大集体到承包制，现在种植都是机械化，国家发达了机械推不开也是不行，政策着呢，但是田收去了，剩余的劳动力咋解决，六十多岁的人还能种地，但是当成劳力使是不行的，向我们这些老汉退休了，给的低保一月140块钱，养老保险140块钱，一个月280块钱，你说维持生活吧，遇上好儿女确实能维持住，遇不到个好儿女了咋办呢，这个田要种上，生活还是能维持，一年800块钱，生活根本维持不了。”

3. 土地“不好种”

缺乏土地的生活保障往往是老年人最大的顾虑，而部分老年人还有其他的顾虑，那就是一不凑二不够，一些务农的农民因为自家田少，使之不仅收获不多，灌溉也不方便。在上文中提到，合同中规定，河滩村村委会保证在承包方流转土地区域内，还未流转少数土地遵守承包方种植统一，承包方用水优先，其他农户未经许可进行灌溉而给承包方造成损失的，由河滩村村委会赔偿。这让这些老年人产生顾虑。

马奶奶：“自己种自己的不好种么，别都是整条田用机子种着呢，家里还剩下了一点点田了，不到一亩田了。一共三个儿子，对门两家都是自己的儿子，自己的田和儿子分开种着呢。不想转么事么，也夹在中间难种得很，我也不好种，别人也不好种。别人机械化都是整档子犁，整档子收，自己家在中间水也不好淌，和别人的时间也统一不了。别人淌水呢我不淌，我淌水呢又怕影响别人，跟前就自己一家子，淌水不方便。”

（三）舆论压力下的选择

任何权力都是植根于一定的社会场域，权力的实施效果受到固有文化网络的影响。权力无法在脱离地方文化网络的约束性条件而孤立运作。林语堂曾认为统治中国的三个女神是“面子、命运、人情”，尤以面子最有势力[①]。它反映了中国人传统的性格是以“社会取向”为主，也就是个人的行为标准依赖于团体或者其他人的评断，对他人的批评与意见特别敏感。村干部与普通农民在共同的生活空间中享有共同的沟通符号——面子。张世忠是河滩村某队的队长，自家流转了 3 亩土地，对于土地流转他有自己的想法：

> “土地流转就是随大流，国家提倡土地流转，好也好，不好也得好。9 队去年有 3 户不愿意流转，今年全部都流转了。村上把任务分给队长，队长挨家挨户去宣传，自己是队长，上面让队长去说服村民，我个人不赞同土地流转，我认为不能随大流，村上土地都给外面人种了，钱也被外面人挣了，肥水流了外人田。叶盛当地都是成立合作社，最后挣的钱都是合作社大家分了，村上富了就是民富了，对本村人好。当初我不愿意流转土地，可是村上有些流转的人天天有人告你。队上有十几户人的土地，这些年都在外面呢，不种荒着呢。现在一流转，一年还有 800 块钱的收入呢。”

在农村这个熟人社会里，大家抬头不见低头见，谁也不想得罪人，别人不闹事自己也能忍下来。河滩村 3 队的养殖户李大姐，家中有 17 亩土地，中段流转了 3 亩，自家亲戚不种田了便把土地交给她种，自己流转了土地又种着别人家的土地，李大姐说自己 2006 年开始养鸡，刚开始就只有 2000 块钱。东借西借凑来的钱，一开始养了 1000 只鸡，如今规模扩大到 3000 只，养的鸡多了，吃得也就多。自己家中段流转了 3 亩土地，自己又种着亲戚家的地，不种地只靠买玉米又太贵。自己养的鸡一个月吃 8500 斤玉米，如果从外面买玉米价格在 1 块钱左右，自己种这 17 亩地，一亩能产 2000 斤，按照平时卖出的价格 0.8 元计算，下来是 1600 块钱，除去成本余 460 块钱，如果自己从外

① 参见林语堂：《吾国与吾民》，台北德华出版社 1976 年版。

面购买2000斤玉米，则购买价平均在1块钱，也就是得花2000块钱。相比之下还是自己种玉米比购买玉米划算。

表4－5 李大姐家玉米种植投入成本明细

投入	金额（元）
种子（4斤）	80元
肥料（复合肥和二胺）	150元
水费（4次）	240元
义务工	300元
收割费＋运费	130元
脱玉米	40元
鸡粪	200元
合计	1140元

至于为什么会自己流转了土地又种别人家的地，李大姐说：“村内统一流转，不给不行，尤其自己家地在中间，等自己知道队长就弄好了。流转的时候都是在会上讲，我们家这个又是党员，会上点他呢，说他不起带头作用。干什么就得带头，不干就会上那么多人呢就点名。我们又不敢硬扭，我们这还是党员。”

表4－6 李大姐家每亩玉米净收益明细

产出	价格（元）	每亩净收益（元）
2000斤	0.8	460
合计：17＊460＝7820元		

二 义务工背后的纠结

不同人群对土地有着不同程度的归属感，对土地流转保留各自的态度。但仍然有其他一些因素在左右着村民的选择。在调查中，笔者了解到了村里的一个现象，那就是义务工。但凡提到义务工，村民们一准离不开三个字“义务工”，谈到土地流转，义务工似乎已经成了村民们争相抱怨的主题。义务工的负担也成为促使村民选择流转土地最为主要的一个因素。

（一）何为义务工

在河滩村义务工属于村里集体性的活动，分为村工和队工。村工主要以村为主，主要负责村上卫生、清扫道路、农田水渠修建（清渠）等集体活动，队工分别以村里13个队为主，主要承担队上的诸如道路卫生等小型的集体活动。针对不参加义务工的村民则要按照每年出工大小和出工多少进行平摊，平摊到每户多少钱，统计出没有做义务工的村民则交于村上相应的义务工费。在村里，每家每户都要做义务工，各年龄段的有农田村民都要承担义务工。村里的义务工工种繁杂，但凡村里有集体活动都需要义务工去做。村内的李大爷是村内的老人了，对村内的义务工可以用“活到老，干到老”来形容他与村内义务工剪不断的联系。杨大爷说道：

> “河滩村的义务工是1981年到现在一直都有，义务工队长啥时候喊啥时候走，秋上园田建设，沟上数数沟，沟上的草要用镰刀割得光光的（弄干净），还有挖渠挖沟，一年这些工都么数数，队长喊你你就走。以前就是你干了多少给你多少钱的义务工工钱，别说给你多少就多少。乡上也有义务工，我们到沈闸，公路边有树，你去弄个草了啥的。”

（二）工多工少有缘由

起初的调研过程中，总是能从访谈者口中多少了解到村内的义务工，村民们对于义务工有的最多的也是抱怨，在村干部口中，义务工是个复杂的事；在村民口中，义务工是农民种地的负担。马思文是河滩村8队的队长，对于村内的义务工，村干部的了解是最详细的，在村民的指引下我找到马队长的家。马队长在村里干了3年的队长，平时村上出工多少由村上集体找村民出工，而队工则主要由每个队的队长负责召集本队的村民。

1. 来者不拒

根据M队长的介绍：“村上在2016年的时候主要采取发工票的形式，村上有工或者队上有工了，先出工，出工的人统计在花名册上签字，签字以后根据工程大小发工票，有五十元的工票也有一百元的工票，发完工票后根据工程量收工票，平摊每个人身上的工，最后统一到了年底清算。没有出工的村民要根据平摊下来的工缴纳相应的义务工费。村里对做哪些义务工有明确规定，但是收费时没有明确的标准，要视情况而定。全部根据工程大小由村上定标准。一般情况下卫生费是固定的一户40元。其他的就是工大钱多，工小钱少。在农田上，干得好收得少。假如有一百亩农田，工干得好了，本来4天能干完，结果不好好干就干了6天。那平摊的工肯定多。还有一种就是每年在农田上要挖沟挖渠，组织10个人去挖渠，有村民不好好干，结果上面来人验收一看不合格，再返工继续干，这种情况下也是会平摊很多工。每个村民干完都会给一个义务工票，到了年底清算时，干得多的可以留下顶工，没干够的就补交义务工费。”

表4-7 河滩村2016年义务工报工统计表

日	人数	工作标准（元）	工种说明	金额合计（元）
1	3	100	友谊沟打药，车拉水	200
2	17	50	村部草坪铲草	870
2	6	100	汉一所用工	600
4	2	100	友谊沟打药，车拉水	400
7	7	100	防侵沟林带铲草	2000
7	24	80	防侵沟林带铲草	2010
11	8	100	防侵沟林带铲草	700
12	8	250	防侵沟林带铲草	2000
14	7	100	草沈路铲草	840
14	10	80	草沈路铲草	830
14	14	50	草沈路铲草	850
14	7	130	草沈路铲草	980
15	10	50	清扫路面，车拉草	860
17	15	30	东干渠防洪演练	450
20	2	100	环境整治	200

2017年，村委会对村内的义务工记录方式有所调整，队长MSW介绍了义务工的报工方式，他说道：

2017年主要是采取报工单的方式，比如今天三个人，出工先拍照，在报工单记上，队长把名字一记，字一签。去年一年一亩田下来不到200

块钱。每个队的工不统一，一开始村上规定，比如打扫卫生就会通知，看需要几个人，就去几个人。比如今天有300块钱工，如果来三个人一个人就100块钱，如果5个人就一个人60块钱，根据工大小和人多少给工。有时候一点点活儿，那两天扫路边，一下来了十七八个人，本来一点工就花300块钱，一人就20块钱，人多干的时间短。人少两三个人就得一天。人多的情况下一个人挣的钱少。但是不让出来干不行，如果不让干就有意见了，你要不要工，你摊工不摊工。所以来十个也行，二十个也行。可是义务工，来人多少根据工量给工。队上的队工就是挖渠挖沟，平时干活就是谁闲了谁就来干工，比如礼拜天五十多六十多岁的老年人不照看孙子了，闲着了就干一天活，如果孩子上学顾不上就不干了。

无论是2016年的发工票还是2017年的报工单，对于村民而言都是种地过程中最大的投入与负担。首先，义务工的用工多少没有限制，工多摊得多，对于没有做义务工的村民而言，在计算所有已经干完工的基础上平均计算每个人应该承担的义务工。其次，义务工出工人数少，则队里每个人实际到最后平均承担的义务工就多。最后，对于仅仅个别几个队的的义务工较少，有村民说道："人家的田少，干的活少，义务工肯定也就少，再就是工卡得严一点，义务工也少。"

2. 提高工费把人留

随着年轻劳动力的外出务工，村内劳动力急剧减少，为保证村内农田建设用工，村内提供义务工的平均标准，村干部马兴国说道：

下面人干费工得很，农民刚开始每年9月，这个季节和外面工程工地用人相冲突，那边用人，女的劳力一天120块，但农田水利建设上，农民也知道应该干呢，但是农民也想挣点现成的，别想挣外面的现成钱，没办法你不多给没法子，本来你干一天能值60块钱，但你非得加倍给人家120块钱的义务工，这个又不是现钱，就往纸上一画（报工统计表），别人宁可挣现钱也不挣你这个。一到秋季，年底核算农民一亩田以现金算都在200块钱以上呢。流转掉也没办法，西边是农田建设的点，最后村上和老板各出了一部分钱用现金使农民。不出劳动就用现金，头一年一户不上义务工，第二年一看有人不上义务工都能过，就自己也不上义务工，到了第三年可能就有10户。队和队还不一样，有得力的队长当年就把义务工差下的钱就去骂的问你要，整个一个队要追清的话，这个队上义务工的积极性就高。队上队长要抓得不太严格，松松垮垮，那就是喊不来人就是喊不来人，同样是那么多人，有人能喊300人，你就10个也喊不来，差距就这么大。

对于义务工的收费标准，村民们怨声载道，对于河滩村的村民而言，义务工成为他们种田的一大负担，但凡是种田的农户，即使是老年人，只要还在种田就必须做义务工。对于种田少的村民而言，一年收成低，物价又高，一年下来好多天做义务工，别的也没办法干，假如不做工，就得交钱，一亩下来几百元，自己连个剩余都没有。对于义务工的不满是村民的共同话题，有村民说：“每次义务工结算表出来，就让人给撕了。”

（三）权力下的人情事

义务工最后做多做少，村民有自己的说法，有的村民说道：“老实人就天天撵着做工做不够，不做工的能余工。”村内的于队长说道：“我们这个义务工现在低得多呢，2013年往上说义务工一年都400多。”被问到这个义务工400多怎么算呢，于兴义队长说道：

你和我认识，和我关系好，到年底我就给你闹个二三百，一半千，受苦的人么闹上工，不干活的人把义务工闹上了，年终一算就累了个吗大头，就给你均拉了。可我们现在，我是1994年上来的，2011年这一班人（换村干部）上来，我们这义务工一亩田才200块钱，我们队上的才40块钱。每个队不一样，有的队100多，不同在于使人的方法和报酬上，比如扫地花2毛钱就可以扫，可我花1毛钱就能扫掉，可他就花了1块钱才能扫掉。”

张大爷：“那几年，义务工多，给我们摊十一二个义务工，就义务工四百，今天铺渠呢明天挖沟，义务工在队长手里，给队长私人家干活也是义务工，队长用义务工使人。今天十个人干，别领十一个，自己落下，别人给他干活，欠的给别给钱。”

于大爷：“以前（1984年）义务工500块钱，6亩田3000块钱义务工，就是一天 100 块钱，你还要干一个月呢，咋能干够呢。我们队一亩 115 块钱，6 队四十几块钱。队长干啥都是用义务工，队长一喊就走，村上那个人一天不干，你干着的还是干不够，别不干的还余工。生产队队长家里有活你给我干也是义务工。老百姓就是你给我义务工我就干。比如今天的活 4 个人就干完了，一下来了 20 几个，来了你就要让干，干了就给工么。我最近还撵着修渠呢（村工）。种地不愁，就怯到这个义务工上。现在都是机械化，种了收了都是义务工。你差下人的你迟早要给别，你死了还有你的儿子。这个太多了，你也不能松这个口。你种人家的地你就得给人家干义务工比如全村义务工有人差 1000 块钱义务工，就有人余下一万块钱。现在就要给现金义务工的钱收了来给这个余工的，现在用流转的这个钱扣这个义务工。宣传的时候村干部到生产队来村上给咱们做工作，还是流转了好。个人种上尝不了 800 块，人犁地花 20 块，你单独犁地就花 50 块钱。别人这个机子放开直接就犁了，你这个地小就在原地转圈，费事得很。别人种地的化肥都是去化肥库里拉，来得多肯定便宜，别人这个饲料 100 块钱，你这个就得 100 多块钱。还有装卸费，农药啥的是一个理。现在承包方国家还是给补着呢，别人种得多就挣得多。”

村内义务工标准不统一，缺乏科学合理化的管理措施导致不同队里耕地上的义务工平均分摊到每个村民身上呈现高的高，低的低这样不平衡的现象。最终结果就是加重了农民种植成本。对于想着继续种地的农民而言，义务工的负担使土地流转成为大多数农民必然的选择。

（四）义务工下的选择

李大爷自家中段流转了 2.2 亩土地，自家南段的地送人了，想着只要把地上的水费和义务工费承担着就好。义务工的负担如今是一些村民放弃土地的主要因素，李大爷说自己去年义务工算少，也就 232 块钱，算下来全年一亩地义务工（队工）就 115 块，村工 117 块，这只是一亩地所要承担的义务工费，种地自己的人工费还没算进去，这样下来能余个三百来块钱。如果李大爷将自己的劳动这算成工钱，按照李大爷的话就是：“白玩手呢，贴钱呢，以前义务工就 500 块，现在土地流转了，租金在村上呢，你干不够（义务工）

的话村上就扣了。种地不愁，就怯到这个义务工上。要是有个百十来块钱的话人还能接受。”

张忠：“从 1987 年到现在，我们村里一直都有义务工，义务工这一块做得最多的就是村里的卫生，不做的收取卫生费，对于义务工收费的标准都没有规定，花多少，摊多少，有多有少，有大有小都是村上定标准。有田的人每亩田一年义务工投入都要 300 ~ 400 元，每年种田玉米价格那么低，农田投入那么多，一年下来种田没有收成还要倒贴。”

像李大爷出于义务工考虑流转土地的村民不在少数，在河滩村，义务工没有年龄的限制，只要种地便是种到老，干到老。对于村内一些年龄大的老人，在不流转的情况下，自己要在村内干义务工，李大爷自己干义务工的话，细数下来干 30 个工就意味着这一个月天天要做义务工，别的事情做不了。人累是其次，一年到头，遇到天灾或者粮食价格低的情况下，就连这 800 块的流转费都捞不着。

村内有村民会因为义务工愿意流转土地，但也有因为义务工不愿流转土地的。对于村内拖欠义务工较多的村民而言，流转了土地，自己一年到头租金拿不到 800 块。马思文说道：

“我们队上的义务工也欠得多呢。因为村上干一天才七八十块钱，年轻人出去一天等于在村里干两天。现在土地流转经费经过村上。欠工的从租金上扣，老年人干了义务工，年轻人欠的工从租金里扣了给这些余工的人身上。扣义务工按照比例扣，分批一年一年地扣。有因为欠义务工和水费的不愿意流转土地怕扣义务工费的。就像 DYF，我干了三年，三年水费一分没交，本来家里也困难，去年家里娶了媳妇子，又买了楼房，夫妻两个都打工呢，都年轻呢，不上 50 岁，草坪上的活儿别人看不上。在外面挣个 150 块钱的，200 块钱的。家庭情况紧张点。”

由于租金要经过村上，拖欠义务工较多的村民害怕租金被扣而选择不流转土地，对于一些已经流转土地的村民也曾因为拖欠村上的水费或者义务工费又毁约不愿意流转土地的。Y 队长说道：“就昨天还挡别那个大田呢，派出所都来人了。这个人一年义务工不做，水费不交，我就将流转的租金给扣了，他又不给田，田要别人种。我就现在条子上还有七半百呢，你不流转我就打个电话派出所来了。”

在经济活动中，“经济人”的行为是合乎理性的，主要以利己为动机试图通过最小的经济代价去寻求和获得最大的经济利益[①]。许多经济学家认为，作为合乎理性的人，其行为通常具有以下三个特征[②]：第一，追求自身利益。如亚当·斯密曾指出，人是理性的，要为自己打算，每个人都是他自己利益的最好判断者；第二，具有内在的一致性，即来自不同子集的各种选择应以一种有说服力的成体系的方式相对应；第三，具有完备的知识和计算能力，以保证自身利益最大化地实现。对于村民而言，种地多的农户，意味着农地上的义务工费分摊得多；对于种地少的农户而言，仅有的耕地一年收成除去义务工不亏本就不错了，这还不算自己投入的工；对于拖欠义务工较多的村民而言，流转土地就意味着自己流转土地的租金会被扣，到手的钱不如自己坚持种田剩余得多。无论土地是“留”还是“流”，村民都在多方面的衡量下在规避风险的情况下做出的选择。

三 村内坚守的钉子户

（一）老无所依

当农户既不同意流转土地也不愿意互换土地时，村委会动员说服的工作就没办法进行下去了，要么这段土地都不流转，要么绕过不愿流转土地的这家农田。在整个的过程中主要以村民的意愿为主。当时说到土地流转，村民们说只有 8 队没有流转。有村民说他们队没有流转主要因为 8 队那个马老爷子在 8 队很有威望。他以前在村里当过支部委员和 8 队的队长，在 8 队自己大小的姑舅就有 9 个，还有两个爷爷，家门中的弟媳和嫂嫂就有 13 个，自己在村里和队里都享有一定的威望。村民们说，很多人也有点害怕他，他说：“不流转，如果敢流转就打断谁的腿。”

经过村民的介绍笔者找了这位传说中的老爷子，老人家 70 多岁，看起来很是精神，做了村里 10 年的支部委员，是个老党员。家里的两个儿子常年在

---

① 参见高鸿业：《西方经济学（第二版）》，北京：中国人民大学出版社，2000 年。

② 刘晓惠：《理性人假设与现代西方经济学》，《对外经济贸易大学学报》1998 年第 5 期。

外打工。平日里自己是和儿子们分开住的，老人的房子是紧挨着儿子房屋盖的，一方面也是方便儿子儿媳对自己的照看。初次见到马爷爷，他为人很是热情，提到土地流转更是激动得似乎有说不完的话。他说道：

> “对书记不感冒，书记不称职，南段改盐碱地，去年说稻田改种旱田，去年稻子没挂上，我种了旱田，挂了两亩稻子。作为书记，要弄就一刀斩齐。村上要不挂就都不挂，自己旱田挂了稻子都毁掉了，对这个事情上对他反感很大，今年我水费一毛钱都没交，当时开党员会，他不在，我就说给法院起诉，法官来了问我，我就说：‘洼田种麦子，高田挂稻子天经地义，砸锅卖铁我都交呢。’这个事情上我对他就有了看法。麦子收了，稻子挂了但是水一直没断掉，稻子都毁了。
>
> 另一方面，自己年龄大了，不像那些年轻人。我们出去打工没人要，除了种田再没有其他的收入。谭桥村那几个麻将馆，对那些出不去的人，收揽管不好，经常打麻将的别说800块了，一年的土地流转费用可能一场麻将就完了。话说‘钱没有不花行，衣服烂了补丁补大一点能行，农民以食为天，没有钱想吃的东西不买能行，作为农民没有米面不行’，向我们这样的老汉，不种地，先人们早把话放到那了‘80岁的老人门前站，不死还得要吃一碗饭’，活在阳世总得吃喝穿，儿女有了给，么了把啥给上呢。他们自己都顾不上自己呢，问儿女要钱太费事了，养老很艰难。土地多多少少够一年吃的，没地压力大，有地不恐慌啊。”

土地对于老一辈的人来说尤为重要，他们还具有一定的劳动能力，不想依靠或者出于其他方面的考虑不愿意依靠孩子，想要通过土地来保障自己的温饱。在社会保障还未能给他们一定安全感的前提下，土地依然被他们视为命根子。

（二）历史遗留矛盾：寸土必争

随着人口的不断增加，人多地少的矛盾日益突出，土地向来被农民视为命根子。河滩村作为比较传统的农业型村庄，土地是最主要的生产资料，也是农民们最基本的收入来源。可想而知，土地对于农民的重要性。当土地被农民们视为传家宝时，土地的使用权按人口分配则成为了村民们公认的规则。

所谓“耕者有其田”是当时农民们主要的理想与愿望。每个村庄的成员们都应当平等地享有土地的承包权，任何人不可享有特权。

在对8队走访的过程中，了解到8队不愿意流转土地的原因在于土地分配中的不公平对待。而这种不公平的对待导致村委会的权威大打折扣，以至于在现在流转土地过程中遭到8队个别村民的反对。马队长说道：

> “1997年到2002年，为争取项目，搞活经济，村上以口头宣传的形式号召农民进行温室蔬菜种植。村上以口头宣传的形式号召收田搞活经济，最后种得少当地销售不了，往外走不够车，种得太少了，当地农民吃又吃不了。外加技术不过关，农民的经验不够，蔬菜质量不好，一两年后又不种了。说起来，过去分田是人均9分2厘地，村里为了流转土地搞经济效益，划出部分经济流动地用来搭温室种植蔬菜（韭菜）每家每人收走3分地，用每人收来的3分田作为经济田。
>
> 1~9队都搭建温室，结果没种成就拆了分下去，谁的就归谁。8队的就是当初谁种的就是谁的。温室被平掉（撤掉），谁种温室谁继续种。至今，家里有人的种两三个温棚的多了两三亩田，自己就种了。现有8队种田的个别人，有点势力，村上说话管用的人，比较厉害不敢惹，这些人种的是收来的农田，田就没有分下去。他们的理由是‘那些年要工时我种着，种温室没效益我种着，亏损不少，现在把田收回去分给各家各户，不行。现在不种这个田，那这些年温室种植的亏损给我赔上’。其他队都将3分田分了下去，就8队的没有分下来，这些大户不好说话没办法收回来。向村上反映村上也没办法，我们这个队明摆着就是难缠一点。8队的温室都拆了，再没有种。但是田也没有分下来。我认为3分田退回去理所应当。田收回来作为经济地种温室，对于温室大户而言，你收了田把这些年我的损失赔给我，但村上没办法赔，你在经营中没有经营好，最后收入没有的让谁赔谁也没办法赔，村上一直亏损没有钱，交水费都是这借那借把水费先垫上的。”

对于8队之前那些被收取3分地的农户而言至今仍有怨言，村委会由于各方面负债无法支付大户的经济损失，最终导致被收土地的农户利益受到损失。至今，这件事仍然是村民心里的一个结，村委会的威信在此次的利益冲突中大打折扣。现在土地流转，8 队村民也不愿意太相信村委会而去流转土地。

（三）义务工的拖欠

8 队不愿意流转土地综合多方面的因素，在走访调查中村委会干部反映，8 队村民在近几年拖欠了不少义务工，有的大户几千甚至几万不等，常年累积的义务工对他们来说是眼前土地流转的一大困难。如果选择流转土地那之前拖欠的义务工费很可能在土地流转租金还没到手就被村上扣去抵销义务工费了，对于这些种植大户来说一旦土地流转出去，依靠租金去抵扣义务工费也就意味着几年内是零收益，无论如何也是不愿意流转。

> 马思文：“有的人不愿意流转土地还有一个因素就是以前每当村里出工的时候，这些人就不出工，也不交这部分义务工费，长年累月地就拖欠着，现在都拖欠了很多钱，就是不想交。他们是担心土地这一流转，每年承包方是将土地租金全部打给村委会，然后村委会再一一发放给村民，他们就担心土地是流转出去了，这钱还没到手就被村上给扣走了。”

四 村内换田故事多

上文说到有两类人不愿意流转土地，对于第二种不愿意流转土地、还想自己种地的村民，村委会首先派各队的队长去农户家动员说服，如果还是不愿意流转就会由村书记亲自出马，然后给农户分析利弊加以引导。主要目的是让农户认识到种地收益不如将土地承包出去收益好。其次，由于自己家的土地不愿流转会影响到其他家土地的流转，要从大局出发。一番动员说服后仍然不愿流转土地的情况下，村干部就会采取下一步措施，进行土地互换。为了详细了解土地互换的情况。村委会负责村里调解工作的干部 MYG 介绍了土地换田的经过：

> “我当时给承包方说你一次性把钱给了他们，他们就给流转。签掉多少算多少，承包方一次性给村上打了 100 万，把中段土地签了。你想种田我给你田，但是中段田你不能种（如果你有中段田，自己又不愿意流转，但自己也种不了，必须服从村上换田），可以给你北段的田。例如有

出去住的村民不愿意种田，我把土地交给你种，水费等各项费用你出，粮食补贴本人拿。北段有3亩，中段有2亩，中段2亩流转了，北段3亩还在，过程中村民有中段土地但不愿意流转的就拿北段的3亩交换。”

以上MYG说到的情况只是一个简单的介绍，土地互换看似简单，实则非常复杂，在土地互换过程中会发生什么情况？村委会、村民、承包方都会做些什么？

（一）自行协商把田换

马大叔讲道自己最初是不想流转土地的，一方面自己年龄大了，出去打工也没人要，这个年龄自己还能种几亩地，马大叔家里还养了十几只羊，自己种点玉米总是比从外面买的强，玉米秆也能给羊做饲料。刚开始说土地流转，马大叔不想流转，最后经过村上做工作，不愿意流转土地的村民可以换田。马大叔当时想着就是换田就换田，村上也来做了工作，马大叔想着都是一个村上的，大家抬头不见低头见，想着中段土地和北段土地土质都差不多。当时和马大叔的换田的另一方是想流转土地，这个人主要是中段没有地，自己还长期打工，土地流转出去自己也省心。根据马大叔的介绍，当时的流转都是双方同意后自行协商的。正巧对方北段的田距离马大叔家比较近，就在马大叔家门口，想着就近自己种着也方便。大家的田地在双方的口头约定下就这样互换了，土地上的租金归对方，每亩田的粮食补贴都是各归各的，义务工要马大叔自己承担，双方约定，在5年承包期满以后，双方以前换的田就物归原主。

（二）义务工下诱惑多

村里的换田并不是都像上面那样顺利，偶尔也会遇到个别的几户难做工作的村民。在调研过程中笔者找到了当时负责这块工作的马义国，他说道：

“村里7队的马保国，别家田在北段，刚开始的时候都是把大家召集在村上一起给做思想工作，完事后又派各队队长下农户家里进行说服，但是仍然有人不愿流转土地，MBG的田就在北段靠中间那段，当时我们和承包方商量的是一段田要流转就整段流转，不然中间一家不流转你让人家承包方咋种呢，现在都是机械化操作，你家田挡在中间，人家机器过不去，没办法弄么。最后商量了还是不同意流转，我们就想了办法。你不愿意流转我就找田给你换，当时在中段找了王幸福的几块田，当时主要也是这个人想流转土地，我们村委会就出面来协调。最后 MBG 还是不同意，说自己家的田肥，王幸福的田比不上自己家的。说白了么，他就是故意刁难你，知道你拿他没办法想让你给点好处。当时想着老是这样耗着不行。最后没办法我们商量了一下给点义务工，给点好处，毕竟义务工算是村里通用的货品，义务工也是钱么。”

土地的互换往往是在换地双方村民在场，村委会做证的口头约定下完成。如果中途出现任何问题，村委会负责协调。

（三）队长换田有“智慧”

对于人情和乡村治理的关系，学术界有很多相关方面的研究。孙立平等人在华北研究订购粮收购的过程中发现“正式权力的非正式运用”，由此来解释国家和农民关系的实践形态。所谓“正式权力的非正式运用”意指乡村干部乡村社会的治理中，运用非正式的手段，诸如人情、面子和感情等手段来实现国家的政策目标[①]。从孙立平等人的分析中不难看出，诸如人情、面子等非正式的方式往往是乡村中正式权力调动资源的常用手段。此外，贺雪峰（2009）在贵州农村调查时发现熟人社会中的人情可以将外人转变为自己的人。村干部通常是利用人情为手段来做工作，通过自己人治理[②]。

乡村社会中一定程度上是需要利用人情为手段来做工作。陈柏峰（2009）认为，人情是联结私人性生活和公共性工作的桥梁，是化公为私机制中的一项核心要素，也就是乡村干部在运用感情来做工作，一方面是调动感情，另一方面是积累感情[③]。在理论的层面上来说，工作与人情是分开的，一为公，二为私。现实中却是，人情关系处理好也意味着工作就容易做。从这个意义上说，乡村干部中的人情是具有公与私双重性质的，人情是他们进行乡村治理的重要手段之一。

---

① 参见孙立平等：《软硬兼施：正式权力非正式运作的过程分析——华北 B 镇订购粮收购的个案研究》，鹭江出版社 2000 年版。

② 贺雪峰，刘锐：《熟人社会的治理——以贵州湄潭县聚合村调查为例》，《中国农业大学学报》（社会科学版）2009 年第 2 期。

③ 陈柏峰：《乡村干部的人情与工作》，《中国农业大学学报》（社会科学版）2009 年第 2 期。

土地流转对于村干部而言，可谓是困难重重，自行协商和义务工的兑换对于他们来说就是相对轻松一点。因为在村内仍然有个别一些村民会给村干部出难题，以此来达到自己不愿流转土地的目的，在这场土地换田的较量中，双方可以说是用尽了心思。乡村社会中的正式权力已经无法达到预期目标时，人情的手段就被充分地利用。

马思文队长经手调整的田地就有10户，自己流转了两亩多田地，换了1亩田地，在被问换田地遇到的困难时，马思文队长笑着说：

> “困难那就说不成了。第二年秋上乡上派的深耕机，犁地，深耕机要松田就要整段田松，区上给我们深耕松土壤不要钱，你如果能达到条件就松，达不到的就不要占这个便宜。我说南（中）段的田不如北段，把你调到北段。最后做工作，有三家不愿意，我说你要种南段，把南段的头子切断给这个村民种，南段头子三亩田没有流转。他家在整段田的中间，中间给大户种，头子的田给个人种，别说这个田离别家近。我就把头子这点地给你种，你的地给别的大户种。换田就是口头协议，我交给村上，双方去村上给说清楚就行。队上经手调田的有10户，这10户没有流转，中段的田转到北段。这个算是相对好做工作的。”

后面的调田过程对于马队长而言真的是绞尽脑汁，要动脑子才能把这田给调到各自满意，按照马思文队长的意思就是村民出难题就是不想土地置换，他们的初衷就是不流转土地，但是又不能强扭着一口气地否决，这样也得罪人。既然是土地置换，不愿意流转的村民出难题，避开了面子上的问题，又通过这样制造困难让你难以完成任务，最终达到村民不愿意流转土地的目的。关于这段换田的经历马队长详细地说了这个经过：

> “换田困难肯定多，有的要这个田，比如说，南段我有三条田，如果要调，调到北段必须得紧挨在一起，不在一起不要。南段分田的时候都是这一块那一块，一共有三块田。你要给我调到北段去就必须给我调到一起。
>
> 比如我们队村民段小兵有三块田，南段一共1.8亩，包括6分，9分，还有一个是7分田，地都是分在三面（不在一起），最后要调这个田要调到一起，调不到一起他就不要，也不流转中段的田。这种情况，就

是把北段的田尽量往一起调，马利平不交田，他这就有一块田，马兴蒙交了田了，然后我和马兴蒙和马利平协商，马小兵有一块田挨着他的，都是一样大的田，9 分田马小兵这个田给你种，正好连着了。马小后给段小兵种，三个人互相一调，这两个人的田才能调到一起。

马兴蒙刚开始也不给，我做工作说你流转掉，我 9 队还种着田呢，水费你出，义务工我给你背。我村上那几年有拖拉机呢，主要就是补渠拉水泥板，我给拉车呢，开始村上说给钱呢，最后村上没钱，那时候王书记管着呢，说没钱咋办呢，我说你一开始说要给我钱呢，现在说没钱，书记说不行工（义务工）上给你处理点工，钱现在确实没办法。拉了半辈子，所以顶了点工，我说不行给点工（义务工），我说你这个田是种那边的田也是种，9 队我姑姑的几亩田不种了，也没有包，反正水费义务工你出上，我说这五六亩想种你种上，反正水费你出上，义务工我给你背上都行呢。当初想着就是你把你的田流转掉换给别人，因为田不够换。段小兵和马鹏立的田挨着呢，别人就必须要这个田，别的不要。我给马兴蒙做工作，你把这个田先交了，想种田，我把 9 队的田给你你种上，水费你出上，那么义务工我给你出上就行。开春了，种田呢别又不种了。别想着我也不占你那个便宜。别一开始想你这个田根本换不来，别这个田凭什么要给你，不交的田为啥要给你，你这调不成我这田也不给你。”

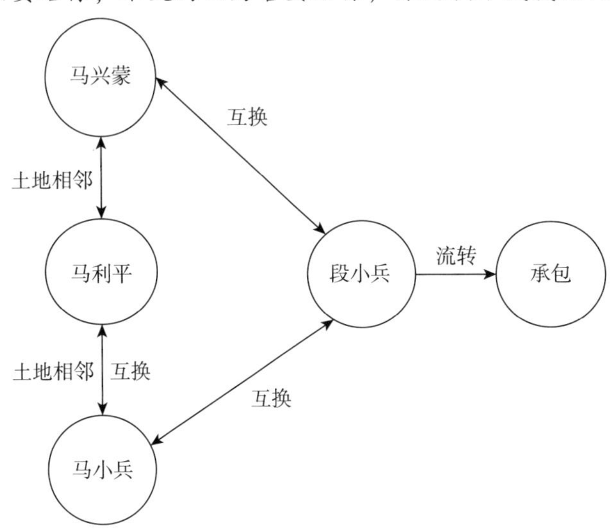

图 4-3　土地互换关系图

“换田要动脑子调，田数要一样，大小也要一样。田的大小根据过去记录的面积走。有不愿意调的，就做工作，不管怎么说，调一起有的说这个田好一点，那个田差一点，都种了30多年了，有的说自己的田里都上粪了。我说上粪了就上了，就今年一年，你能吃多大亏，最后上粪的田，互相他说你的田上粪了，我给你送一车粪，最后也没有拉，话说开了后面互相之间就解决了。

为了换田，我自己的田都调光了。像村上的段小凤，一共1.5亩田，换田点名要跟我二哥换。要求田必须是我二哥的田，别的我不要。别人知道这是我哥哥的田，别人提前感觉跟预谋好着呢一样，提的条件知道你也能办到，你先给你哥哥做工作，你哥哥工作做通了就行。你做不通，我也不流转土地，就是刁难刁难你。如果换田我就要这1.5亩，正好和他这段的田连在一起，最后我又把我哥的田给调了。我说我二哥不管咋样你就把田给，他说我这田里上了粪，我说我完了给你上。话说开了，人都是通情达理的。

我给书记说呢，我的田交的交掉了，换的换掉了。最后说村上的场（过去的打谷场），我的田都流转和换完了，这个场等于包给我，我的田交掉了使钱，我再出钱把这个田包上再种点田。现在这个田也没人种，这个场又换给了住在跟前的马兴忠，他说自己想种呢，又在门跟前，好管理。村上种也没路走，也没办法种。于志鹏墙根有一条路是走场上的路，在墙根呢，堆的枝子堆的草，就是不让你走。去年场村上种，收成不行，我就说那就换给私人种，这个田只是上化学肥料也改善不了，必须得上农家肥。于志鹏北段的田给了3.5亩和村上换了。”

经过马思文队长的讲述，着实觉得村内土地置换真是个耗脑的事，换一家的土地真可谓“牵一发而动全身”，不仅要做村民工作还要做自己亲戚的工作，当村民制造的困难被队长一一揭开、克服且使农民满意时，换田的工作就差不多完成了80%，剩下的20%里面，一方面有着事先双方的口头协议，另一方面有着农村熟人社会里的人情关系，事已至此，农民们也不好再三为难。

综上所述，动员是土地流转得以顺利完成的首要保障，动员的目的在于为下面的工作进行铺垫，在于获取群众支持，减少土地流转中可能出现的纠纷。动员一般由村里以开大会的方式向小组长传达，再由小组长向组内成员开展动员，个别对象由村委会、队长或者同意流转土地的熟人进行说服。最常采用的策略是“诱之以利，晓之以理，动之以情”。仍然不愿意流转的情况下通过土地置换来使得双方达成一致。而对于不愿意流转土地的村民通过土地置换来流转土地也是村民给村干部出的一大难题，村干部马思文的说法是，村民设置的障碍的初衷就是让你难以完成这项工作，但熟人社会中，大家“抬头不见低头见”，互为邻里也不愿意为难村干部又得罪人，所以这样的换田难题对他们而言是两全其美的做法，村干部做不到则称心如意，即使做到了，当初的土地置换也是在考虑自己利益最大化的基础上做的决定。面对这样的换田难题，村干部已经难以通过权力来使农民流转土地。此时，在熟人社会中的“人情”便成为一种手段被运用在其中来达到土地互换的目标。人情虽有助于村干部完成土地流转的工作，但其过程中也体现出了在农村这个特有的文化网络中乡村正式制度下权力的非正式运作的特点。

（四）村委会变身“和事佬”

“换田”并不总能消除不愿流转土地的村民对全村整体土地流转的影响，仍然有个别村民的工作是没有办法做通的，对于这部分村民，村委会无法强迫其流转土地，只能任由其耕种原有的土地，但土地流转的说服工作并没有因此结束。由于每个队的土地都是集中分配在一起，个别人不流转就会影响其他多数愿意流转土地的村民，这难免会在这些村民心中“落埋怨”，而村委会也会借助同意流转土地的村民去说服不愿流转的村民，从而形成舆论的压力，致使最后土地得以流转。在走访调研中村干部说道：

“8队去年个别户捣乱不愿意流转，这几个人就是在群众当中属于‘领头羊’，头一年老百姓听呢，第二年老百姓一看不行，我要连他闹呢。最后骂的，这几个人呢最后我们分头，老百姓方面也骂，我们村上也做工作，我们做工作也是和事佬，你也不能当这个恶人么，隔了一年了，你也不能这样么，一开会就在会场上骂，其他人都也听着呢。这一档子人就那么两户人隔了几节节，别人那流转来就是图个机械化耕种，一调田，干啥别人一机子就过去了，你挡在中间，别人还要打回头。结果去年老百姓整个翻了起来把撬棒的那几个人一顿骂得不敢出来了，我们就是从底下发动老百姓骂他，80%多的人流转多呢就个别几个不流转，多数弄他了他没法子，像我们去弄那不行。头一年我们也做工作就是不流转，到了第二年其他老百姓一看，就连他闹呢，他们就是故意和村上作对呢，你不流转算了，你不流转我就把你隔开，淌水的过程中过来过去稍微给他点小鞋穿。”

第六节　土地结构变革的村庄与治理思考

一　村庄内部结构的变化

（一）重构的新生计

人类的生计方式没有固定的模式，它是处于不断的变迁之中，与一定的生态环境、社会（规则与资源）和族群文化相适应[①]。“对于一个民族来说，其生计方式是其自然环境和社会环境综合作用的结果。”[②] 随着土地结构的变革，土地流转后使农民从土地上解放出来，村民们为了去适应这样一个生存环境，对以往传统靠地吃饭的生计方式进行了相应的调整，或者说是重构。对于已经离开土地的农民而言，生计方式上发生的变化是本质性的变化，无论这种变化是自愿的还是非自愿的。

1. 村内村外的生意人

河滩村距离峡口镇、青铜峡镇和吴忠市很近，历来都有进城做生意的传统，当土地没有了约束力，外出做生意也就更加方便了。村里做生意主要集中在吴忠市，有开超市的，也有做建材生意的，或者还有一些做小买卖的。

在河滩村像这样的小商店有二十多个，土地在流转后少数人依靠小商店、开饭馆、蔬菜店等作为自己土地流转后家庭的主要经济收入来源。也有一部分年轻人离开农村定居在城里，这部分人在笔者的调研中很难接触到，更多的只是通过他们的父辈们来了解一些关于他们的事情。在上文中所访谈到的

① 吕俊彪：《靠海吃海生计内涵的演变——广西京族人生计方式的变迁》，《东南亚纵横》2003年第10期。

② 吕俊彪：《靠海吃海生计内涵的演变——广西京族人生计方式的变迁》，《东南亚纵横》2003年第10期。

MJZ，他的儿子在结束学业以后便学会了一门技术，自己在吴忠开了间家电维修的小铺子，女儿吴忠卖化妆品。无论是村内的老人还是村外的年轻人，土地的流转对于他们都是一种在劳动力上的解放。

2. 就近打工也挣钱

河滩村外出打工的村民主要集中于峡口镇、吴忠、青铜峡等地，主要以年轻人居多。男性当电工、木工、泥工、砖匠、跑运输或者在工地上当搬运工。女性一般在夏进、奶站、皮革厂、超市、门店等地做工。2016 年在河滩村调研的时候，能见到他们早出晚归。2018 年回访的时候村内已经是很多家门紧闭的场景。

（1）村外打工的村内人

于文虹家有 5 口人，两个大儿子都去当兵了，家里还有一个小儿子在上学，自己和丈夫都外出务工，有时候在工地打工，有时候在绿化和环卫。自己家中的三亩多地都流转出去了，于文虹的丈夫是瓦工，年收入超过 4 万元。于文虹说自己主要在四五月外出打工，一直到秋季才正式回家。由于家里的婆婆已经七十多岁了，需要自己来照顾，所以于文虹每天都坚持通勤回家。她表示自己在工地上刚开工的时候，一天可挣取 100 元钱，有的时候能得到 110 元或者 120 元钱。一旦工地上“没活儿了”就去做环卫工人，这样一天也能获得 80 元的报酬。

> 以前种田的时候就是集中在家里干，自己家的活儿干完了才能出去。自家干完了就要干义务工，现在土地流转了以后，我就有时间出去打工了，以前给自己家干的时候挣的钱都是除去个人人工费，算下来和自己外出打工差不多，如果算上人工费还不如自己外出打工挣得多。

于阿姨家以前养的奶牛有 6 头，主要在家养牛和种地，最后由于附近没有固定的奶站，于是便把牛也卖了。现在 Y 阿姨家里只养了 3 头肉牛，平时外出打工前只要在家里准备好当天的饲料，就不会影响其务工。于阿姨现在外出务工的年收入超过一万元，还能获得土地流转的两千多流转费。所以在她看来，土地流转并没有她外出务工挣得多。

> 马思文：“我每天早上拉的十几个人在古城湾剪花，主要就是在绿化

带里把里面的草除了，死树去掉。干下来得三四个月，一天 100 块钱。年龄都在 50 岁以上，40 岁左右的看不上这个活儿，他们只有每天报酬超过 150 块钱才会考虑。”

（2）村内的妇女输出队

在土地流转之前，农民们的主要经济收入来源于土地，土地流转出去以后，意味着更多的人将从事非农生产，或者转变身份继续回到土地上。以前我们说“男耕女织”或“男主外女主内”，在农村，女人平时的任务就是相夫教子，她们的时间与空间被家庭占据着。如今，土地的流转开始逐渐打破这种格局，男人女人都从土地中解脱出来。面临生活上的压力，女人也开始算起了经济账，赚钱的意识逐渐增强，也开始谋划如何走出家庭外出务工。经过田野调查发现，村里出现了“妇女劳务输出队”，这么一个组织成功地把村里妇女带出了家庭。劳务输出队的负责人于国庆今年 61 岁，他给我介绍了劳务输出队的情况：

“这边古墓有一千多亩大的园子，有繁殖场（养猪），果园和玉米种植（一千多亩）。果园主要种植核桃树、苹果树还有桃树。其次种植玉米。一开始我在这里做活，开始在那里干活没规模，经过书记协商，签了合同，最后确定了要在这里干活。逐渐我找这个村子的妇女开始到这个地方干活。找人没要求，只要闲着的妇女想去都行，平时人员分配是果园有二十多个人，秋收玉米时用工 60 ~ 70 人。用工多的时候河滩村的人不够用就从外面找人。对于这些人平时要在农田进行专业培训，50 人一个培训班。长期从事这样的工作的人每月都有固定工资将近 2000 元，短期雇工在用人量大的高峰期一天 90 元，其他时期都是 80 元，最不行的人下去一个月都在两千多，固定工资都是按月结，不固定的是按天结算。在这里一年四季都有活儿干，年轻人主要在果园里‘春课，夏剪，秋拉枝’，这些都是要踩梯子。除此之外，秋天收玉米的时候还要用工。冬天淌完冬水后要在果园里埋树。一般情况下，只要你有时间愿意干都会有活儿，有收入。在用工量大的时候除了本村妇女还要在其他村子找人。”

表 4－8 河滩村劳务输出队收入列项

长/短工	期限（天数）	金额
短工（成年男子或妇女）	1～7 天	90～100 元
长工（成年男子或妇女）	30 天	>2000 元（固定工资）

马兴财：“农民们将土地流转出去，承包大户每年春耕秋收还有中间灌溉农田都需要人，承包了咱们的田，雇人在农田干活也会就近找咱们村的人。村里妇女多，还有个别没出去的男人，只要他们愿意都可以去，也有一份稳定的收入。”

2018 年再次回访时，劳务输出的规模已经由平时最多六七十人扩大到一年要带出去 800 人左右，忙的时候不止这些人。劳务输出队的发展壮大带动了村内剩余劳动力的就业。

3. 离开土地的老年人

杨大爷今年 68 岁，患有心脏病，不能干重活，一直在家养病，但是他说不干又不行，现在就老两口，自己在家今年刚抓了两头母猪，花了 1000 块钱，一个月就饲料得 600 多元，自己老伴儿 65 岁了还出去打工，在中宁给别人种压砂瓜。当问到老人的孩子时，李大爷说道：

“儿女给你那点钱都是有限的。我经常给我娃子（儿子）说，你们的负担比我们过去的负担重得多，过去我们把你们养下，肉露不出来，肚子吃饱就算完了。老人，我们弟兄三个拉到山上挖个坑一送就完了，你们现在呢，就像我们老两口，娃子没有个 10 万块钱都送不到土里，一个公墓多少钱。现在的住房问题，上学问题，对象问题，我们过去一个对象一千块钱都花不上。为啥儿子让我们去我们不去，养活不了，儿子在煤矿下井，工作又危险，儿子又要打房款。我们在家里种点菜，在家里（农村）十天没有钱都能过，在城里面不一样。一天 80 块钱，六点半就走了，七点半回来，已经干了半个月了。零活是多着呢，但是上了 60 岁人家不要。我自己又是心脏病，啥都干不了，一个月吃药 300 块钱，报完之后也得 180 块钱。”

土地流转虽然解放了劳动力，但是对于老年人而言，生活却是少了一份保障。李大爷说道，现在出去打工即使你能做，你的年龄都不过关，自己老伴儿在外面给人打工还要遇到有人能愿意让她去，种瓜也就是这一个阶段，结束以后就得另谋其他的活，自己身体不好，每月都要吃药。租金似乎成为这类家庭中最稳定的收入来源，但这仅有的一年 1760 块钱却不能给他们的生活带来保障，对他们而言生活压力非常大。

（二）村庄阶层分化

随着劳动力的转移，农民们获得了更多的收入机会。2016 年全村农民人均收入 12300 元，2017 年，青铜峡全年转移农村劳动力就业 23152 人，实现工资性收入 1.46 亿元。农民收入也得到普遍的提高，相对于土地流转之前每户平均增收在 2000～3000 元。面对普遍增收的效果，在村庄内部的分布却不同。由于年龄、性别和技能的差异从而导致了就业机会的差异，进一步导致收入的差异，劳动力的分流也加速了村庄内部的分化。就目前来看，河滩村大致分为四类家庭。

第一类是做生意的家庭，这部分人要么是做生意比较早或者家庭条件好，在吴忠市周边从事装修或者销售建材的家庭；要么则是将土地出租后外出做生意，比如在村里或者市里开小商店的。这些家庭条件都比较好，房屋漂亮，院子宽敞，或者有的家里还有小车或者货车。

第二类是外出打工的农户，这类家庭又可以分为三种情况：首先是全家人外出打工的，子女有稳定的工作或者说稳定的收入来源，父母也可以在外面做零工，家庭收入也很乐观。其次是夫妻双方均外出打工，有孩子上学的家庭，这种就是丈夫外出在建筑工地打工，妻子在村里被雇去做一些零工。这样的家庭收入还行，只是孩子要上学，家庭开销也比较大。最后一种情况就是丈夫在外打工，妻子或因为照顾孩子没办法打工，或因为自身其他方面的原因没有外出打工，这样的家庭收入相对偏低一点。

第三类是开展养殖业的的农户，奶牛、肉牛、养殖户 65 户，这部分人中个别村民为减少养殖业的成本投入种着亲戚朋友的地，扎根于村内专门搞养殖，这类家庭条件相对比较好，他们有着比较广的销售渠道和稳定的收益。

第四类以租金为主要来源的老年人家庭，这部分人离开了土地，儿女很少在跟前，自身外出务工困难，个别能找到活儿干的老年人多少会有点收入，对于没有工可做的老年人，生活压力比较大。这些老年人一方面不愿意拖累儿女，一方面随着年龄增大，医药等方面开销的增长，仅有的养老保险和租金收入不足以维持自己一年的生活。对于他们而言，生活往往缺乏保障。

村庄内部的家庭分化在某种程度反映出的问题是自从土地流转之后农村劳动力的大量分流所带来的村庄内部的贫富差距变化。而这种熟人或者半熟人的乡村贫富差距往往会影响到乡村的治理秩序和利益格局。

（三）治理主体的增加与缺失

1. 增加的“新主体”

在我国，作为基层自治单位的行政村是由村民小组所组成。因此，村委会、村党组织、村民小组、民间组织以及广大的村民都是村庄治理的主体。

伴随着土地流转的推进，村庄会植入一支外来的力量——农村新型经营主体也就是文中提到的承包方。他们带着资本进入村庄，而这股力量通常被称为“资本”。资本进入村庄主要是通过土地的规模经营来追求利益的最大化，而他的初衷并不是要介入村庄的事物。河滩村土地承包方是外村人，没有参与村民大会的资格和选举权与被选举权。实际上村里的事物与外来的承包方没有关系。但是在土地流转的一个事项中说明，承包方承包的土地需要按照农田的多少承担相应的义务工。由此，与之相关的农田整治等活动都会由村委会告知承包方，而承包方也会表示支持。

在河滩村，土地租给谁，租金多少和租期的长短是土地流转过程中村庄治理的大事，而“资本”作为这一事物的参与方，他的力量也在影响着博弈的格局。虽然在常规的村庄治理中，“资本”无权参与，也不关心村内事物，但是作为一股公然存在的力量，他对于村庄治理的影响隐约地存在。换而言之，“资本”成为村庄治理的潜在主体。由此，土地的流转，“资本”的进入，村庄的治理主体增加。新的主体的增加必然会对村庄治理的方向产生影响，村庄如何更好地去平衡“资本”与其他村民的利益，这是村庄治理面临的挑战。

在河滩村的土地流转过程中，村民们对于租金的问题有着不同的说法，关于5年的租期，有村民无所谓，认为时间长了才好，自己也好省心出去打工。但有村民认为租期有点长，万一粮食价格上涨，这时间长了不好调租金。村民是担心长期合同将使自己在合同期内失去叫价和博弈的机会，利益因此受损。但实际上从最后签订的合同来看，对那些担心租期过长的村民而言并未如愿。在承包方和没有流转土地的村民之间，就农作物灌溉进行了规定，承包方有优先的用水权利，而对于田不多的农户而言，在种植过程中处于被动的一方，显然，在土地租期的较量上“资本”更胜一筹。

新主体的进入，同时会影响村民参与村庄治理的深度和广度。以前一家一户经营，除了规定的费用缴纳和为数不多的公共事务外，村民与村庄实际联系并不多。但是如今“资本”到哪儿，租金多少和租期长短，村委会在其中起到一个什么作用，有无利益的偏向，虽然村民开会不积极，但对于这些信息都会格外关注。这些问题的存在将会对村庄日后的治理影响越来越大。

2. 缺失的主体

（1）村民认同单位的偏移

土地流转之前，土地做为第一生产资料是农民赖以生存的基础。随着土地流转，更多青壮年劳动力选择外出务工，从而给村庄的社会结构带来了影响，一定程度上影响着村庄内部的治理。

土地流转后，在合同规定的承包期内，村民实质上是失去了多年以来对于土地的控制权，从另一重意义上讲，在5年的承租期内，土地不会进行新的分配与调整。其实，在河滩村二轮土地调整以后，在村内新出生的孩子已经不能够再分得土地。这部分人作为村庄的成员，一是父母还在村庄内居住，二是他们的户口在村内。这部人可以称为新生代的村民，但是他们没有了依靠“天赋身份”获取土地的条件，这也改变着他们对于自己身份的认同。在没有土地的前提下，他们与村庄维系的纽带主要是亲属关系，所以村民的身份在这一代人当中已经渐渐模糊，而他们已经不再是传统意义上的村民。

现在的行政村来源于集体经济时代的生产大队，每个现存的村民小组主要是以前的生产小队，土地的分配主要以生产队的居住分布为依据。包产到户之前，国家对于公共产品的提供主要以大队为单位。包产到户以后，以家庭为生产单位，村民关系维系最紧密的是土地调整、沟渠的修建等以小组为主的内部事物，而不再是村庄层面的事物。对于村庄而言，多半可以被认为是一个半熟人的社会，而小组才是熟人社会，因为土地与居住的分布使得他们之间会产生更多的利益关联。土地之上的农业生产联系的减少，村民的日常生活交往范围主要以居住在同组的村民为主。从某种程度上而言，村民的认同单位开始向着村民小组进行偏移，在一定程度上对基层的治理单元选择和空间结构带来影响。其次，当土地流转以后，大量的剩余劳动力开始向城市转移，村民们生活的范围和边界也不再仅仅局限于户籍所在的村庄。外出务工的村民常年在外生活，他们与村民的联系仅仅在亲戚这样一个很小的范围内，和其他村民的联系越来越少，关系也逐渐变得冷漠和疏远。传统农业社会中以血缘关系或者家族利益为纽带而形成的村庄内的“熟人社会”已经在被慢慢地淡化。这都使村庄内部的传统组织结构越来越松散，村庄内部的凝聚力也在逐渐减退，这些都对传统的治理方式产生了强烈的冲击。

（2）农村人口老龄化

随着土地流转的不断推进，造成大量的劳动力转移，从而农村空心化加剧，留守于农村的多数是老人和孩子。在河滩村，劳动力转移的人数在逐年递增，主要以 20 ~40 岁的青壮年为主。随着农村大量青壮年的外流，农村人口的构成结构发生了很大的变化，在这种变化的背后也就出现了一类特殊的社会人群——留守人群，就河滩村而言，空巢老人和留守儿童成为村里剩余人口的大多数。这种现象不仅会造成农村剩余劳动力的短缺，也会带来一些社会治理问题。

在河滩村，多数村民已经将土地流转出去，没有了土地的束缚，绝大多数的青壮年选择外出打工。在河滩村的走访调查中，河滩村的老人居多，年龄多在 50 岁以上，他们平时还要照看留守儿童，负担重压力也大。老人们的文化水平较低，多数都是小学文化程度，还有多数老人不识字。村里干部说道：“现在村里 70% 的孩子都是老人在带，爷爷奶奶带孩子不像父母那样精心管教，老人们都比较惯孩子。”这对孩子的生活还是学习都存在不同程度的影响。

二 治理结构的“三元协同”模式

我国土地制度的变革与乡村治理之间有着重要的关联性。土地经营权的流转是我国第三次土地制度的变革，对于乡村治理转型也面临着考验。历史上的每一次土地分配与产权的重大变化与调整都会引发农村社会结构和组织管理制度的变迁。土地流转是对土地改革以来所形成的平均主义土地心态的一种消解，也是对传统乡村中经济社会伦理、土地的情结和土地秩序的冲击，土地流转中所隐含的乡村秩序建设的公共资源因素，能够培育运行有效的和可持续的社会稳定的协调机制①。

21 世纪以来，土地流转是新一轮土地制度变革的核心。随着工业化和城镇化快速发展，在我国出现很多诸如产能过剩、结构失衡和内需不足等问题，只有进行第三次土地改革，通过土地流转来盘活现有农村的土地资源，激发农民发展的内生动力，才可以推动国民经济的持续稳定发展，从而满足经济持续增长所需要的农村资源和生产的消费市场。从另一重层面来讲，国家新一轮的土地变革的目的在于充分挖掘农村资源，由此保障国家与社会经济发展的正常运转。从土地流转的诸多实践中不难发现，在土地流转下的土地市场化和农业的资本化以及“三权分置”所带来的是农民市民化和村庄城镇化的巨大变化。由此可见，土地流转实质是国家权力向乡村社会的一次拓展与延伸。市场借助国家政策的手段嵌入乡村社会，而土地制度变革下乡村社会治理结构的转型或者秩序的整合是对国家和市场的反映。

河滩村的土地流转是土地变革时代背景下的一个缩影。在土地制度变革下，只有实现国家、农村新型经营主体和农民的“三元协同”发展，才能更好地实现土地流转下乡村的有效治理。如图 4－4 所示：

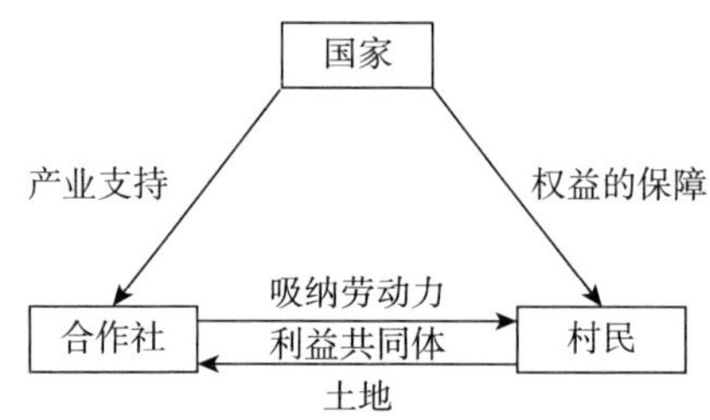

图 4－4 “三元协同”模式关系图

政府是土地流转的主导者。国家通过政策鼓励、资金上补贴等方式支持合作社和家庭农场等进行规模化经营。由此，国家的政策扶持为种植大户、合作社和家庭农场等规模化经营提供了契机，而土地的集中经营是国家政策的贯彻与落实，从事土地规模化经营的合作社等新型经营主体获取大量来自政府的政策与资金补贴，以及完备基础设施等，这些都是源自国家对于合作社在产业化和规模化经营中的支持，他们具有一个共同的特点就是有着高于

① 吴毅，吴帆：《传统的翻转与再翻转——新区土改中农民土地心态的建构与历史逻辑》，《开放时代》2010 年第 3 期。

普通农户的经济实力，他们利用经营主体这样一个身份可以与基层政府互动，在这个过程中影响着村庄的组织运作。

土地流转中，国家既发挥着对农村新型经营主体在政策上的扶持作用，更要对土地流转中的主体行为进行规范，坚持依法、自愿、有偿原则，依法维护农民土地承包经营权，尊重农民在土地流转中的主体地位。在土地流转合同中明确土地承租者与农户之间的权利与义务，最大程度上保障农民的权益不受损害，促进土地流转规范和有序进行。国家对于土地流转中农民权益的保护是土地得以规范有序进行的保障和前提，也是土地流转下乡村有效治理中最重要的一个环节。

农村新型经营主体通过土地流转正式进入乡村，成为乡村治理的一个新的主体，在“三元协同”模式中发挥着重要作用。土地是农村新型经营主体与村民建立合作关系的一个载体，二者构成了一个利益共同体，主要体现在以下方面，第一，土地作为农民的第一生产资料，村民将土地经营权转让给农村新型经营主体后，农村新型经营主体以此进行规模化种植，并获得了巨大的经济效益。村民则享受每亩 800 元左右的租金。在土地流转前后，在河滩村针对土地流转前后村民种田和流转后的经济效益，笔者做了详细的对比。

土地流转之前，土地收益主要来自粮食的种植，这种收入具有不稳定性，不仅受制于天气还受制于市场。粮食的销售价格还会因市场波动而产生变化，化肥、种子、机耕和雇用劳动力的价格都时刻与市场稳定程度相关，这些不稳定因素使得土地的收益变化莫测。在农户们自己的经营账本中，一亩地在除去种子、化肥、农药、水费和义务工费等成本后，如果再排除自己的劳动力折旧，最后收支能够持平就已经是一种理想化的结果了。在和村民的访谈中，村里的 RCH 给我们算了一笔账，他认为村里主要采用玉米和小麦的套种模式，首先算一下小麦的投入与产出，如表 4 -9、表 4 -10 和表 4 -11 所示：

表 4 -9 每亩小麦投入成本明细

投入	金额（元）
化肥 100 斤（两袋）	210 元
水费	60 元
种子 50 斤（小麦）	150 元
机耕费（两次）	130 元

续表

投入	金额（元）
义务工费（挖渠、挖沟、除草）	200 元
农药（三次）	90 元
合计：	840 元

表 4－10　每亩玉米投入成本明细

投入	金额（元）
化肥 200 斤（两袋）	260 元
水费	60 元
种子 4 斤	80 元
机耕费	100 元
收割费	210 元
农药（两次）	60 元
义务工	200 元
合计：	980 元

表 4－11　每亩小麦和玉米产出明细

产出（斤）	市场价格（元）	金额（元）	净收益（不算人工）
小麦：1200 斤	1.25 元	1500 元	660 元
玉米：2000 斤	0.9 元	1800 元	820 元

通过以上数据可以看出，村民土地流转之前除去成本玉米和小麦净收入是 660 元和 820 元，土地流转以后，村民们每年定期可以获得相对稳定的租金收入，粮食消费得以保障。尤其是当确定了保底价格的情况下，土地的收益不再受到气候和市场波动的影响，村民能够从土地流转中获得相对稳定收益。

第二个方面，一些农村新型经营主体作为外来主体，在承包土地的过程中要吸纳更多的劳动力，在合同中明确规定：“在同等工资条件下，优先使用河滩村的农民工。”在这样的条件下，一方面解决了合作社在经营中的用工需求，另一方面也解决了河滩村剩余劳动就业的问题。

综上所述，国家、农村新型经营主体和村民之间是建立在相互协作关系基础上，国家在充分保障农民权益的基础上有序规范地开展土地流转。在国家政策扶植下的新型经营主体利用国家提供的优势资源进行规模化的经营，提高土地资源的利用率，推动国民经济的稳定发展。而一些农村新型经营主体与村民作为利益共同体，各取所需，实现彼此利益的最大化。建立在以上关系基础上的平衡与协作发展，才能够更好地实现乡村治理结构的良性循环。

三 “乡村振兴”背景下乡村有效治理的思考

（一）完善土地产权制度

2018年中央一号文件《中共中央、国务院关于实施乡村振兴战略的意见》指出：实施乡村振兴战略，必须把制度建设贯穿其中。要以完善产权制度和要素市场化配置为重点，激活主体、激活要素、激活市场，着力增强改革的系统性、整体性、协同性，深入推进农村集体产权制度改革。

土地作为农村经济社会的根基，同样也是乡村治理的基础。土地产权是土地所有制关系的法律表现形式，主要包括所有权、支配权、使用权、占有权、收益权和处置权。自改革开放以来，随着家庭联产承包责任制的建立，土地集体所有和双层经营的管理体制在农村得以建立。在这一时期，土地产权共有两项基本的制度安排：一是农村土地使用权和经营权的分离；二是城乡土地“二元结构”的形成。这种制度的安排反映了农村土地产权的不清晰和城乡之间权益的不平等。不解决好农村土地产权的问题，就难以从根本上去除乡村社会的一些不稳定因素，无法去调动广大农民的积极性和推进农业现代化。

就中国农村土地制度的内在矛盾出发，我国近几年关于农村土地制度的改革和发展方向是在逐步地加强、稳固农民的土地产权。这项改革的方向是正确的，但是还不彻底。农村产权制度的不完善而引发的内在矛盾成为长期以来土地之争的一个主要原因。现阶段要深化和完善农村土地产权制度，赋予农民完整的土地产权从而实现从“两权分离”到“五权合一”的地权变革①。此外，破除城乡土地产权的二元化结构，实现城乡土地权益平等，能自由交换，保障农村土地流转顺利地进行是当前我国农村改革的核心问题。所以，赋予农民完整的土地产权是农村土地产权的首要任务，要让农民直接拥

① 项继权，罗峰：《中国农地制度改革的方向和条件》，《华中师范大学学报》（人文社会科学版）2007年第3期。

有土地的占有、收益、支配和处置等权利①。

农村土地流转关乎多方的利益，这要求政府建立完善的土地利益分配机制来保障各方的土地权益，推进土地流转的顺利进行。土地流转涉及村委会、农民、承包方等方面的利益，国家应当通过相关途径来保障各方利益不受损害。农民作为其中的弱势群体，国家更应该去高度重视，确保土地流转中农民的利益不受侵害。在国家的土地政策上，政策要适当地向农民倾斜，尤其是民族地区，保障农民在土地流转中受益才能提高农民生产积极性。

（二）实现村委会与村集体经济组织的分离

村民委员会是村民自我管理、自我教育、自我服务的基层群众性自治组织，这决定了它的价值在于追求公平正义，通过民主的方式平等地服务于村民。村集体经济组织是我国农村集体经济制度的主要组织形式，这决定了它的价值追求是效率，追求经济利益的最大化。随着人地流动的加速和“资本下乡”，农村的所有制结构发生了很大的变化，开始由单一的集体经济向多种所有制经济转变，股份制、个体经济和集体经济等多元的经济形势在村庄并存，不同职业和从事多种经营的人们都聚集在村庄，村庄也不再是传统意义上的生产共同体，更多的是人民社会生活的场所。不同职业和不同身份的人对社区的服务提出更高的要求，村庄主体的多元化给村委会的公共管理增加了难度。村委会与村集体经济组织分离之后，村委会只是单纯为村民提供公共管理和服务，村集体经济组织可以专注于发展集体经济，实现集体资产的保值增值，从而为乡村治理转型的顺利开展提供稳定的经济基础②。

（三）提升农民群众的治理主体性

农民是乡村社会的主人，也是乡村治理的主体之一，随着土地流转的推进，农村大量剩余劳动力开始外流。由于农民自身的乡村治理主体意识淡薄，所以在乡村治理中的主体地位也会越来越弱，对于乡村治理的参与度也逐渐降低，导致乡村治理结构的失衡。因此，必须通过满足农民合理需求来提高农民群众的参与乡村治理的主体意识。通过相关制度与政策搭建提升农民治

① 项继权：《城镇化的“中国问题”及其解决之道》，《华中师范大学学报》（人文社会科学版）2011 年第 1 期。

② 唐鸣，尤琳：《村委会选举中选民登记标准的变迁逻辑：动因、发展方向和条件——兼评新〈村民委员会组织法〉》，《中南民族大学学报》（人文社会科学版）2011 年第 3 期。

理的主体性，激发村民参与乡村治理的热情，带动广大村民参与到乡村治理中。

马克思曾说过，“人们所争取的、奋斗的所有事物都与他们的利益息息相关”。在乡村治理中，充分尊重民意，满足农民合理性要求成为内在的驱动力，可以很大程度上提高农民参与乡村治理的积极性。所以，要增强村民参与乡村治理的主体意识，就需要从群众中来到群众中去，听取农民的意愿，多与农民沟通，征求农民意见，保障农民可以通过参与乡村的治理来满足自身的合理需求，从而唤起农民的主体意识。政府应当加大对农村的财政投入，切实落实国家各项惠农政策，为提升农民参与乡村治理的主体意识搭建良好的制度平台。严格落实村务公开和民主监督制度，增加村民公共事务治理的透明度，对关乎农民切身利益的问题，应当定期地公示公告，主动接受村民的监督。在农户自愿的基础上，要坚持“民办、民管、民受益”的原则，积极推进农村自治的建立和发展，从而激发农民参与乡村治理的活力。

第七节 结论

农村土地流转是指在明确农村土地所有权和使用权的前提下，拥有土地承包经营权的农户在自愿的前提下通过转包、出租、互换、抵押、入股等形式将土地经营权转让给其他农户或经济组织的一项制度改革。近年来，随着市场经济和城市化的发展，农民以家庭为单位的小农经营效益下降，大量农村劳动力向大城市转移寻求新的出路，农村空心化加剧，农村土地抛荒、私下流转现象严重。为了改变农村的这一现状，提高农民土地的利用率，实现农村现代化，国家先后出台相关政策推进农村土地的确权和规范有序流转。在此背景下，全国农村地区的确权流转试点工作广泛展开，但在具体实践过程中，也出现了很多问题，对乡村经济社会产生了深刻影响，从而形成了新的乡村治理困境。以往的研究更多是从宏观的角度出发研究土地流转的现状、问题和方式，但是缺乏对土地流转过程的深入研究。本章主要通过对河滩村进行一个月的田野调查和后期的回访了解河滩村土地流转的过程，探讨了以下几个问题：第一，在土地流转背景下河滩村村委会在乡村正式制度下权力的非正式运作应是其乡村治理的一个显著特点；第二，在土地结构变革的背景下，离开土地的农民开始转变以往的生计方式；第三，土地流转解放了大量的农村劳动力，也加速了村庄内部结构的分化，影响着乡村的治理格局；第四，土地流转背景下，承包方作为资本进入村庄成为乡村治理中又一新的主体，而随着外出务工人数的增多，乡村治理主体缺失是乡村治理中面临的一大挑战；第五，结合2018年中央一号文件《中共中央、国务院关于实施乡村振兴战略的意见》，就今后的乡村有效治理提出了几点建议：第一，完善农村土地产权制度，切实保障农民权益，这也是保障民族地区农民土地合法权益的重点之一；第二，实现村委会与集体经济组织的分离；第三，提升农民群众的治理土地流转改变着村庄的内部结构，乡村治理结构实际呈现出“三元协同”的模式，国家、农村新型经营主体和村民之间是建立在相互协作关系基础上，国家只有充分保障农民权益，才能有序规范地进行土地流转。在国家政策扶持下的新型经营主体利用国家提供的优势资源进行规模化的经营，推动农业产业化发展，提高土地资源的利用率，推动国民经济的稳定发展。而合作社与村民作为利益共同体，各取所需，实现彼此利益的最大化。

参考文献

一　中文著作

陈靖：《土地的社会生命：农地制度变迁的文化动力》，社会科学文献出版社2018年版。

费孝通：《江村经济》，华东师范大学出版社2017年版。

费孝通：《乡土中国》，北京大学出版社2012年版。

风笑天：《社会学研究方法》，中国人民大学出版社2011年版。

高鸿业：《西方经济学（第二版）》，中国人民大学出版社2000年版。

贺学峰：《新乡土中国》，北京大学出版社2013年版。

林语堂：《吾国与吾民》，台湾：台北德华出版社1976年版。

刘承韪：《产权与政治——中国农村土地制度变迁研究》，法律出版社2011年版。

青铜峡市志编纂委员会：《青铜峡市志》上册，方志出版社2004年版。

孙立平，郭于华：《软硬兼施：正式权力非正式运作的过程分析——华北B镇定购粮收购的个案研究》清华社会学评论（特辑），鹭江出版社2000年版。

王金红：《大陆农地产权制度的核心问题与改革目标.//徐勇，赵永茂.土地流转与乡村治理——两岸的研究》，社会科学文献出版社2010年版。

王天义，杨欢亮，乔传福：《中国股份合作经济：理论、实践与对策》，北京：企业管理出版社1997年版。

徐勇，赵永茂：《土地流转与乡村治理——两岸的研究》，社会科学文献出版社2010年版。

杨宜音：《转移与外出：非农化的两种形态》，云南人民出版社1997年版。

翟学伟：《中国人行动的逻辑》，生活书店出版有限公司2017年版。

张军民，陈有川：《城市规划编制过程中的常用方法》，武汉：华中科技大学出版社 2008 年版。

二　中文译著

［美］杜赞奇：《文化、权力与国家：1900－1942 年的华北农村》，王福明译，江苏人民出版社 2003 年版。

［英］肯·宾默尔：《博弈论与社会契约》，李康译，上海：上海人民出版社，2003 年。

［美］理查德·C·博克斯：《公民治理：引领 21 世纪的美国社区》，中国人民大学出版社 2005 年版，第 4 页。

［德］马克斯·韦伯：《经济行动与社会团体》，康乐、简惠美译，桂林：广西师范大学出版社，2011 期。

［德］马克斯·韦伯：《韦伯作品集·中国的宗教·宗教与世界》，康乐、简惠美译，桂林：广西师范大学出版社，2004 年。

［法］孟德拉斯：《农民的终结》，李培林译，社科文献出版社 2005 年版。

［美］托达罗：《经济发展与第三世界》，于同申等译，中国经济出版社 1992 年版。

［美］项目管理协会：《项目管理知识体系指南》，王勇、张斌译，电子工业出版社 2009 年版。

［美］詹姆士·C·斯科特：《国家的视角》，王晓毅译，社会科学文献出版社 2004 年版。

［美］詹姆斯·C·斯科特：《弱者的武器》，郑广怀、张敏、何江穗译，译林出版社 2007 年版。

［美］詹姆斯·斯科特：《农民的道义经济学———东南亚的反叛与生存》，程立显译，南京：译林出版社。

三　期刊报纸与学位论文

安永军、刘景琦：《“中间结构”：资源下乡背景下国家与农民联结的新机制》，《农业经济问题》2019 年第 9 期。

曹海林，俞辉：《“项目进村”乡镇政府选择性供给的后果及其矫正》，《中国行政管理》2018 年第 3 期。

曹建华，王红英，黄小梅：《农村土地流转的供求意愿及其流转效率的评价研究》，《中国土地科学》2007 年第 5 期。

曹锦清：《中国土地制度、农民工与城市化》，《中国农业大学学报（社会科学版）》2015 年第 12 期。

曹龙虎：《作为国家治理机制的“项目制”：一个文献评述》，《探索》2016 年第一期。

常金海，刘建军：《当前农地流转中存在的主要问题及成因分析——以潍坊市为例》，《理论学刊》2005 年第 1 期。

陈柏峰：《两湖平原的乡村混混群体：结构与分层——以湖北 G 镇为例》，《青年研究》2010 年第 1 期。

陈柏峰：《乡村干部的人情与工作》，《中国农业大学学报（社会科学版）》2009 年第 2 期。

陈柏峰：《乡村混混与农村社会灰色化——两湖平原（1980－2008）》，博士学位论文，华中科技大学，2008 年。

陈锋：《分利秩序与基层治理内卷化——资源输入背景下的乡村治理逻辑》，《社会》2015 年第 5 期。

陈航英：《干涸的机井：资本下乡与水资源攫取——以宁夏南部黄高县蔬菜产业为例》，《开放时代》2019 年第 3 期。

陈家建：《项目化治理的组织形式及其演变机制—基于一个国家项目的历史过程分析》，《社会学研究》2017 年第 2 期。

陈家建：《项目制与基层政府动员——对社会管理项目化运作的社会学考察》，《中国社会科学》，2013 年第 2 期.

陈靖：《村社理性：资本下乡与村庄发展——基于皖北 T 镇两个村庄的对比》，《中国农业大学学报（社会科学版）》2013 年第 3 期。

陈文正：《生存剥夺、村民行动与村庄失范———浙东 A 村的个案分析》，《中共浙江省委党校学报》2009 年第 3 期。

陈锡文：《集体经济、合作经济与股份合作经济》，《中国农村经济》1992 年第 11 期。

陈有川，尹宏玲，孙博：《撤村并点中保留村庄选择的新思路及其他应用》，《规划广角》2009 年第 9 期。

仇保兴：《中国古村落的价值、保护与发展对策》，《住宅产业》2017 年第

12 期。
崔宝玉：《农民专业合作社的治理逻辑》，《华南农业大学学报（社会科学版）》2015 年第 2 期。
崔秀娟：《农村基层党组织的社会整合功能研究》，博士学位论文，兰州大学，2015 年。
崔云清，王春福：《拆解与整合：村庄精英视角下乡村治理秩序问题的三层研究》，《中共宁波市委党校学报》2015 年第 4 期。
代贞贞，崔瑛，张倩：《浅析西部少数民族地区土地流转背景下农民养老保障问题》，《当代经济》2014 年第 3 期。
邓大才：《产权单位与治理单位的关联性研究》，《中国社会科学》2015 年第 7 期。
邓大才：《农村土地使用权流动的障碍：内生机制不完备》，《扬州大学学报（人文社科版）》2000 年第 4 期。
丁关良：《农村土地承包经营权流转的法律思考》，《中国农村经济》2003 年第 10 期。
董进才：《专业合作社农民政治参与状况分析——基于浙江省示范合作社的调查》，《农业经济问题》2009 年第 9 期。
豆书龙，王山，李博：《项目制的复合型碎片化：地方治理的困境——基于宋村项目制的分析》，《公共管理学报》2018 年第 1 期。
杜鹏：《土地股份合作社的政府推进模式与制度异化逻辑》，《中共宁波市委党校学报》2017 年第 2 期。
杜鹏：《土地与政治——集体土地制度的政治社会学研究》，博士研究生，华中科技大学，2018 年。
樊尚新，王莉莉，秦社芳：《陕南山区县域保留村庄规划初探》，《城市规划》2009 年第 7 期。
范霄鹏，郑一军：《村庄整合建设的两类依托——社会结构与资源利用方式》，《南方建筑》2014 年第 2 期。
冯小：《资本下乡的策略选择与资源动用——基于湖北省 S 镇土地流转的个案分析》，《南京农业大学学报（社会科学版）》2014 第 1 期。
傅晨，刘梦琴：《农村承包经营权流转不足的经济分析》，《调研世界》2007 年第 1 期。

傅晨：《社区型农村股份合作制产权制度研究》，《改革》2001 年第 5 期。
傅晓：《我国农村土地承包经营权流转的现状、难点和建议》，《广东土地科学》2008 年第 2 期。
格里·斯托克，华夏风：《作为理论的治理：五个论点》，《国际社会科学杂志（中文版）》1999 年第 1 期。
格里·斯托克：《新地方主义、参与及网络化社区治理》，《国家行政学院学报》2006 年第 3 期。
关庆华：《地股份合作社运转中的协商民主研究》，博士学位论文，西华师范大学，2016 年。
桂华：《项目制与农村公共品供给体制分析——以农地整治为例》，《政治学研究》2014 年第 4 期。
郭红东：《怎样推进合作社发展》，《中国农民合作社》2010 年第 11 期。
郭晓峰：《利益分化与精英参与：转型期新型农民合作社与村两委关系研究》，《人文杂志》2013 年第 9 期。
韩俊：《中国农村土地制度建设三题》，《管理世界》1999 年第 5 期。
贺雪峰，刘锐：《熟人社会的治理——以贵州湄潭县聚合村调查为例》，《中国农业大学学报（社会科学版）》2009 年第 2 期。
贺雪峰，刘岳：《基层治理中的"不出事逻辑"》，《学术研究》2010 年第 6 期。
贺雪峰：《"老人农业 + 中坚农民"的结构中西部农村社会结构发生了哪些变化》，《人民论坛》2019 年第 5 期。
贺雪峰：《论乡村治理内卷化——以河南省 K 镇调查为例》，《开放时代》2011 年第 2 期。
贺振华：《农村土地流转的效率分析》，《改革》2003 年第 3 期。
洪梅香：《公平抑或效率：合作社的异化及辨析——兼论土地股份合作社的发展》，《东岳论丛》2019 年第 5 期。
胡荣：《农民上访与政治信任的流失》，《社会学研究》2007 年第 5 期。
胡亦琴：《我国农村土地流转制度创新与绩效分析》，《经济学动态》2003 年第 3 期。
胡勇：《农村土地股份合作社的制度基础及治理机制研究》，《农业经济》2014 年第 1 期。

胡振光：《农村集体产权股份合作制改革的逻辑、进程及意义——基于广东省佛山市南海区的案例分析》，《安徽理工大学学报（社会科学版）》2018年第5期。

黄韬，王双喜：《产权视角下乡村治理主体有效性的困境和出路》，《马克思主义与现实》2013年第2期。

黄岩，陈泽华：《信任、规范与网络：农民专业合作社的社会资本测量——以江西S县隆信渔业合作社为例》，《江汉论坛》2011年第8期。

黄颖，吴惠芳：《贫困山区农户生计创新的社会整合分析——基于皖西南村庄的调查》，《农村经济》2008年第1期。

黄增付：《农民合作社村庄整合的实践与反思——基于闽赣浙湘豫土地股份合作社案例的分析》，《农业经济问题》2014年第7期。

黄宗智、龚为纲、高原：《“项目制”的运作机制和效果是“合理化”吗?》，《开放时代》2014年第5期。

黄祖辉：《中国农业产业组织的发展与若干问题》，《中国合作经济》2018年第8期。

冀县卿，钱忠好：《农地股份合作社农地产权结构创新———基于江苏渌洋湖土地股份合作社的案例研究》，《农业经济问题》2010年第5期。

贾大㚵，张正河：《合作社影响下的村庄治理》，《公共管理学报》2006年第3期。

贾俊雪，秦聪，刘勇政：《“自上而下”与“自下而上”融合的政策设计——基于农村发展扶贫项目的经验分析》，《中国社会科学》2017年第9期。

姜裕富：《农村基层党组织与农民专业合作社的关系研究———基于资源依赖理论的视角》，《社会主义研究》2011年第5期。

蒋永甫：《乡村治理：回顾与前瞻——农村改革三十年来乡村治理的学术史研究》，《宝鸡文理学院学报》2009年第1期。

解安：《农村土地股份合作制：市场化进程中的制度创新》，《甘肃社会科学》2002年第2期。

解安；《农村土地股份合作制的生成机理分析》，《生产力研究》2002年第6期。

靳永翥，丁照攀：《精准扶贫战略背景下项目制减贫绩效的影响因素研究——基于武陵山、乌蒙山、滇桂黔三大集中连片特困地区的调查分析》，《公共行政评论》2017 年第 3 期。

康超，孟萍：《农村宗教组织的变迁与乡村社会整合——以四川省 Z 市 A 县的一个村庄为例》，《牡丹江大学学报》2011 年第 3 期。

黎霆，赵阳，辛贤：《当前农地流转的基本特征及影响因素分析》，《中国农村经济》2009 年第 10 期。

李华雨：《农地股份合作社之收益分配法律制度研究》，博士学位论文，南京农业大学，2012 年。

李敬锁：《关于加强村庄整合背景下农村文化建设的思考》，《广东农业科学》2012 年第 3 期。

李宁，陈利根，孙佑海：《现代农业发展背景下如何使农地“三权分置”更有效———基于产权结构细分的约束及其组织治理的研究》，《农业经济问题》2016 年第 7 期。

李芊蕾，秦琴：《试论中国人的“关系理性”》，《中共浙江省委党校学报》2008 年第 3 期。

李小群，徐跃辉：《安徽省农村土地流转的现状、问题及政策建议》，《农村展望》2006 年第 2 期。

李忠斌，饶胤：《民族地区农村土地流转现状及对策——以贵州省黔南布依族苗族自治州为例》，《民族研究》2011 年第 2 期。

李祖佩，钟涨宝：《分级治理与资源依赖——项目制基层实践中矛盾调处与秩序维持》，《中国农村观察》2015 年第 2 期。

李祖佩：《“新代理人”：项目进村中的村治主体研究》，《社会》2016 年第 3 期。

李祖佩：《“资源消解自治”——项目下乡背景下的村治困境及其逻辑》，《学习与实践》2012 年第 11 期。

廖媛红：《农民专业合作社的社会资本与绩效之间的关系研究》，《东岳论丛》2015 年第 8 期。

林坚，黄胜忠：《成员异质性与农民专业合作社的所有权分析》，《农业经济问题》2007 年第 10 期。

林乐芬，顾庆康：《农村土地股份合作社发育类型及其绩效评价———基于 215 家农村土地股份合作社的调查》，《中国土地科学》2015 年第 12 期。

林乐芬，李伟：《农户对土地股份合作组织的决策响应研究———基于 744 户农户的问卷调查》，《农业经济问题》2015 年第 8 期。
刘成良，孙新华：《精英谋利、村社托底与地方政府行为：土地股份合作社发展的双重逻辑》，《中国农业大学学报（社会科学版）》2016 年第 3 期。
刘成良：《“项目进村”实践效果差异性的乡土逻辑》，《华南农业大学学报（社会科学版）》2015 年第 14 卷第 3 期。
刘国光：《股份合作制是公有制的一种实现形式》，经济时报，1997 年 9 月 22 日。
刘璐琳：《进一步完善民族地区土地流转的思考》，《探讨与研究》2010 年第 7 期。
刘敏华，李锡英，宋占新：《河北省少数民族聚居村土地流转问题研究》，《河北学刊》2010 年第 11 期。
刘晓惠：《理性人假设与现代西方经济学》，《对外经济贸易大学学报》1998 年第 5 期。
卢青青：《资本下乡与乡村治理重构》，《华南农业大学学报（社会科学版）》2019 年第 18 卷第 5 期。
陆学艺：《城乡一体化的社会结构分析与实现路径》，《南京农业大学学报（社会科学版）》2011 年第 6 期。
吕方，梅琳：《“复杂政策”与国家治理———基于国家连片开发扶贫项目的讨论》，《社会学研究》2017 年第 3 期。
吕方、梅琳：《“复杂政策”与国家治理——基于国家连片开发扶贫项目的讨论》，《社会学研究》2017 年第 32 卷第 3 期。
吕俊彪：《靠海吃海生计内涵的演变——广西京族人生计方式的变迁》，《东南亚纵横》2003 年第 10 期。
罗必良，胡新艳：《农业经营方式转型：已有试验及努力方向》，《农村经济》2016 年第 1 期。
罗必良，李玉勤：《农业经营制度：制度底线、性质辨识与创新空间———基于“农村家庭经营制度研讨会”的思考》，《农业经济问题》2014 年第 1 期。
罗必良，吴晨：《交易效率：农地承包经营权流转的新视角—基于广东个案研究》，《农业技术经济》2008 年第 2 期。
罗强强：《社会博弈：后单位制时代维权抗争的逻辑——基于一起破产企业的

实证分析》，《理论月刊》2015 年第 8 期。

马华：《农地产权主体多元化下的乡村治理困境》，《江西社会科学》2014 年第 3 期。

马良灿，哈洪颖：《项目扶贫的基层遭遇：结构化困境与治理图景》，《中国农村观察》2017 年第 1 期。

马晓河，崔红：《建立土地流转制度，促进区域农业生产规模化经营》，《管理世界》2002 年第 11 期。

渠敬东：《项目制：一种新的国家治理体制》，《中国社会科学》2012 年第 5 期。

任全株：《股份制历史起源、基本要义及其在我国农村的初步实践》，《农村经济研究参考》1992 年第 19 期。

荣敬本，赖海榕：《关于县乡两级政治体制改革的比较研究——从村到乡镇民主制度建设的发展》，《经济社会体制比较》2000 年第 4 期。

沈延生：《村政的兴衰与重建》，《战略与管理》1998 年第 12 期。

史普原：《项目制治理的边界变迁与异质性——四个农业农村项目的多案例比较》，《社会学研究》2019 年第 5 期。

史普原：《政府组织间的权责配置——兼论“项目制”》，《社会学研究》2016 年第 2 期。

孙立平，王汉生，王思斌，林彬，杨善华：《改革以来中国社会结构的变迁》，《中国社会科学》1994 年第 3 期。

孙中华，罗汉亚，赵鲲：《关于江苏省农村土地股份合作社发展情况的调研报告》，《农业经济问题》2010 年第 8 期。

唐鸣，江省身：《农村集体产权治理：特征、困局与突破》，《河南师范大学学报（哲学社会科学版）》2017 年第 4 期。

唐鸣，尤琳：《村委会选举中选民登记标准的变迁逻辑：动因、发展方向和条件—兼评新 < 村民委员会组织法》，《中南民族大学学报（人文社会科学版）》2011 年第 3 期。

唐伟成，彭震伟，陈浩：《制度变迁视角下村庄要素整合机制研究——以宜兴市都山村为例》，《城市规划学刊》2014 年第 4 期。

唐正繁：《中国乡村治理研究》，《科学社会主义》2004 年第 10 期。

田先红：《从维权到谋利——农民上访行为逻辑变迁的一个解释框架》，《开发时代》2010 年第 6 期。
仝志辉，韦潇竹：《通过集体产权制度改革理解乡村治理：文献评述与研究建议》，《四川大学学报（哲学社会科学版）》2019 年第 1 期。
汪三贵，郭子豪：《论中国的精准扶贫》，《贵州社会科学》2015 年第 5 期。
王春光：《新生代农村流动人口的社会认同与城乡融合的关系》，《社会学研究》2001 年第 5 期。
王海娟、贺雪峰：《资源下乡与分利秩序的形成》，《学习与探索》2015 年第 2 期。
王会：《乡村治理中的“不得罪”逻辑》，《华南农业大学学报（社会科学版）》2011 年第 7 期。
王进，禹潇：《合作社嵌入乡村社会治理的长效机制研究》，《山西农业大学学报（社会科学版）》2017 年第 7 期。
王万江，解安：《农地股份合作制的三种实践模式比较分析》，《农业经济》2016 年第 11 期。
王晓：《亲属化：文化多元型村庄的自我整合机制——基于滇西北茨中村的考察》，《广西民族研究》2016 年第 2 期。
王雄伟：《仪式性事件：多元中心村庄社会整合的途径》，博士学位论文，西北师范大学，2006 年。
王雅军，张波：《“农民职业化”与农村土地制度改革》，《改革》2019 年第 5 期。
王义芳，李伦：《农民价值观念变迁与新农村社会价值规范建设——以湖北农民和湖北农村为例》，《道德与文明》2008 年第 6 期。
魏礼群：《党的十八大以来社会治理的新进展》，《光明日报》2017 年 8 月 7 日第 11 版。
文军：《农民市民化：从农民到市民的角色转型》，《华东师范大学学报（哲学社会科学版）》2004 年第 5 期。
吴光芸：《社会资本理论视角下的农民合作：农村公共服务供给的一种途径》，《学习与实践》2006 年第 6 期。
吴业苗：《村庄土政策的生成及其整合功能》，《人文杂志》2005 年第 1 期。
吴毅，吴帆：《传统的翻转与再翻转—新区土改中农民土地心态的建构与历史逻辑》，《开放时代》2010 年第 3 期。

吴毅：《“双重角色”、“经纪模式”与“守夜人”和“撞钟者”——来自田野的学术札记》，《开放时代》2001 年第 12 期。

夏添：《协商民主：农民组织过程中的困境与反思——以南农实验欧村合作社为个案》，《社会学主义研究》2013 年第 1 期。

项继权：《城镇化的“中国问题”及其解决之道》，《华中师范大学学报（人文社会科学版）》2011 年第 1 期。

项继权、罗峰：《中国农地制度改革的方向和条件》，《华中师范大学学报（人文社会科学版）》2007 年第 3 期。

肖端：《土地流转中的双重委托—代理模式研究——基于成都市土地股份合作社的调查》，《农业技术经济》2015 年第 2 期。

肖文韬：《交易封闭性、资产专用性与农村土地流转》，《学术月刊》2004 年第 4 期。

徐建春，李翠珍：《浙江农村土地股份制改革实践和探索》，《中国土地科学》2013 年第 5 期。

徐旭初：《谈谈土地股份合作社》，《中国农民合作社》2019 年第 5 期。

徐勇，项继权：《土地产权——国家与农民关系的核心》，《华中师范大学学报（人文社会科学版）》2005 年第 6 期。

徐勇：《县政、乡派、村治：乡村治理的结构性转换》，《江苏社会科学》2002 年第 3 期。

徐勇：《乡村社会变迁与权威、秩序的建构——对两部乡村政治研究著作的评价和思考》，《中国农村观察》2002 年第 7 期。

徐增阳：《论农村税费改革背景下的乡镇政府改革》，《山东科技大学学报（社会科学版）》2002 年第 6 期。

许庆，田士超，徐志刚，邵挺：《农地制度、土地细碎化与农民收入不平等》，《经济研究》2008 年第 2 期。

杨德才：《论我国农村土地流转模式及其选择》，《当代经济研究》2005 年第 12 期。

杨国玉，靳国峰：《对农村土地使用权流转理论与实践的思考》，《经济问题》2003 年第 11 期。

杨峥屏，王磊：《新农村建设规划的思考与启示——珠海市三个试点村的实践》，《规划师》2007 年第 2 期。

叶敏、李宽：《资源下乡、项目化与村庄间分化》，《甘肃行政学院学报,》2014 年第 2 期。

于建嵘：《乡镇自治：根据和路径》，《战略与管理》2002 年第 12 期。

袁方成、陈泽华：《“项目进村”中的执行差距与组织自主性研究——基于全国 40 县面板数据的实证分析》，《华中师范大学学报（人文社会科学版）》2015 年第 6 期。

袁松：《民间信仰的情感之维与村庄公共生活的整合——以桂北村落为考察对象》，《湖北民族学院学报（哲学社会科学版）》2009 年第 4 期。

原贺贺：《产业扶贫普惠型奖励项目与基层治理逻辑》，《求实》2020 年第一期。

原贺贺：《产业扶贫中提升型激励项目的基层治理逻辑》，《青海社会科学》2020 年第 1 期。

曾妮：《农村土地确权流转下的乡村治理转型研究》，硕士学位论文，浙江财经大学，2015 年。

曾智：《村民小组对农村社会的整合》，博士学位论文，华中师范大学，2012 年版。

曾智洪：《乡镇分利秩序的乡土逻辑_基于西部 Y 县的调查》，《西南大学学报（社会科学版）》2017 年第 6 期。

翟佳卉：《“喇叭还在响”：广播与乡村社会整合》，博士学位论文，南京大学，2017 年。

张芳芳：《乡村权威与村庄整合》，博士学位论文，上海大学，2012 年。

张飞，孔伟：《我国经济结构失衡的土地制度成因探析》，《经济问题探索》2011 年第 4 期。

张富杰：《少数民族地区县域农村剩余劳动力转移背景下的土地流转研究以平坝县为例》，《贵州民族研究》2009 年第 4 期。

张寒阳：《民族地区农村土地流转中存在的问题与对策研究——以湘西自治州为例》，《湖北经济学院学报（人文社会科学版）》2015 年第 1 期。

张兰君，赵建武：《农村土地股份合作制模式研究》，《农村经济》2013 年第 6 期。

张现洪：《项目治乡：项目制基层执行中“规则转化”与治理》，《天府新论》2017 年第 4 期。

张晓山，苑鹏：《农村股份合作企业产权制度研究》，《中国社会科学》1998年第2期。

张晓山：《农民专业合作社的发展趋势探析》，《管理世界》2009年第5期。

张晓山：《农民专业合作社发展需要关注的一些问题》，《农村经营管理》2011年第1期。

张笑寒：《农村土地股份合作制的制度解析与实证研究》，博士学位论文，南京农业大学，2007年。

赵凌云：《社会资本与农民专业合作社的发展———一个正式制度与本土资源相融合的视角》，《理论导刊》2008年第6期。

赵其卓，唐忠：《农用土地流转现状与农户土地流转合约选择的实证研究》，《中国农村观察》2008年第3期。

赵汀阳：《共在存在论：人际与心际》，《哲学研究》2009年第8期。

赵燕菁：《土地财政：历史、逻辑与抉择》，《城市发展研究》2014年第1期。

折晓叶、陈婴婴：《项目制的分级运作机制和治理逻辑———对“项目进村”案例的社会学分析》，《中国社会科学》2011年第4期。

周飞舟：《财政资金的专项化及其问题　兼论“项目治国”》，《社会》2012年第32卷第1期。

周兆安，张蕴洁：《村庄人口差异与村庄社会整合——基于2014年中国劳动力动态调查的分析》，《兰州大学学报（社会科学版）》2018年第4期。

朱冬亮：《农民与土地渐行渐远——土地流转与“三权分置”制度实践》，《中国社会科学》2020年第7期。

朱庆华，李亮：《社会网络分析法及其在情报学中的应用》，《情报理论与实践》2008年第2期。

朱婷，夏英：《农村社区土地股份合作社发展困境和出路分析——基于2市（区）调研》，《江苏农业科学》2019年第6期。

朱婷：《农村土地股份合作社发育动因及作用机制分析——以经济欠发达地区为例》，《中国农业资源与区划》2018年第3期。

朱婷：《土地股份合作社发展的影响因素分析——以宁夏中部地区为例》，《农业展望》2017年第6期。

诸培新，钦国华，仲天泽：《江苏省农村土地股份合作社发展与区域差异研究———基于苏州和宿迁两地的调查》，《江苏农业科学》2014年第

5 期。

邹伟，吴群：《基于交易成本分析的农用地内部流转对策研究》，《农村经济》2006 年第 12 期。

四 电子文献

宁夏回族自治区人民政府门户网站，http://www. nx. gov. cn.

习近平赴湘西调研扶贫攻坚，新华网，2013 年 11 月 03 日 . http://news xinhua-net com/politics/2013/11/03/C_117984236. htm，2022 年 1 月 19 日。

习近平在云南考察工作时强调：坚决打好扶贫开发攻坚战，中国政府网，2015 年 1 月 21 日，http://www. gov. cn/xinwen/2015/1/21/content_2807769. htm，2022 年 1 月 19 日。

于晓华：《2020 年中央一号文件对实现乡村振兴起着承上启下作用》，2020 年 3 月 11 日（http://nyncj. panjin. gov. cn/art/2020/3/11/art_550_529971. html）。

2019 中国新型农业经营主体发展分析报告（二），农民合作社，2019 年 2 月 25 日，https://www. sohu. com/a/297632992_692015，2022 年 1 月 19 日。

张红宇，胡振通，胡凌啸：《中国农网：农村改革的第二次飞跃——将农村集体产权制度改革引向深入》2020 年 4 月 29 日，http://www. farmer. com. cn/2020/04/29/99852222. html，2022 年 1 月 19 日。

五 外文文献

Basu Arnab K. “Oligopsonistic Landlords, Segmented Labour Markets, and the Persistence of Tier-labour Contracts.” *American Agricultural economies Association*, No. 2, 2002.

Bijman J, Hendrikseg and Oijena. “Accommodating two worldsinone organisation: changing board models in agricultural cooperatives.” *Managerial and Decision Economics*, Vol. 3, 2013.

Chaddadf and Liopoulosc. “Controlrights, governance, and the costs of ownership in agricultural cooperatives.” *Agribusiness*, Vol. 1, 2013.

Chaddadf. “Advancing the theory of the cooperative organization: the cooperative as a true hybrid.” *Annals of Public and Cooperative Economics*, Vol. 4, 2012.

E. Durkheim, *The division of labor in society: A study of the organization of higher societies*, *Paris: Les Presses Universitaires de France*, 1893.

Fischere and Qaimm, "Linking small holder stomarkets: determinants and impact soffarme rcollective actionin Kenya" *World Development*, Vol. 6, 2012.

Fulton, M. "The future of Canadian agricultural cooperatives: A property rights approach" *American Journal of Agricultural Economics*, Vol. 5, 1995.

Getnetk and Anullot, "Agricultural cooperatives and rural livelihoods: Evidence from Ethiopia" *Annals of Public and Cooperative Economics*, Vol. 2, 2012.

Helmberger, P. G, "Future roles foragricultural cooperatives." *Journal of Farm Economics*, 1966 (48).

Nourse, E. G. *The place of the cooperative in ournational economy: American cooperation , 1942 – 1945*. Washington D. C: American Institute of Cooperation, 1995.

Ollila, P. Nilsson, J. "The position of agricultural cooperatives in the changing food industry of Europe." in Nilsson, *Strategies and structures in the agrofood-industries*, Van Gorcum: Assen, 1997.

Redfield · R, *Peasant Society and Culture*, Chicago: Chicago University Press, 1956.

Royer, J. S. &Bhuyan, S. "Forward integration by farmer cooperatives: comparative incentives and impacts" *Journal of Cooperatives*, Vol. 10, 1995.

Sexton, R. J. "Cooperatives and forces shaping agricultural marketing" *American Journal of Agricultural Economics*, Vol. 5, 1986.

Shaffer, J. D. "Thinking about farmers'cooperatives, contracts, and economic coordination." *Cooperative theory: newapproaches*, ACS Service Report No. 18, USDA, Washington D. C, 1987.

Terry Van Dijk, "Scenarios of Central European Land Fragmentation" *Land Use Policy*, No. 20, 2003.

Yair Levi. "Beyond traditional models: multi-stakeholder cooperatives and their differential roles" *Journal of Cooperation*, Vol. 4, 1998.

后　记

“土地流转与乡村治理”终于要问世了。在完成文稿的校对时，我要感谢为本书出版做出默默奉献的每一位。书稿筹划于2020年出版，但是由于各种原因一直拖延至今，但是这种延期也为后来地书稿内容筛选、补充和完善提供了宝贵的时间。书稿绪论部分由罗强强、王扬完成，第一章至第四章由张同、沈思辰、陈婷婷、高学丽、蔡华玲等完成。孙浩然、王燕子、岩温军、徐沛坤、王华荟、蔡华玲在排版校对中作了很多工作，其中蔡华玲博士在某些章节提出了宝贵意见，前后作出了10余万字的贡献。中国社会科学出版社王莎莎、刘亚楠两位女士为本书的出版做了大量工作。在此一并表示诚挚谢意！

习近平总书记一直强调要把论文写在祖国大地上，为国家谋复兴，为人民谋幸福，全心全意为人民服务。案例研究以中国实践为研究起点，提出具有主体性、原创性的理论观点，不仅可以更好地解释当代中国发生的伟大社会变革，也能帮助世界各国更好地理解中国实践、吸收中国经验，为构建人类命运共同体贡献中国方案。本书正是秉持这种学术理念，通过扎根基层的田野调查形成扎根中国大地，发现与总结具有时代性的研究案例，用中国概念、中国理论讲好中国土地制度变迁和乡村社会治理的故事，既有助于促进国家治理体系和治理能力现代化建设的经验传播，又有助于贯彻与宣传新发展理念、彰显中国特色社会主义制度优势，也能够促进研究范式进一步深化转变，提升案例研究的学理价值和对策价值。

全书共分为五部分，其中第一部分为绪论，主要交待了研究的背景、意义，以及当前乡村社会治理研究的动态及需要进一步推进的地方。第二部分通过对宁夏红寺堡区高村的实在调研，分析了项目入村的具体实施过程。通过对普惠型项目和特惠型项目的运作逻辑研究，研究者认为将普通村民意愿排除在外的“捆绑式”村庄发展，除了极大程度上造成资源与资金的浪费以外，还会导致普通村民对“村治无感”，基层政权形成“资源依赖”。第三部分通过对甘肃陇南土地制度变迁，分析了该地区民族关系从和平相处到冲突纠纷不断，再到民族关系融合发展的过程，充分展现了土地制度变迁对民族关系的影响过程。第四部分通过对奇缘合作社的长期跟踪研究发现，兼具经济功能和社会功能双重功能属性的合作社通过经济功能提高农业效益、解决劳动力过剩问题，同时还培养乡村社会利益共识、重构制度规范和社会关系网络，推动村庄结构和秩序的重塑。然而，合作社的内部博弈从未停止，政府迫于上级行政措施的干预和压力，导致合作社发展成为一项“政治任务”，普通农户则处于受制于人的被动状态，合作社本身存在的管理规范性问题、发展过于依赖政府政策项目等也对合作社发展造成了严峻的挑战。第五部分通过对宁夏青铜峡河滩村的实地调查，着重于河滩村土地流转的过程研究。在土地制度变革的背景下，离开土地的农民开始转变以往的生计方式，村庄内部结构也加速分化，新型农业经营主体进入村庄成为乡村治理中又一新的主体，而随着外出务工人数的增多，乡村治理主体缺失也成了乡村治理中面临的一大挑战。因此，不解决好农村土地的问题，就难以从根本上去除乡村社会的一些不稳定因素，无法推进农业的现代化发展。在所有这些案例研究的基础上，各部分都提出了具有针对性的对策建议。

本课题的研究也获得了宁夏大学和云南大学相关基金资助，本课题的研究活动的组织、协调及撰写均由课题组负责。本课题涉及大量的统计和调查数据，由于田野调查持续跨度较大，所以可能存在着不尽一致的情况，请在引用时认真地核对。由于时间紧，加上课题组能力有限等原因，书中难免存在漏洞之处，敬请各位读者批评指正。

编者

2022 年 8 月